図録 法学入門

堀口悟郎・斎藤一久 編

編集協力　荒木泰貴
　　　　　嶋津　元

麻生　典　田中美里
池田直人　土岐将仁
大塚智見　長島光一
小栗寛史　濱田　新
小浦美保　早川咲耶
古賀絢子　福本知行
小西葉子　堀澤明生
近藤卓也　松村好恵
柴田正義　水野陽一
宿谷晃弘　三隅　諒
菅沼博子　村田健介
菅原絵美　森田崇雄
瑞慶山広大　山木戸勇一郎
高根和也　山下慎一
高橋奈々　山本将成
田代滉貴　　　　著

弘文堂

はしがき

　本書は、『図録 日本国憲法』(斎藤一久＝堀口悟郎編、初版2018年、第2版2021年) をはじめとする「図録シリーズ」の一冊です。図録シリーズには、①写真や図表等の視覚的コンテンツを主役とした「資料集」仕立てのテキストであるという特徴と、②資料集ならではの斬新なコンテンツを豊富に掲載しつつ、その教科で学ぶべき基礎知識をきっちりと押さえた、資料集と教科書の「いいとこ取り」をしたテキストであるという特徴があります。本書も、このようなコンセプトを踏襲し、500点を超えるユニークな写真や図表等を掲載しつつ、法学入門として学ぶべき基礎知識をしっかりとカバーしたテキストに仕上がっています。

　さらに、図録シリーズのなかでも際立つ本書の大きな特徴として、扱っている法分野の多さが挙げられます。ぜひ類書と見比べていただきたいのですが、法学入門のテキストでは、最も基礎的な法分野である憲法・民法・刑法の三法くらいを扱うのが一般的です。それに対して、本書は、憲法・民法・刑法はもちろん、他の司法試験必修科目である民事訴訟法、刑事訴訟法、商法、行政法まですべて網羅したうえ、学生生活や社会生活にとって特に重要なものを中心に、消費者法、労働法、社会

保障法、知的財産法、スポーツ法、民事執行法、少年法、地方自治法、教育法、環境法、情報法、国際法と、極めて幅広い法分野をカバーしています。これほど多くの法分野を扱ったテキストは、おそらくほかに例がないでしょう。総勢35名の法学者・弁護士が集結し、何度も議論を重ねながら、本書を完成させました。

　本書の各章は、基本的に独立した構成になっています。また、各法分野の冒頭には「○○法ってなに?」という項目を設け、ほんの数分でその法分野の概要が理解できるように工夫しています。ぜひみなさんの興味がある法分野から、本書を紐解いてください。法学の旅へ出発するみなさんが、本書を「航海図」として長く愛用してくだされば、これに勝る喜びはありません。

　本書の刊行にあたっては、前著『図録 日本国憲法』に引き続き、弘文堂の登健太郎さんとデザイナーの宇佐美純子さんに大変お世話になりました。500点を超える膨大な写真、図表、イラスト等を盛り込んだ本書を完成させるために、おふたりがどれほど大変なお仕事をこなしてくださったかを想像すると、感謝してもしきれません。最大の功労者であるおふたりに、心より御礼申し上げます。

執筆者を代表して

堀口悟郎　斎藤一久

目次

1 法学のとびら

I 法のいろいろ

1 中学校の公民教科書に掲載されている法令

大学の法学で学ぶ法といっても、すでにみなさんは法を学んでいます。たとえば中学校の公民の教科書には、様々な法令の内容が、教科書の後ろのほうに掲載されています。

もっとも、本文のゴシック体となっている法令の名前をただ覚えただけの人も多いかもしれません。このような勉強をしていると、法学に対して誤ったイメージを抱いてしまいそうです。国民を縛るもの、絶対守らなければならないもの、守らないと罰せられるもの……などなど、これは法の一面にしかすぎません。

本書で、ぜひいろいろな法について触れ、法学の面白さを知ってほしいと思います。それでは、スタートです。

↓中学校の公民教科書に掲載されている法令など

日本国憲法	環境基本法	日米安全保障条約
大日本帝国憲法	情報公開法	子どもの権利条約
民法	地方自治法	世界人権宣言
アイヌ民族支援法	製造物責任法	国際人権規約
男女雇用機会均等法	消費者基本法	女子差別撤廃条約
男女共同参画社会法	労働基準法	国連憲章
障害者基本法	労働組合法	
教育基本法	独占禁止法	

筆者作成

2 法律だけが、法ではない

法というと、まず最初に法律を思い浮かべるでしょう。法律とは国会が制定したものですが（☞22-II2）、これ以外にも法は存在します。中学校で学んでいるものとして、憲法や条約がありました。

このほかに、たとえば住んでいるところのゴミ出しのルールについて考えてみましょ

↓ごみ出しの分別ルール(名古屋市)

名古屋市HP

↓ドイツのビン回収（左）、ペットボトル回収機（中）、ゴミ箱（右）

筆者撮影

ト制で、スーパーで返却すると、お金が戻ってきます。環境先進国のドイツのように分別のルールがきちんと法で定められていたとしても、分別されずにゴミ箱に捨てられてしまうこともあります。またデポジット制も、25セント（60円程度）なので、道端にポイ捨てする人もいます。法は、本来、守られなければなりませんが、残念ながら法の理想が100％実現できないのが現実です。

う。マンションに住んでいる人は、24時間ゴミ出しができたり、カラス対策で朝8時以降にしかゴミを出せないなど、マンション内で自主的に決めたルールがあるはずです。このルールはマンションの組合で話し合って決めたルールの場合もあるでしょうし、不動産管理会社が一方的に決めたルールかもしれませんが、これらのルールも法の1つではあります。また地方自治体でもゴミ出しのルールがあり、分別、家庭用のゴミ袋の値段、粗大ごみを出す際の手数料は、これも法の1つである条例（☞25-IV）で主として定められています。

国によってルールは異なります。ドイツでは、ビンはグリーン、ブラウン、透明のビンに分けて捨てます。ペットボトルはデポジッ

アマゾンの奥地に住むヤノマミ族は、文明社会の影響を受けていていません。ヤノマミの社会では、出産は、妊婦の母と村の女性たちだけで行われるそうです。出産後、母は森の奥に行き、子どもを生かすかどうか決めるというルールがあります。もし森から連れて帰らなくても、特に罰せられることはありません。これに対して、日本では堕胎は刑法で原則として禁止されており、もし森の奥に子どもを放置した場合、保護責任者遺棄致死罪に問われます。このように文化によって、法のあり方が異なることがあります。

↓國分拓『ヤノマミ』
（新潮文庫・2010年）

編集部撮影

★○×問題でチェック★

問1　義務教育では、法について学ぶ機会が設けられていない。
問2　ゴミ出しのルールも法の1つである。

3 法の全体を見てみよう

法を全体的に概観してみましょう。まずは、法典としてまとめられている**成文法**があります。これに対して、文書としてまとめられていない慣習や裁判所の判例を**不文法**といいます。慣習は慣習法とも呼ばれますが、たとえば温泉地で温泉源を利用する権利（温泉権）がそれにあたるとされています。

成文法は、**国際法**と**国内法**に分類することができます。国際法（☞**29・30**）は、条約など国家間のきまりです。これに対して国内法は、日本国内のきまりになります。

国内法はさらに**公法**と**私法**に分かれます。公法とは、日本国憲法（☞**19〜23**）を筆頭として、国家に関するきまりです。私法は、私人同士の間のきまりです。民法（☞**2〜5**）では私人と私人の関係が原則として定められています。

また、よく**六法**という言葉が使われますが、日本国憲法、民法、商法、刑法、民事訴訟法、刑事訴訟法のことを指します。司法試験では、試験科目として、六法のほかに行政法が必修科目で、選択科目として、倒産法、租税法、経済法、知的財産法、労働法、環境法、国際関係法（公法系）、国際関係法（私法系）があります。

法学はこれだけにはとどまりません。明治大学法学部カリキュラムにあるように、様々な法分野があります。たとえば民法で

は、本書でも取り上げている消費者法（☞**Appendix 2**）といった民法の一部について、関係する法律を含む法分野もあります。また法学の基礎的な分野（**基礎法**）として、法哲学、法史学（法制史）、法社会学という分野もあります。そのほか、**外国法**として、アメリカ法、ドイツ法、フランス法、EU法、中国法などがあります。最後に応用的ないし他の学問分野との学際的な分野として、情報法（☞**28**）、社会保障法（☞**Appendix 3**）、医事法、ジェンダーと法などもあります。

↓法の分類

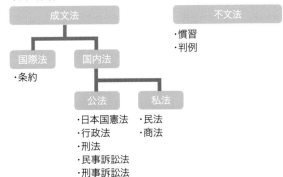

筆者作成

↓明治大学法学部のカリキュラム

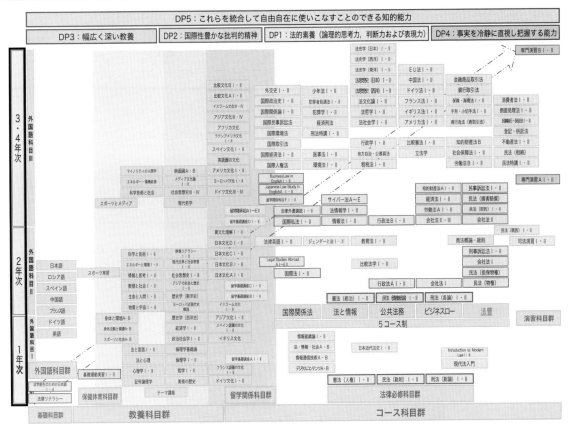

明治大学HP

★○×問題でチェック★
問3　民法は私法である。
問4　民事訴訟法は私法である。

Ⅱ　法の歴史

　人類の誕生は700万年前ですが、世界最古の法典はメソポタミア文明にさかのぼります。古代の法で最も有名なのは「目には目を、歯には歯を」の<u>ハンムラビ法典</u>（紀元前1792年〜1750年）（☞**13-Ⅳ**）ですが、最古の法典はウル第3王朝初代のウル・ナンム（紀元前2115年〜2095年）が作らせた<u>ウル・ナンム法典</u>になります。

　ヨーロッパの近代法（とりわけ私法）の源流となる<u>ローマ法</u>は、紀元前449年から530年ごろに成立したとされています。そ

↓ウル・ナンム法典

↓ローマ法大全を編さんしたユスティニアヌス1世

↓マグナ・カルタ（1215年）

Bridgeman Images ／アフロ　　wikipedia　アメリカ国立公文書館

して近代憲法の源流は、1215年のイギリスの<u>マグナ・カルタ</u>（大憲章）といわれています。明治期の日本の近代化にあたって、ヨーロッパの法制度を参考にしましたが、これが現在の日本の法にも大きな影響を与えています。

↓公事方御定書（1742年）

明治大学博物館HP

　ヨーロッパ法を継受する前の日本には、独自の法発展が存在しました。古代には中国からの影響を受け、十七条憲法、大宝（養老）律令が作成されました。中世には武家の法としての御成敗式目や分国法（たとえば陸奥国の塵芥集）など、歴史の授業で学んだ通りです。江戸時代には、生類憐みの令、キリシタン禁令などがありますが、まとまった法典としては公事方御定書が重要でしょう。今でいえば、刑法にあたるような法令集ですが、その内容は一般には知られておらず、今の法令とはかなり性格が異なります。

Ⅲ　悪法も法なり？

　法は本来、人類の智恵や理性に依拠した善きものであるべきですが、人類史には、様々な「悪法」が存在しました。たとえば戦前のドイツで、ナチス政権下で制定された<u>ニュールンベルグ法</u>です。この法律は、ユダヤ人を排除し、ドイツ人のみが政治的権利を有するとしたり、ユダヤ人とドイツ人の婚姻を禁止しました。同法は反ユダヤ主義の基盤となり、結果として、アウシュビッツ強制収容所などでの大量虐殺を生み出しています（☞**22-Ⅰ❶**）。

　また南アフリカ共和国の<u>アパルトヘイト</u>政策を支えた様々な法律も悪法といえるでしょう。トイレ、学校、婚姻などのあらゆる生活場面で白人と非白人を差別する法体系は1994年まで存在しました。

　日本で悪法といえば、江戸時代に徳川綱吉によって制定された<u>生類憐みの令</u>が例として出されますが、何といっても1925年に制定された<u>治安維持法</u>で

しょう。国体や私有財産制度を否定する活動を取り締まるために制定された法律（1928年改正で最高刑が死刑）ですが、共産主義などの思想の弾圧がなされたのは有名な話です。

　ソクラテスの言葉として「悪法も法なり」という格言がありますが、「悪法は法であるべきではない」でしょう。

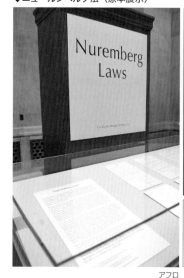

↓ニュールンベルグ法（原本展示）

Nuremberg Laws

アフロ

↓治安維持法

治安維持法
第1条　国体ヲ変革シ又ハ私有財産制度ヲ否認スルコトヲ目的トシテ結社ヲ組織シ又ハ情ヲ知リテ之ニ加入シタル者ハ十年以下ノ懲役又ハ禁錮ニ処ス

国立国会図書館

★〇×問題でチェック★

問5　ローマ法は、ヨーロッパ近代法の源流である。
問6　治安維持法に違反しても、死刑になることはなかった。

Ⅳ　裁判所

1　裁判所と弁護士

　法をつかさどるのは裁判所です。日本には、裁判所として、最高裁判所、高等裁判所（8庁）と知的財産高等裁判所（1庁）、地方裁判所と家庭裁判所（各50庁）、簡易裁判所（438庁）があります。

　地方裁判所には支部もあり、たとえば東京には霞が関の本庁

↓全国の裁判所

広島高等裁判所管内
・広島高等裁判所
・広島・山口・岡山
・鳥取・松江

大阪高等裁判所管内
・大阪高等裁判所
・大阪・京都・神戸
・奈良・大津・和歌山

福岡高等裁判所管内
・福岡高等裁判所
・福岡・佐賀・長崎・大分
・熊本・鹿児島・宮崎・那覇

札幌高等裁判所管内
・札幌高等裁判所
・札幌・函館・旭川・釧路

仙台高等裁判所管内
・仙台高等裁判所
・仙台・福島・山形
・盛岡・秋田・青森

東京高等裁判所管内
・東京高等裁判所・知的財産高等裁判所
・東京地方裁判所/東京簡裁以外の都内
　簡易裁判所・東京家庭裁判所
・東京簡易裁判所・横浜・さいたま
・千葉・水戸・宇都宮・前橋
・静岡・甲府・長野・新潟

名古屋高等裁判所管内
・名古屋高等裁判所
・名古屋地方裁判所/愛知県内の簡易裁判所
・名古屋家庭裁判所・津・岐阜・福井・金沢・富山

高松高等裁判所管内
・高松高等裁判所
・高松・徳島・高知・松山

裁判所HPをもとに作成

　のほか、立川支部があります。裁判に訴える場合、弁護士に依頼することが多いですが、弁護士の約3分の2は東京、大阪、名古屋に集中しています。弁護士が1人もいない、いわゆる弁護士ゼロ地域はありませんが、弁護士が1人の支部は千葉県佐原支部と岡山県新見支部の2つがあります（2023年時点）。皆さんの家の近くの裁判所や弁護士をぜひ探してみてください。

　1940年に女性初の弁護士が誕生しますが、女性初の弁護士は三淵嘉子です（女性初の裁判官でもありました）。2024年のNHKの連続テレビ小説（朝ドラ）の主人公のモデルとなっています。現在、裁判官の女性比率（2021年）は23.7%です。これに対して、検察官が25.8%（2022年）、弁護士が19.6%（2022年）となっています。司法試験合格者のなかでの女性比率は、2006年の22.6%から2023年には29.5%と高まっており、今後、司法分野での女性のさらなる参画拡大が期待されます。

↓三淵嘉子：女性初の弁護士、女性判事、家庭裁判所所長

明治大学史資料センター提供

2　裁判傍聴をしてみよう

　裁判は公開の原則（憲法82条1項）があるので、平日であれば（土日は閉庁）、予約なしで傍聴できます。地方裁判所や高等裁判所であれば、裁判所の入口に1日の裁判リストがあり、それをみて裁判を選ぶことができます。民事裁判は書類のやり取りが中心になるので、傍聴するならば、刑事裁判がお勧めです。裁判官が入廷するときには「起立」の合図があり、傍聴人も起立することになっています。

　裁判官を罷免する場合に開かれる弾劾裁判所も傍聴できますが、めったに開かれることはありません。

↓裁判員裁判用法廷

裁判所HP

↓弾劾裁判所

弾劾裁判所HP

Ⅴ　法教育

　中学校の公民には、ルールづくり、契約、裁判員制度、立憲主義など、いわゆる法教育の内容が盛り込まれています。とりわけルールづくりでは、社会集団に存在する対立については合意をめざすべきことが指摘され、対立を回避するためのルールづくりが重要であるとされています。教科書では、学校の体育館の使い方や町内会のごみ収集に関するルールづくりが題材とされています。

　しかし、本来、中学生に身近なルールというと、校則（☞26-Ⅲ1）なのではないでしょうか。学校内のルールですので、まずは生徒も参加し、議論したうえで決めることが、民主主義からは求められます。もっとも学校のみんなが合意できたからといって、少数派の権利や意見も尊重しなくてよいわけではありません。そのためには、目的がきちんとしていなければなりませんし、手段も目的を達成するために適切（合理的）でなければなりません。

　たとえば中学校の校則で禁止されているツーブロックですが、これを禁止する目的は何でしょうか。その目的に対して、ツーブロック禁止という手段は適切でしょうか。東京都教育委員会によれば、ツーブロック禁止の目的は、外見が原因で生徒が事件や事故に遭わないようにとのことですが、みなさんはどう考えるでしょうか。

↓ツーブロック

伊藤眞子氏カット・撮影

　★○×問題でチェック★
　問7　高等裁判所は、札幌、仙台、東京、名古屋、大阪、広島、高松、福岡にある。
　問8　裁判傍聴は、予約が必要である。

法学の勉強法

Ⅰ　法学学習の目的と方法

法学を学ぶことの目的は、難解な法律の知識を習得することだけでなく、実社会で広く必要とされる「論理的に物事を考える力」を鍛えることにもあります。この力を、法的思考力（リーガル・マインド）といいます。

法的思考力について、以下の例を参考に考えてみましょう。ある公園に、「犬の散歩禁止」と書かれた看板があります。この公園で、ライオンを散歩させることは許されるでしょうか。

この問いに対して、事案を整理し、要件を解釈し、要件を事実にあてはめて結論を導く過程を法的思考といいます。具体的には、以下の3つのプロセスを指します。第1に、「犬の散歩」（要件）は「禁止」（効果）である、という大前提を整理します。第2に、「ライオンを散歩させる行為」（事実）が、「犬の散歩」（要件）に該当するか

を考えるのですが、その際、犬とは何か、犬の散歩を禁止する目的は何かなど、要件を解釈します。最後に、「ライオンを散歩させる行為」（事実）が「禁止」（効果）されるか否か、結論を導きます。

この思考過程を意識しつつ、ハイレベルな法的思考力の修得をめざしてください。

↓犬の散歩禁止の公園にライオンを連れていくことは可能か

犬の散歩厳禁

筆者作成

Ⅱ　具体的な事件・事案について一歩踏み込んで考える

法的思考力と同じくらい重要なのが、ニュースや新聞などに日常的に目を通し、社会問題について一歩踏み込んで考えてみることです。世のなかの問題に対して、私たちは何らかの感情を抱き、世論を形成します。世論は、しばしば絶対的正義であるかのように振る舞いますが、それが法的に正しいとは限りません。私たちは、社会問題について考える際にはまず、自身の正義感に合致するかという道徳的次元と、社会のルールに合致するかという法的次元とを区別する必要があるのです。法学が扱うのは後者です。個人的な感情はいったん脇に置き、まずはニュース等でよくみる法学用語について確認してみましょう。

たとえば、2019年4月に起きた東池袋自動車暴走死傷事故事件では、旧通産省（現・経済産業省）工業技術院元院長である被疑者が、事件後に逮捕されなかったことが世間の反発を買いました。「上級国民は逮捕されない」といった言説が飛び交いましたが、ここでは、「逮捕」の法的な意味を確認する必要がありま

す。法律によれば、罪証隠滅・逃亡の可能性がある時に初めて、被疑者を逮捕することが許されます（☞ **17-Ⅰ**）。事件後、被疑者はケガのため入院し、証拠品もすべて押収されていたため、逮捕の必要性があるとは認められませんでした。被疑者が逮捕されなかったのは、法的には真っ当な判断であったのです。

また、2022年7月の安倍元首相銃撃事件を契機として、旧統一教会をめぐり様々な議論が巻き起こりました。信徒の信教の自由や霊感商法に加え、自民党と旧統一教会の関係にも光が当てられました。「自民党と旧統一教会の協力関係は『政教分離』違反である」との声が上がっていますが、ここでも「政教分離」の法的意味について考える必要があるでしょう（☞ **20-Ⅱ2**）。

身近な事件を通して、まずは頻繁に目にする法学用語について調べてみましょう。なかには理解が統一されていないものもあります。学説を整理しながら、法的思考力の基礎を磨いていきましょう。

↓東池袋自動車暴走死傷事故

毎日新聞社／アフロ

↓旧統一教会をめぐる問題のなかで注目を集めた「宗教2世」の苦悩

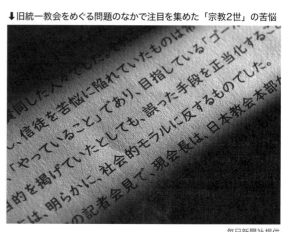

毎日新聞社提供

★〇✕問題でチェック★

問1　法学を学ぶ目的の1つは、実社会で役立つ法的思考力を鍛えることにある。
問2　世論は、社会の構成員の意見であるため、法的にも常に正しい。

III　法学の4種類の学び方

　法学には、大まかに分けると、❶法理論（学説等）の体系的学習、❷個別の法実務（判例等）の学習、❸特定のテーマに関する学習、❹仲間や教員との議論、の4種類の学び方があります。以下では、それぞれについて解説します。

　❶では、主に入門書や教科書を読み込みます。法学は、憲法、民法、刑法、商法をはじめ、分野が多岐にわたります。関心のある法分野の基礎理論を学び、その法分野の思考方法や作法に慣れましょう。

　❷では、裁判所の判断（判例）と、❶で学んだ法理論の相互関係について学びます。同種の事件や、下級審・上級審の判決を比較することで、法実務の「スタンダード」を知ることができます。

　第3に、特定のテーマに関する専門書や論文を読み、学説・法解釈に関する理解を深め、判例を批判的に評価・検討します（❸）。判例は、たしかに裁判実務の枠組みを決めるものですが、変更される可能性もあり、絶対的な正解であるとは限り

ません。様々な学説に触れることで、批判的な視点を忘れず、よりよい法的判断のあり方を探り続けましょう。

　第4に、自身の評価を、仲間や先生との議論のなかで再検討していきます（❹）。異なる考え方をぶつけ合うことで、議論の精度を高めていきます。

　学習を進めていくなかで、いずれかの段階に立ち戻ることもあります。行ったり来たりを繰り返しながら、着実に理解を深めていきましょう。

↓六法全書

イメージマート

↓法学学習のプロセスの一例

入門書・教科書
↓
判例・実務
↓
専門書・論文
↓
事案について議論

著者作成

IV　まとめ＋α：比較の視点を養う

　日本と海外の法を比較する視点も重要です。たとえば、日本の民法や刑法は、フランス法やドイツ法などを見本として制定されましたし、日本国憲法にも、アメリカ法の影響がみられます。法学学習を深めていくためには、海外の法学、社会状況、文化との比較のなかで、日本法の議論状況を分析し、海外の学説を応用する可能性や議論の妥当性について検討することが有益です。

　IIで触れた政教分離も、世界共通の原則ではありません。政治と宗教の関係は、国教型、政教協約型、政教分離型など様々で

す。さらに、政教分離型についても、分離の度合いは国によって異なります。それぞれの国特有の歴史が反映されているためです。

　日本は、神道が国家神道として再編され軍部と結びついた結果、悲惨な戦争の道をたどりました。日本国憲法は、この戦禍を二度と繰り返さないように、政治と宗教を分離させたのです。国家の宗教的中立性を求めるだけで、この目的を達成できるのでしょうか。こうした問題を考える際に、海外の事例が参考になるのです。

↓国家と宗教の関係は国によって様々

日本	イギリス	ドイツ	アメリカ	フランス	ロシア	イラン
政教分離型	国教型	政教協約型	政教分離型	政教分離型	政教分離型	政教一致型
国家の宗教的中立を求める政教分離	国教以外の宗教は寛容の対象	国家が教会税制度を承認	緩やかな政教分離	厳格な政教分離	特定宗教の特権を認める政教分離	宗教指導者に政治権力が集中

筆者作成

↓エリザベス女王の国葬

ロイター／アフロ

↓沖縄県那覇市の松山公園内にある孔子廟

岩垣真人氏撮影

2 民法Ⅰ：民法の基本概念

Ⅰ 民法ってなに？

民法という法は、私たちが日常生活で直面する様々な場面で適用されます。たとえば、あなたが書店でこの本を買うという日常の風景も、民法の観点からは、「あなたと書店との間にこの本の売買契約が締結され、それによってこの本の所有権が書店からあなたに移転する」と分析することができます。このような売買契約などの契約、交通事故などの不法行為、さらには、婚姻、親子関係、相続に至るまでがすべて民法の適用される場面です。

民法は私法の一般法であるといわれます。私法は公法と対比され、公法が公権力の担い手（国や公共団体など）を当事者とする法律関係を規律する法であるのに対し、私法は私人（公権力の担い手以外の主体）間の法律関係を規律する法です。民法は、私たち一般市民の生活を権利と義務の関係として規律しており、私法の1つに数えられます。たとえば、交通事故が起こった際、加害者に刑事罰が科されるかどうかは公法である刑法（☞**13〜16**）の問題であるのに対し、私人である被害者が同じく私人である加

↓民法が適用される場面

契約 / 民法 / 事故 / 家族 / 相続

筆者作成

↓権利と義務による規律

売買契約

代金債権 / 売主 / 引渡債権 / 買主 / 所有権 / 所有権の移転

筆者作成

害者に損害賠償を請求することができるかどうかは私法である民法が定めを置きます。

一般法は特別法と対比されます。一般的な適用範囲をもつ法は一般法と、特別の場合にのみ適用される法は特別法と呼ばれます。たとえば、民法はすべての契約に適用されるので一般法であるのに対し、消費者契約法は消費者と事業者との間の契約にのみ適用されるので特別法です。ただし、訪問販売など特定の類型の消費者契約にのみ適用される特定商取引法との関係では、消費者契約法も一般法であり、一般法と特別法との対比は相対的なものです。

Ⅱ 民法典の構造

日本の民法典は、パンデクテン方式を採用しています。これは、条文の並べ方に関するルールであり、民法を学習するにあたってはきちんと理解しておくことが必要です。

パンデクテン方式では、第1に、私人間の法律関係に関するルールを、①財産関係に関するルール（財産法）と②家族関係に関するルール（家族法）に区別します。第2に、①財産関係に関するルールを、❶人の物に対する権利（物権）と❷人の人に対する権利（債権）に分けて規律します。たとえば、あなたがこの本について有している所有権が物権であり、書店があなたに対して有している「代金を支払え」という権利が債権です。第3に、②家族関係に関するルールを、❶婚姻や親子関係など人の身分に関するルール（親族）と❷人の死後どのように財産等が承継されるかに関するルール（相続）に関するものに分けます。

↓パンデクテン方式による民法典の編纂

第1編	総則
第2編	物権…所有権など
第3編	債権…契約・不法行為など
第4編	親族…婚姻・親子など
第5編	相続…法定相続・遺言など

筆者作成

第4に、複数の場面に共通するルールが「総則」として前に括りだされます。たとえば、売買契約にも賃貸借契約にも共通するルールが契約「総則」、契約にも不法行為にも共通するルールが債権「総則」、物権にも債権にも共通するルールが民法「総則」というわけです。したがって、たとえば、売買契約に関するルールを探すときには、売買（第3編第2章第3節）の条文のみでなく、契約総則（第1節）や債権総則（第3編第1章）、民法総則（第1編）の条文をも参照しなければなりません。ただし、債権総則や民法総則として定められたルールが、主に契約を念頭に置いて説明されることも多いです。

↓パンデクテン方式による私人間の法律関係の体系化

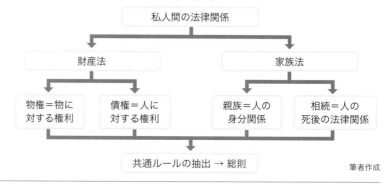

私人間の法律関係 → 財産法 / 家族法
財産法 → 物権＝物に対する権利 / 債権＝人に対する権利
家族法 → 親族＝人の身分関係 / 相続＝人の死後の法律関係
共通ルールの抽出 → 総則

筆者作成

★ ○×問題でチェック ★

問1　殺人には民法は適用されない。
問2　契約に関するルールを調べるときは、民法第3編第2章（契約）の部分のみをみればよい。

III 権利能力・意思能力・行為能力

1 権利能力と権利能力平等の原則

民法上、人は権利を有し義務を負うことができます。これに対し、物は権利の対象となるにすぎません。このように権利を有し義務を負うことができる資格のことを権利能力といいます。

権利能力を有する者、つまり人には2つの種類があります。1つは、生物としての人間です。人間は出生によって当然に権利能力を取得し、自然人と呼ばれます。もう1つは、株式会社のような法人です。法律上定められた一定の手続に従って法人を設立すると、その法人は権利能力を取得します。これに対し、動物やAI・ロボットは（今のところ）民法上の「人」ではなく、法的には「物」として扱われます。

民法3条1項は、「私権の享有は、出生に始まる」と定めています。これは、自然人が出生のみで権利能力を取得することを意味し、生まれや性別などによって差別されないことを表しています。この権利能力平等の原則は、現代では当たり前ですが、民法の重要な基本原則の1つです。

↓人とそれ以外の区別

	人	人以外
自然人		
法人		

筆者作成

2 権利能力の始期と終期

自然人は、出生によって権利能力を取得し（民法3条1項）、死亡によって権利能力を喪失します。したがって、「出生」と「死亡」が自然人の権利能力の始期と終期を定めることになります。

自然人は、精子と卵子が結合して受精卵となり、それが着床して胎児となり、出産を経てこの世に生まれます。「出生」とはその最後の段階を指します。この段階にも時間的な幅がありますが、民法では、胎児の全部が母体の外に露出した時点で「出生」があったものとする見解が通説です（全部露出説）。ただし、胎児にも一定程度権利能力を認めていることから、出生の意義が問題になることはほとんどありません。

出生する前の人間、つまり胎児にも権利能力が認められる場合があります。たとえば、子の父が死亡した時点で子が権利能力を有していれば父を相続することができ、有していなければ相続することができません。しかし、出生が数日ずれるという偶然の事情によって相続の可否が決まるのは公平ではありません。そこで、民法886条1項は、「胎児は、相続については、既に生まれたものとみなす」と規定し、胎児が出生していない時点でも出生している、つまり権利能力があるものとして扱うこととしています。とはいえ、流産の場合にまで胎児に権利能力を認める必要はありません。そこで、同条2項は、「前項の規定は、胎児が死体で生まれたときは、適用しない」ものとしています。この規定については、胎児が生まれるまでは「胎児が生まれたものとみなす」という法律効果が発生しないと理解する見解（停止条件説）と、胎児の時点で「胎児が生まれたものとみなす」という法律効果が発生するが胎児が死亡した時点でその効果が消滅すると理解する見解（解除条件説）とが対立しており、いずれを採るかによって胎児が生まれる前の法律関係が変わってくる可能性があります。

自然人の死は、脈拍停止・呼吸停止・瞳孔散大という3つの兆候によって判断されてきました（三徴候死）。しかし、医学の進歩に伴ってこのような伝統的な考え方に疑問が呈されるようになり、臓器移植法は脳死した者の身体をも死体としています（6条）。このように、人の死でさえも、その法的取扱いは時代によって異なっています。

↓権利能力の始期と終期

胎児　出生　　　　　　　　　　→　死亡

自然人

筆者作成

↓停止条件説と解除条件説

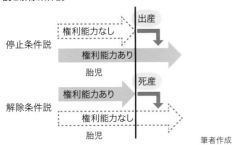

	出産
停止条件説	権利能力なし
	権利能力あり
	胎児
	死産
解除条件説	権利能力あり
	権利能力なし
	胎児

筆者作成

↓脳死下臓器提供件数の推移

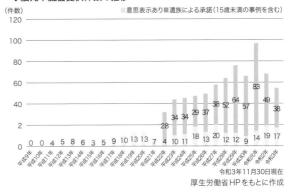

（件数）　■意思表示あり　■遺族による承諾（15歳未満の事例を含む）

令和3年11月30日現在
厚生労働省HPをもとに作成

★○×問題でチェック★

問3　人間は誰であろうと生まれた時から権利能力を有する。
問4　子が生まれる前に父が死亡した場合、子が父を相続することはありえない。

3 意思能力・行為能力

権利能力と似た概念として意思能力と行為能力があります。いずれも、自然人が自らの意思によって自らの法律関係を変動させるために必要なものです。すべての自然人が権利能力を有するとしても、判断能力が不十分である者も存在し、意思能力や行為能力はそのような者を保護するための制度です。意思能力は、意思表示をした時点での判断能力について実質的に判断がなされ、それが不十分である場合に法律行為（契約など）が無効となります（民法3条の2）。これに対し、行為能力は、行為者の年齢や裁判所による後見開始の審判の有無など形式的な事由によって判断され、未成年者などが親権者などの同意なく法律行為をした場合にはその法律行為の取消しが可能となります（民法4条以下）。

近時、行為能力制度の1つである成年年齢が20歳から18歳に引き下げられました。改正法が施行される2022年4月1日からは、18歳および19歳の者も、親権者などの同意なく法律行為をすることができるようになりました。これらの者を取消権の付与によって保護することよりも、親権者などから独立した個人として扱うことをよしとする政策判断がなされたということになります。成年年齢だけでなく、成年後見や保佐、補助といった行為能力制度の設計においては、判断能力が必ずしも十分でない者の保護とその者の自律の両立を図ることが重視されています。

↓権利能力・意思能力・行為能力

	権利能力	意思能力	行為能力
根拠条文	民法3条	民法3条の2	民法4条以下
効果	権利能力がないと権利を得たり義務を負ったりすることができない	意思能力がないと有効に法律行為（契約など）をすることができない	行為能力を制限された者がした法律行為を取り消すことができる
要件	すべての自然人が権利能力を有する	実質的基準（自己の行為の法的意味を理解することができるか）によって判断する	形式的基準（未成年かどうか、後見開始の審判があるかどうか）によって判断する

筆者作成

↓成年年齢引下げ

法務省HPより転載

IV　法律行為

1 法律行為・意思表示とは

甲という自動車の売買契約は、売主の「甲を100万円で売ります」という意思表示と買主の「甲を100万円で買います」という意思表示があって初めて成立します。抽象的にいえば、契約は、申込みの意思表示と承諾の意思表示の合致によって成立するということです（民法522条1項）。契約の成立によって、買主の売主に対する甲の引渡債権および売主の買主に対する100万円の代金債権が発生する、甲の所有権が売主から買主に移転するという法的効果が生じることになります。

債権の発生や所有権の移転といった法的効果の発生を目的とする意思を表示することを意思表示といい、契約のように、意思表示（＋α）があると法的効果が発生する制度を法律行為と呼びます。不法行為も法的効果をもたらす行為ではありますが、損害賠償請求権の発生という法的効果を目的としてなされるものではないので、法律行為ではありません。法律行為には、❶1人の者が意思表示を行う単独行為（遺言など）、❷2人の者が互いに意思表示を行う契約、❸株式会社の設立などの合同行為があります。

意思表示がなされる場合、まず、たとえば「甲を100万円で買う」という内心の意思が存在します（効果意思）。これは、「ドライブに行きたい」といった動機とは区別される、意思表示の内容に直接結びつく意思です。この効果意思が、口頭であるいは書面によって相手方に向けて表示されると（表示行為）、ここに意思表示が成立したことになります。

↓法律行為の種類

筆者作成

↓売買契約の成立要件と効果

筆者作成

★○×問題でチェック★

問5　18歳の自然人は親の同意なく土地を購入することができる。
問6　法律行為には、単独行為・契約・不法行為・合同行為がある。

2 意思表示の無効と取消し

契約は申込みの意思表示と承諾の意思表示の合致があれば成立し、原則として債権の発生などの法的効果が発生します。しかし、例外的な場面において、法的効果の発生が妨げられることがあります。それは意思表示に何らかの問題があった場合であり、その場合にはその意思表示が無効となったり、取り消されたりします。ここでは、2つの例を取り上げます。

虚偽表示とは、意思表示に対応する効果意思がないのに、相手方と通じて虚偽の意思表示をなすものです。たとえば、甲を売るつもりも買うつもりもないのに、2人で示し合わせて甲の売買契約をしたことにするとき、その申込み・承諾の意思表示が虚偽表示となります。甲を差し押さえられたくないので名義だけ変えてしまおうといった場合がこれにあたります。このような意思表示によって法的効果を発生させる必要はありませんし、それを認めてしまうと差押えができなくなるといった不都合が生じます。し

たがって、虚偽の意思表示は無効であり、はじめから効果が生じないものとして扱われます（民法94条1項）。

詐欺とは、相手方を騙して意思表示をさせることです。たとえば、甲という絵画がある有名画家の描いたものだと嘘をついて騙し、騙された人がその有名画家によるものならば買いたいとして、意思表示をなしたような場合がこれにあたります。この場合、騙した人の利益を保護する必要はありませんし、騙された人の利益を保護する必要があります。そこで、詐欺によってなされた意思表示は取り消すことができるものとされています（民法96条1項）。虚偽表示の場合と異なり、意思表示をはじめから無効とするのではなく、騙された人が意思表示を取り消すという意思を表示して（取消権の行使）初めて、意思表示が無効であったものとして扱われることになります。

↓虚偽表示による意思表示の無効

申込み・承諾の意思表示が無効
→売買契約が無効
→債権債務発生せず＋所有権移転せず

筆者作成

↓詐欺による意思表示の取消し

申込みの意思表示が取消し可能＋取消権行使
→申込みの意思表示が無効
→売買契約が無効
→債権債務発生せず＋所有権移転せず

筆者作成

3 第三者の保護

意思表示が無効となったり取り消されたりすると、その意思表示が有効であると信じて行動した人に不測の損害を与えることがあります。たとえば、Aが甲をBに譲渡するという売買契約があり、それが有効であると信じたCが、甲をBから買い受けたとします。このとき、実はAB間の売買契約が無効だったとすると、Cは買い受けた甲の所有権を取得できないことになります。この場合のCを第三者といい、一定の場合にこのような第三者を保護する規定が設けられています。たとえば、虚偽表示では、意思表示の無効を「善意の第三者に対抗することができない」ものとされ（民法94条2項）、AはAB間の売買契約が虚偽表示により無効であることを、善意のCに対して主張することができないことになります。

このような保護は、すべての第三者に与えられるわけではありません。虚偽表示の場合「善意の第三者」のみが、詐欺の場合「善意でかつ過失がない第三者」のみが、保護されます。ここでいう善意とは、日常用語とは異なり、意思表示が虚偽であることを知らなかったという意味であり、注意が必要です（逆に知っていたことを悪意といいます）。これに加えて

無過失であるというためには、第三者がなすべき調査をきちんとしていたと評価されなければなりません（民法96条3項）。虚偽表示の第三者に比べて、詐欺の第三者が善意だけでなく無過失まで求められるのは、虚偽表示をした者よりも騙された者のほうがこのような事態を招いた責任が軽いこととバランスをとっているからです。このように、ある権利がないにもかかわらずあるかのような外観がある場合（AからBへの所有権の移転）、それを信じた第三者（C）を保護するか、本来の権利者（A）を保護するかという問題は、民法のあらゆる場面で登場し、そのバランスをとる法的規律を権利外観法理と呼びます。

↓法律行為の無効と第三者の保護

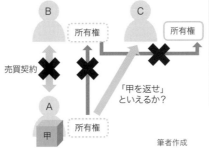

筆者作成

↓善意と悪意、過失と無過失

善意	ある事実を知らないこと
悪意	ある事実を知っていること
善意無過失	ある事実を知らず、知らないことに過失がないこと
善意有過失	ある事実を知らず、知らないことに過失があること

筆者作成

★ ○×問題でチェック ★

問7　詐欺による意思表示ははじめから無効である。
問8　騙されて土地を売った者は、善意無過失の第三者に対して土地の返還を求めることができない。

3 民法Ⅱ：不法行為

Ⅰ 不法行為ってなに？

　私たちは社会生活を送るなかで、不注意等で他人に何らかの不利益を与えてしまうことがあります。その場合、ある程度まではお互い様ということで法律上の問題にはならないこともあります。しかし、一定の限度を超えて他人に不利益を与えることは認められません。もちろん意図的にそのような不利益を他人に生じさせることも認められません。このようなことを、民法709条は、「故意又は過失によって他人の権利又は法律上保護される利益を侵害した者は、これによって生じた損害を賠償する責任を負う」と表現し、加害者に対して損害賠償義務を課しています。反対に被害者は加害者に対して損害賠償を求める権利（損害賠償請求権）をもつことになります。この権利は、ある人が他の人に対して何らかの行為を求めうる権利であり、ある人が物に対して有する権利であるところの物権との対比で、債権（☞2-Ⅱ）とし

↓不法行為法の位置づけ

```
                    ┌─ 第1編 総則
                    │
                    ├─ 第2編 物権        ┌─ 契約
                    │                    │
  民法典 ───────────┼─ 第3編 債権 ──────┼─ 事務管理
                    │                    │
                    ├─ 第4編 親族        ├─ 不当利得
                    │                    │
                    └─ 第5編 相続        └─ 不法行為
```

筆者作成

て位置づけられます。そのため、全部で5編ある民法典のなかでも、第3編の債権編のなかに、不法行為に特に関連する条文が置かれています。

Ⅱ 権利侵害

　不法行為とそうでない行為とはどのように区別されるのでしょうか。不法行為になることが明確なのは、故意（わざと）または過失（不注意）により、「権利」として位置づけられている他人の利益を損ねた場合でしょう。たとえば私たちは自分の持ち物を自由に使用したりすることができますが（民法206条参照）、これは所有権という「権利」をもっているからです。他人の物を盗むなどして不利益を与えることは、他人の所有権を侵害する行為として不法行為となります。ですが、私たちが大事にしている利益のうちには、厳密には「権利」とはいえないようなものもあります。たとえば、同じマンションの住人の生活音が大きくて困るというような場合、それが度を越したものであれば、その住人の行為は、静かな住環境で生活しうることに対する一定の利益という「法律上保護される利益」を侵害している

↓大審院

毎日新聞社／アフロ

といえるでしょう。しかし、同じ建物に住んでいる以上、ある程度まではお互い様ということで我慢する必要があり、上記利益は「権利」として明確な輪郭が与えられている利益ではありません。このように

↓雲右衛門事件の控訴審判決を報じる新聞記事

読売新聞1913年12月11日朝刊3面

「権利」であることが明らかな利益以外にも保護されるべき重要な利益は存在するはずですが、「法律上保護される利益」という文言は、民法典が1896年に成立し2004年に改正されるまで、条文には書かれていませんでした。そのため、民法709条を文字通りに読むと、権利侵害を生じさせる行為のみが不法行為とされる可能性があったのです。実際に1914年には、桃中軒雲右衛門が赤穂浪士の物語を語り聞かせるために即興で作った浪曲を他人が無断でレコードに録音し複製して販売した行為について、それが不法行為となるかが争われた事件において、大審院（戦前の民事・刑事の最上級裁判所で、現在の最高裁に相当します）が、著作権侵害を認めた控訴審判決を覆して著作権侵害を認めず、権利侵害がないというもっぱら形式的な理由で不法行為の成立を認めなかったという問題も生じました。

★ ○×問題でチェック ★

問1　不法行為を理由とする損害賠償請求権は、債権である。
問2　日本の民法は、制定されて以来、「法律上保護される利益の侵害」を明文で不法行為として規定してきた。

III　違法性・過失

改正前の民法709条は権利侵害のみを不法行為として挙げていましたが、それは様々な法律が個人の利益の保護を目的として置いているルールに違反する行為（違法性のある行為）の典型例を挙げているだけだと解釈することで、権利侵害がなくても不法行為は成立しうるという理解が広がりました。そのような理解を反映するために「法律上保護される利益」という文言が追加されたのです。ですから、法律上保護された利益の意味を考える際には、違法性についての従来の議論（下表参照）を踏まえることが重要です。これに関する近年の例としては国立マンション事件（最高裁平成18年3月30日判決）が有名です。ここでは、美しい景観で有名な大学通り沿いに高層マンションを建設したことが、近隣住民等の景観利益を害する不法行為となるかという形で争われました。同判決では下表の判断枠組みを意識した違法性の判断が行われ、近隣住民等が敗訴しました（ただし、第一審では住民側が勝訴し、上層階の一部の撤去が命じられました）。なお、以上のような違法性の判断では、注意をもって行うべき行為を行わなかったという意味での過失の判断が含まれてきます。その意味でも、民法709条は責任発生の前提として過失を念頭に置いているわけですが、製造物責任法のように、被害者救済のため、例外的に無過失責任を定めている特別法もあります。

↓違法性のあるとされる行為の類型

行為の態様	違法と評価される場合
刑罰法規違反行為	最も明瞭に違法性を帯びる
その他禁止法規または取締法規違反	当該法規が私人の利益の保護を目的としている場合には、違法性を帯びる
公序良俗違反の行為	個別の法規に違反していない行為も、公の秩序や善良な風俗に反する場合には、違法と評価される
権利濫用	権利の行使である以上、原則として違法とは評価されない。しかし、権利行使の方法が公序良俗に反する場合には、違法と評価される

我妻榮『事務管理・不当利得・不法行為』（日本評論社・1937年）
142-147頁の内容をもとに筆者作成

↓マンションの上層一部分の撤去を命じる第一審判決について報じる新聞記事

読売新聞2002年12月18日夕刊1面

↓大学通りの遠景

Google Earth

↓無過失責任を定めるとされる製造物責任法（PL法）のイメージ

対象物	「製造または加工された動産」がPL法の対象 例）自動車・テレビ・コーヒーカップ・加工したジュースなど 　　平成7年7月1日以降に出荷された製品が対象となる
被害の実態	テレビから出火してカーテンが燃えた　　テレビから出火してやけどをした　　テレビが出火した
適用法律	製造物の欠陥が原因で生命、身体または財産に被害を受けたときはPL法の対象 PL法が適用され、民法も適用される　　　　民法が適用
上記以外のもの	果物・野菜など未加工の農林水産物や不動産・サービスなどはPL法の対象とならず、民法が適用される 　　　　　　　　　　　　　　　　　　　民法が適用

広島県の説明用画像をもとに作成

★○×問題でチェック★
問3　権利という名前のつく利益が侵害されていなくても、不法行為が成立することがある。
問4　民法709条は、加害者に過失がない場合であっても適用されることがある。

IV 損害賠償

　民法709条は、違法な行為、つまり、故意または過失によって他人の権利または法律上保護された利益を侵害する行為があった場合に、そこから生じた損害の賠償義務を加害者に課しています。しかし、加害行為が行われていなければ生じなかったと考えられる不利益すべてを加害者が賠償しなければならないとすれば、その範囲は無限に広がっていき、公平性を害することになる可能性もあります。たとえば交通事故はどれだけ気

↓1つの交通事故から生じる損害の広がりの例

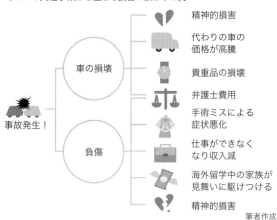

精神的損害

代わりの車の価格が高騰

貴重品の損壊

弁護士費用

手術ミスによる症状悪化

仕事ができなくなり収入減

海外留学中の家族が見舞いに駆けつける

精神的損害

筆者作成

をつけても起きてしまうことがありますが、左下図でみるように、事故に起因して生じる損害は多岐に及びます。もちろん加害者が賠償するのが当然と思われる損害（自動車の修理代や被害者の治療費など）もありますが、たまたま被害者が入院した病院で手術ミスがあったような場合に、そのミスによって悪化したケガについてまで加害者が責任を負うべきとまではいえないこともあるでしょう。このように、加害行為がなければ生じていなかったであろう不利益（この関係性を事実的因果関係といいます）のうち、加害者に賠償させるのが適切と思われる範囲を線引きすることが重要となります。その線引きの方法の理論的説明にはいろいろなものがありますが、Aという加害行為からBという損害が生じるという関係性を一般的な事象として位置づけられるかという、AとBとの間の結びつきの蓋然性が一般的に重要視されています。つまりAからBが生じるのが一般的であるといえるのであれば加害者にその賠償をさせても不公平ではないが（AとBの因果的なつながりが相当であるという意味で、相当因果関係があるといわれることがあります）、Bがもっぱら偶然生じたにすぎない場合には、加害者にこれを賠償させるのは公平ではないと考えるわけです。こうして線引きされた損害は、原則として金銭で賠償されなければなりません。

V 責任能力・監督義務

　自己の行為の責任を認識するに足りる知能を備えていない未成年者（712条）や、精神上の障害により自己の行為の責任を認識する能力を欠く者（713条）は、責任能力がなく、損害賠償責任を負いません。これらの者が不法行為を行った場合には、その監督義務者が賠償責任を負うことがあります（714条）。712条に関しては親権者が監督義務者になります。713条に関しては、近年、認知症により自己の行為の責任を認識する能力のない人が線路に立ち入り、それにより人身事故が生じた事例で、その家族が監督義務者にあたるかどうかが問題となりました。家族が身内の世話をするのは当然という考えもあるかもしれませんが、最高裁は、監督義務とは他人に損害を生じ

させないように監督をする法律上の義務であって、単に家族であるという理由で発生するものではないと判断しました（最高裁平成28年3月1日判決）。

↓最高裁平成28年3月1日判決について報じる新聞記事

読売新聞2016年3月2日朝刊1面

↓事故現場とされる写真

毎日新聞社／アフロ

★〇×問題でチェック★

問5　加害者は、不法行為がなかったとすれば生じていなかったであろう損害をすべて賠償しなければならないとは限らない。
問6　認知症によって自己の行為の責任を認識する能力を欠く者の家族は、当然に法律上の監督義務を負うわけではない。

これまでみてきたように、不法行為というしくみは、違法な行為によって被害者が被った損害を賠償させるしくみです。しかし、被害者がこのしくみを使って賠償を受けるためには、多くのハードルがあります。第1に、証明責任（☞12-Ⅲ2）の問題があります。加害者の行為が民法709条の要件を満たしていることは、損害賠償請求を求める被害者・原告が裁判で主張・立証しなければなりません。第2に、被害者が損害賠償請求をすることができる期間には制限があります。2017年に改正される前の民法724条では、不法行為の時から20年が経過すると、被害者の損害賠償請求権は自動的に消滅するとされていました。これは、加害行為から一定期間が経過したことのみを理由に裁判上の請求を画一的に否定し、もって社会の安定を図る制度で、除斥期間（じょせききかん）と呼ばれてきました。しかし、被害者が被害を認識したときにはすでに除斥期間が経過していて、損害賠償請求ができないという事態が生じることもありました。たとえば、かつて、乳幼児期に集団で予防接種を受けるときに、注射針等の使い回しが行われていたことがあり、その際にB型肝炎ウイルスに感染してしまった人が多くいました。しかしすぐに症状が出るのではなく、成人してから発症するといったケースも多くあり、その場合には、予防接種を監督する国や地方公共団体の不法行為責任を問うことができないという問題が生じてきたのです。最高裁は、B型肝炎に関する損害賠償請求訴訟について、除斥期間の開始時点（起算点）をB型肝炎の発症時に遅らせることを認めたことがあります（最高裁平成18年6月16日判決）。改正前724条の除斥期間は、現在では次にみる時効に変更されていますが、改正前の規定のもとで行われたその他の不法行為については、依然として除斥期間の問題が残っています。第3に、消滅時効（しょうめつじこう）の問題があります。除斥期間

と似ていますが、時効とは長年継続した事実状態を保護するための制度で、画一的に権利義務を確定する制度である除斥期間とは制度の目的やしくみが異なっています。消滅時効に関する規定には、一般法である166条1項と、特別法である724条とがありますが、一定の期間損害賠償請求権が行使されない場合、その権利は時効によって消滅することがあります。

↓集団予防接種の被害者救済を図るために作られたポスター

厚生労働省HPより転載

↓再発したB型肝炎についての賠償を認めた
最高裁判決に対する原告らの反応

毎日新聞社／アフロ

↓B型肝炎への感染ルート

垂直感染	出生時の母子感染
水平感染	傷のある皮膚への体液の付着 濃密な接触（性行為など） 静注用麻薬の乱用 刺青 ピアスの穴あけ 不衛生な器具による医療行為 出血を伴うような民間療法 その他

国立研究開発法人国立国際医療研究センター肝炎
情報センターのウェブサイト内の表の内容を転載

↓時効と除斥期間の規律

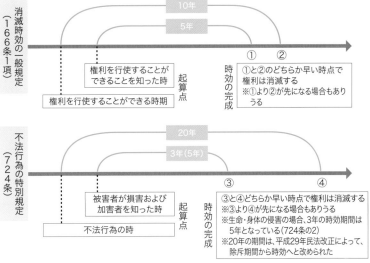

筆者作成

★○✕問題でチェック★
問7　除斥期間は時効の一種である。
問8　不法行為の時から20年を経過した後に被害者が損害賠償請求をすることは、絶対に認められない。

4 民法Ⅲ：契約・所有権

Ⅰ 「不動産」の売買契約

本章で扱うのは、契約や所有権ですが、これらを論じれば、基本的事項だけでも当然4頁には収まりません。そこで、本章では、「不動産」の「売買」「契約」に絞って説明します。

まず、「不動産」とは何でしょうか。民法上、「不動産」とは、「土地及びその定着物」をいいます（86条1項）。定着物の代表例は、建物です。さしあたって、不動産＝土地・建物とイメージしておいても、差し支えはないでしょう。

「不動産以外の」すべての「物」を動産といいます（86条2項）。教科書も、パソコンも、自動車も、すべて動産です。

ところで、「物」というのは、有体物をいいます（85条）。有体物とは、（異論はありますが）空間の一部を占めるものとされます。これに対して、発明や著作物といった情報それ自体は空間の一部を占

↓売買の意向が示された土地

めない（無体物）ので、民法上の「物」ではありません。しかし、情報が今日の社会において重要な地位を占めていることは間違いないところであり、知的財産法と呼ばれる法領域（☞**10**）などに、情報に関する規律が置かれています。

Ⅱ 不動産の「売買契約」

1 契約の成立

2-Ⅳでも説明された通り、契約は、法律行為の一種です。法律行為とは、表明した通りに法律関係を変動させようという意思の表明（＝意思表示）を構成要素とする行為の総称であり、そのうち、（一般的には）相対立する意思表示が合致して成立するのが契約です。契約のなかでも、（正確な意味は**3**で説明しますが）売り買いを目的とするのが売買契約です。たとえば、Xの、「甲土地をあげるのと引き換えに3000万円をもらう」という意思表示と、それと対立するYの「3000万円を支払うのと引き換えに甲土地をもらう」という意思表示とが合致して、Xの甲土地をYにあげる代わりに、YがXに対して3000万円を支払うという売買契約が成立します。

契約は、意思表示が合致さえすれば成立するのが原則であり（諾成契約）、書面の作成は、契約の成立にあたって必要ではありません。もっとも、不動産は一般的には高価なので、売買契約の締結に慎重を期し、また契約を締結したことやその内容を

明確にして証拠として残すため、さらに後述（☞**3**）の登記手続に用いるために、契約書が作成され、売主・買主がそれぞれ署名・記名をし、実印を押印するのが一般です。実印とは、市区町村の役所・役場に事前に登録をした印鑑で、重要な取引の際に用いられます。印鑑登録をしておけば、役所・役場において、ある印影が、本人が事前に登録したものであることを証明する、印鑑登録証明書の発行を受けられます。印鑑登録証明書があれば、契約書にその印鑑を押したのが本人であることを（ある程度）確認することができます。契約時の本人確認は他の書類でもできますが、登記手続にあたっては、（少なくとも）売主の印鑑登録証明書が必要です（不動産登記令16条2項）。

↓印鑑登録証明書の見本

岐阜市HPより転載

↓不動産の売買契約の成立

筆者作成

2 契約自由と契約の拘束力

契約が成立した以上、この契約を簡単になかったことにすることはできません。契約するか否か、するとしていかなる内容の契約を締結するかは、原則として当事者の自由です（契約自由の原則、521条・522条）が、約束したにもかかわらず、その約束を簡単に反故にできるとなれば、約束する意味がないからです（契約の拘束力）。**1**のケースでは、「Xの甲土地をYにあげる代わりに、YがXに対して3000万円を支払う」という契約が成立した以上、Xは、甲土地をYに「あげ」なければなりません。これに対して、Yは、Xに、3000万円を支払わなければなりません。

そして、契約の拘束力を確保するために、債権者には、債務者に対する履行請求権（給付を求める権利、412条の2第1項

↓契約自由の原則と契約の拘束力

	契約自由の原則（狭義）	契約の拘束力
適用場面	契約成立前	契約成立後
内容	・契約を締結するか否かは自由（521条1項） ・誰と契約を締結するかも自由 いかなる内容の契約を締結するかも自由（521条2項） ・いかなる方式を用いて契約するかも自由（522条2項）	契約を締結した以上その契約は守らなければならない →履行請求権・損害賠償請求権等

筆者作成

参照）や損害賠償請求権（約束通りの履行がなされない場合に、それによって発生した損害の賠償を求める権利、415条）が認められています。

3 売買契約の成立と当事者の法律関係

売買契約が成立したときの法律関係を、「あげる」「もらう」にとどまらず、もう少し丁寧にみておきましょう。

555条によると、「売買は、当事者の一方がある財産権を相手方に移転することを約し、相手方がこれに対してその代金を支払うことを約することによって、その効力を生ずる」。この規定をもとに、売主・買主の義務を説明します。

第1に、売主は、財産権を移転する義務を負います。財産権という語の定義はそれほど明確ではありませんが、一般には、所有権をはじめとする、財産に関する権利をいいます（債権や知的財産権も財産権です）。所有権とは、民法上、「法令の制限内において、自由にその所有物の使用、収益及び処分をする権利」と定義されます（206条）。一口にいえば、目的物をどうするかを、法律上の制限内で自由に決める権利です。

もっとも、所有権は、（有力な異論はありますが）原則として契約の時に移転し、契約後に改めて問題となることはありません。というのは、176条が、所有権をはじめとする「物権の設定及び移転は、当事者の意思表示のみによって、その効力を生ずる」と定めているからです。ただし、所有権を移転する義務が契約後に問題になる場合もあります。それは、たとえば、他人（Aとします）の承諾なく、Aの物を売ってしまったという場合（他人物売買）です。日本法においては、他人物売買は有効です。しかしこの場合、甲土地の所有権は、あくまでもAにあります。注意すべきは、Aの所有する甲土地について、売主と買主とが勝手に売買契約をしたからといって、買主が甲土地の所有権を手に入れることはできないのが大原則であるということです。売主は甲土地の所有権を有していない以上、有していないものを移転することはできません。したがって、買主は所有権を取得することができず、Aに所有権は残り続けることになります（ただし、動産については、192条に例外があります）。ここで、通常であれば問題とならない所有権の移転義務が問題となります。売主は、Aと交渉して、自ら甲土地の所有権を取得して、買主に移転する義務を負うことになります（561条）。

財産権の移転義務は、所有権の移転に限定されるわけではありません。というのは、所有権を移転したからといって、移転す

るのは、目的物のあり方を決める権利にすぎず、目的物が勝手に売主の手を離れて買主に移動するわけではないからです。そこで、売主は、買主に対して、目的物の事実上の支配（占有）を移転させる（引渡し）義務を負います。

売主は、買主に対して、「登記、登録その他の売買の目的である権利の移転についての対抗要件（☞Ⅲ**1**）を備えさせる義務」も負います（560条）。目的物が不動産の場合には、登記です。

第2に、買主は、代金を支払う義務を負います。もっとも、買主は、代金を払ったのに引渡し等がないというリスクを回避するために、引渡しや対抗要件の具備と引き換えに代金を支払うことを主張することができます。このように、相手方の債務の履行と同時にでなければ自らも債務を履行しないと主張する権利を、同時履行の抗弁権（533条）といいます（売主にも認められます）。なお、不動産売買の場合には、契約時に代金の数％（手付）が支払われ、引渡し・登記と残代金支払とを同時履行とする特約が結ばれることが多くみられます。

↓売買契約に基づく当事者間の法律関係

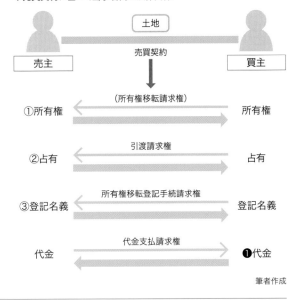

筆者作成

Ⅲ　所有権の移転の公示

1　対抗要件とは何か

ここで、Ⅱで述べた対抗要件、登記についてもう少しみておきましょう。登記とは、不動産等の所在・面積や権利関係について、不動産の所在地を管轄する法務局または地方法務局等の登記所に備え付けられた登記簿（かつては紙でしたが、今は磁気ディスクです）にされた記載のことをいいます。登記簿は誰でも閲覧することができ、また登記簿に記載された事項を証明する登記事項証明書の交付を受けることができるので、ある不動産について取引に入ろうとする者は、これらをチェックすることによって、（誤った情報が記載されている可能性はゼロではありませんが）ある程度、問題の不動産についての権利関係を把握することができるわけです。

権利に関する登記のうち、問題の不動産の所有権について最初になされる登記を所有権保存登記、その後の所有権の移転についてなされる登記を所有権移転登記といいます（不動産登記法3条。後者を、日常的に、登記名義の移転ということもあります）。不動産売買においては、新築建物の場合には前者によることもありますが、多くの場合には後者によって所有権移転を公示します。

このように、登記は、不動産にかかわる権利関係について、それを公示するという機能をもっています。しかし、その機能が十分に果たされるためには、当事者が登記手続をきちんとすることが必要になります。そこで、民法は、当事者の手続を促進するために、登記を不動産物権変動の対抗要件としました（177条）。対抗要件とは、ある権利（の移転・変更）を、第三者に主張するために備えなければならない要件のことです。すなわち、ここにいう「対抗」というのは、（異論はありますが）「主張」と同じ意味で捉えて差し支えありません。つまり、売買契約によって所有権が移転しても、一定の立場の人たちに対しては、「私が所有者なので、あなたは甲土地を使わないでください」と主張するためには、対抗要件である登記を備えなければならないということです。民法は、登記をしない者に、所有権の取得、ひいては自らが所有者になったということを第三者に対して主張できないという不利益を課すことで、登記の促進を促しているわけです。

なぜ、このような公示制度が必要になるのでしょうか。Xさんが「私、この甲土地の所有者なんですが、この土地買いません？」と言ったところで、権利は目に見えませんから、本当にXが所有者なのかどうかは実はそう明白ではありません。そうなると、Xの言うことを信じて、甲土地の売買契約を結んで3000万円を支払っても、甲土地が手に入らない可能性もあります。そのようなリスクがあちこちで生じるのは社会的にも望ましくありません（このように、安心して取引ができなくなる事態を「取引の安全が害される」といいます）。そこで、目に見えるものによって公示することで、このリスクを低減しようというわけです。

なお、動産についても、対抗要件の制度は存在します（債権や知的財産権についても存在します）。動産については、民法は、事実上の支配（占有）の移転である引渡しをもって、対抗要件としています（178条）。というのは、動産は、土地や建物と違って無数にありますし、取引の機会も頻繁にあります。にもかかわらず、不動産と同様に登記を対抗要件とするのは、手間も費用もかかって（☞**2**）非効率だからです。ただし、動産についても、特別法によって登記や登録の制度が設けられているものがあります（法人が動産を譲渡する場合について動産債権譲渡特例法3条、自動車について道路運送車両法5条1項）。

↓登記事項証明書の見本

表　題　部　（土地の表示）			調製	余　白	不動産番号	0000000000000
地図番号	余　白		筆界特定	余　白		
所　在	特別区南都町一丁目				余　白	
① 地　番	② 地　目	③ 　　地　積　　㎡			原因及びその日付〔登記の日付〕	
101番	宅地	300	00	不詳 〔平成20年10月14日〕		
所　有　者　　特別区南都町一丁目1番1号　甲　野　太　郎						

権　利　部　（甲　区）　（所　有　権　に　関　す　る　事　項）			
順位番号	登　記　の　目　的	受付年月日・受付番号	権　利　者　そ　の　他　の　事　項
1	所有権保存	平成20年10月15日第637号	所有者　特別区南都町一丁目1番1号　甲　野　太　郎
2	所有権移転	令和1年5月7日第806号	原因　令和1年5月7日売買　所有者　特別区南都町一丁目5番5号　法　務　五　郎

権　利　部　（乙　区）　（所　有　権　以　外　の　権　利　に　関　す　る　事　項）			
順位番号	登　記　の　目　的	受付年月日・受付番号	権　利　者　そ　の　他　の　事　項
1	抵当権設定	令和1年5月7日第807号	原因　令和1年5月7日金銭消費貸借同日設定　債権額　金4,000万円　利息　年2・60％（年365日日割計算）　損害金　年14・5％（年365日日割計算）　債務者　特別区南都町一丁目5番5号　法　務　五　郎　抵当権者　特別区北都町三丁目3番3号　株　式　会　社　南　北　銀　行　（取扱店　南都支店）　共同担保　目録(あ)第2340号

共　同　担　保　目　録				
記号及び番号	(あ)第2340号		調製	令和1年5月7日
番　号	担保の目的である権利の表示		順位番号	予　　備
1	特別区南都町一丁目　101番の土地		1	余　白
2	特別区南都町一丁目　101番地　家屋番号 1 1 101番の建物		1	余　白

*　下線のあるものは抹消事項であることを示す。　　　　整理番号　D12445　（1/3）　1/2

法務省HPより転載

↓登記制度の意義・対抗要件としての登記

これはXさんの土地か…
この土地の売買交渉はXさんとすればいいってことだな。

誰の土地…？

登記事項証明書

このように、登記情報をみれば権利関係がわかるようにするため、所有権を取得しても、登記をしなければ第三者に所有権を取得したことを主張できない（民法177条）ようにして、登記をするよう促している。

筆者作成

★〇✕問題でチェック★

問5　ある不動産について最初になされる所有権の登記を、所有権保存登記という。
問6　不動産所有権の移転は、登記をしなければ、第三者に対抗することができない。

2 登記手続

登記にあたっては、原則として、当事者双方（売買契約の場合には売主・買主）による登記所への共同申請が必要です（不動産登記法16条・60条）。実務上は、当事者双方の代わりに、司法書士が申請することが多くなされます。なお、不動産売買に関する所有権移転登記の申請には、不動産価額の2％の登録免許税の納付が必要です。

申請にあたっては、契約書やこれを要約したもの等の「登記原因証明情報」の添付が必要です（同法61条）。この際、売主は、先行する登記の際に自らに提供された登記識別情報を提供しなければなりません（同法22条）。

売主（・買主）の印鑑登録証明書（☞Ⅱ■1）もこれに添付されます（不動産登記令16条2項）が、電子申請も可能です。

↓法務局・地方法務局の所在地

旭川地方法務局
札幌法務局
函館地方法務局
秋田地方法務局
富山地方法務局
金沢地方法務局
福井地方法務局
山形地方法務局
新潟地方法務局
釧路地方法務局
青森地方法務局
盛岡地方法務局
仙台法務局
福島地方法務局
京都地方法務局
神戸地方法務局
岡山地方法務局
前橋地方法務局
長野地方法務局
鳥取地方法務局
松江地方法務局
広島法務局
山口地方法務局
福岡法務局
佐賀地方法務局
熊本地方法務局
長崎地方法務局
宮崎地方法務局
鹿児島地方法務局
大分地方法務局
松山地方法務局
高知地方法務局
高松法務局
徳島地方法務局
宇都宮地方法務局
水戸地方法務局
さいたま地方法務局
千葉地方法務局
東京法務局
横浜地方法務局
甲府地方法務局
静岡地方法務局
岐阜地方法務局
名古屋法務局
津地方法務局
大津地方法務局
奈良地方法務局
大阪法務局
和歌山地方法務局
那覇地方法務局

青字は管区法務局

法務省HPをもとに作成

登記所の登記官は、申請に問題がなければ、登記を行い、買主に、登記識別情報を通知します（不動産登記法21条）。

3 売買契約に基づく所有権・占有・登記名義の移転

ここまで、不動産の売買契約によって生じる移転義務として、所有権の移転、占有の移転、対抗要件である登記名義の移転を説明しました。先にも説明しましたが、注意しなければならないのは、「その物を自由に使用・収益・処分することができる」ための「所有権」が移転するということと、物を事実上支配して

↓売買契約を締結した場合の所有権・占有・登記名義の移転状況

	所有権	占有	登記名義
	物の絶対的支配権（その物のあり方を自らが決める正当化根拠となる権利）	（正当化根拠の有無にかかわらず）現実に物理的支配しているという状態	自らが所有権を有しているということの公示
売買契約成立	X→Y	X	X
契約成立→引渡し	Y	X→Y	X
契約成立→登記手続	Y	X	X→Y
契約成立→引渡し・登記手続	Y	X→Y	X→Y

筆者作成

いるという状態である「占有」が移転しているということ、そして第三者に自らが所有権を取得していることを主張するために要求される「対抗要件」を備えていることとは、切り離して考えなければならないということです。

売買契約が締結された場合の所有権と、占有、対抗要件の帰趨については、Ⅱ■3、Ⅲ■1で述べたことと、上の表をもとに、以下のことを確認しておいてください。なお、❶・❷は、売買契約の場合に限られない一般的な命題であり、民法を学ぶにあたって、絶対に誤解してはいけないことですから、しっかり理解しておいてください。

❶ ⓐ その物を事実上支配してい（占有）なくとも、その物の所有権をもつことはありうる。

ⓑ その物の所有権を取得したことを第三者に主張するための「対抗要件」を備えていなくても、（いわば神様の目から見れば）その物の所有権をもつことはありうる。

❷ ⓐ その物を事実上支配してい（占有）ても、その物の所有権をもっていないことはありうる。

ⓑ 「対抗要件」は備えているが、そもそも（いわば神様の目から見れば）その物の所有権をもっていない（権利を他人に主張する前にそもそも権利がない）ということはありうる。

❸ 「売ります」「買います」という話がまとまって契約が成立すれば、所有権は移転する。しかし、それだけでその物の占有が勝手に移るわけではないし、対抗要件が勝手に備わるわけでもない。したがって、契約時に所有権が移転したとしても、売主は、目的物を引き渡し、対抗要件が備わるよう協力する義務を負っている。

★○×問題でチェック★
問7 不動産の登記手続は、原則として、当事者の一方のみの申請によって開始する。
問8 ある不動産について登記を備えていれば、当然にその物の所有者となる。

5 民法Ⅳ：家族法

Ⅰ 家族法とは

1 家族法の意義——家族にとっての法、法にとっての家族

家族法というと、一般に民法「第4編 親族」と「第5編 相続」を指します。本章は主に前者を扱います。家族法が何のためにあるのかについては、❶制度的家族観、❷契約的家族観、❸多元的家族観などの考え方があります。それぞれ、家族を捉えるうえでの力点が異なります。

❶は家族を制度つまり社会の基本的構成単位として捉えます。家族法の機能は家族のあり方を導くことで、あるべき社会を実現することにあると考えます。したがって、家族法の規定内容を当事者個人の意思により自由に変えることはできないとします。❷は家族の契約としての側面を重視し、家族を個人間の愛情や信頼に基づく契約により形成される関係と考えます。家族を個人の私生活の領域とし、家族法は

↓制度的家族観と契約的家族観

筆者作成

家族生活における個人の自己決定の尊重をめざします。法の内容に従うか否かは個人の自由な意思に委ねられます。もっとも、実際の家族法は❶❷の両面をあわせもつと一般に解されます。こうした考え方を❸多元的家族観といいます。

2 「家」制度から婚姻家族モデルへ、そして…

「家族」とは何か。答えは一通りではありません。民法の描く家族像も時代を経て変遷しています。明治民法は家族を「戸主ノ親族ニシテ其家ニ在ル者及ヒ其配偶者」（旧732条1項）と定義しました。「家」は戸主を長とする親族団体で、戸主が家産を単独で継承し、家族員を養う責任を負いました。しかし、「家」制度は戸主の支配的地位と男女不平等を伴い、日本国憲法24条の「〔家族生活における〕個人の尊厳と両性の本質的平等」の理念に反したので、廃止されました。現行民法は集団としての家族の定義をもたず、夫と妻、親と子といった個人間の権利義務関係を定めることで、家族のあり方を示します。一方で、「婚姻」と「親子」の規定を中心とし、両親夫婦とその未成年子か

らなる婚姻核家族を家族の典型モデルとします。実際、昭和期は婚姻核家族が世帯構成の最大多数を占めました。しかし、平成から令和にかけて、晩婚化・非婚化による婚姻の減少と離婚の増加を受け、婚姻核家族は減少傾向にあります。かわって単身家族や単親家族が増加し、家族形態の多様化が進んでいます。

↓国勢調査による世帯構成の変化（1975年⇒2020年）

単身世帯	夫婦と子の家族	夫婦のみの世帯	ひとり親と子の家族
10.8%→38.1%	42.7%→25.1%	11.8%→20.1%	6.4%→9.0%

その他の家族
25.8%→7.7%

婚姻核家族世帯

筆者作成

↓明治時代〜戦前の「家」制度と長男：主人公・竈門炭治郎。六人兄弟の長男で、優しく責任感の強い性格。炭治郎が先祖から受け継いだあるモノが物語の鍵を握る。これらの描写は大正時代という設定上、炭治郎が「竈門家」の戸主であることを踏まえると、より深く理解できる。

吾峠呼世晴『鬼滅の刃』第3巻より

↓日本における婚姻率と離婚率の推移

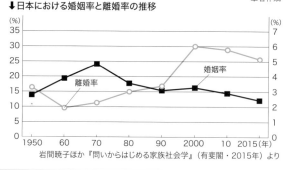

岩間暁子ほか『問いからはじめる家族社会学』（有斐閣・2015年）より

問1　明治期に確立された「家」制度は、戦後の民法大改正後も家族法の原則のままである。
問2　昭和期に比べて、現在は夫婦と子からなる家族が減少し、一人暮らしが増えている。

3 家族法の激動の時代──相次ぐ最高裁判決と大型法改正の動き

家族法は従来、改正が少なかったのですが、平成末期から令和冒頭にかけて最高裁判決に伴う条文改正が相次いでいます。たとえば、最高裁は非嫡出子の法定相続分を嫡出子の2分の1とする900条4項ただし書を違憲とし、同条文の改廃を実現させました。もっとも、最高裁の基本的家族観は、法律婚夫婦とその子からなる婚姻核家族に規範的価値を認める傾向にあります。

ほかにも家族法の諸領域で大型改正が重ねられています。2023年現在、検討中の問題の多くは、婚姻核家族モデルの見直しを伴います。家族や個人のあり方が変容するなか、婚姻核家族を典型とする枠組みが「普通」から外れる人々を疎外し、生きづらさをもたらすことは、もはや無視できないものとなっています。

↓2010年代以降における主な家族法改正一覧

2011年	親権法改正（親権停止制度導入、面会交流の明記など）
2013年	非嫡出子相続分差別規定の削除（民法900条4項ただし書）
2016年	女性のみの再婚禁止期間を100日に短縮（民法733条）
2018年	婚姻適齢の18歳への統一（民法731条、施行は2022年）
	相続法改正（配偶者居住権や特別の寄与の導入など）
2019年	特別養子制度の改正（養子年齢の上限の引き上げなど）
2022年	親子法改正（嫡出推定の一部変更、再婚禁止期間の撤廃、懲戒権の廃止など）

筆者作成

↓家族法改正をめぐる主な論点

婚姻法	夫婦同氏制（民法750条）の変更 ：選択的夫婦別氏制度導入
	同性婚の承認
親子法	普通養子法の変更 ：要件の厳格化
	離婚後の子の親権・監護制の変更 ：共同親権制の導入

筆者作成

II 婚姻法

1 婚姻の自由とその限界

婚姻は結婚を表す法律用語で、法律等の社会規範により承認される性的結合関係を指します。現代日本の婚姻法は、「家」制度を克服した近代市民社会の法の特徴をもちます。たとえば、憲法24条1項は婚姻の成立は両性の合意のみに基づくこと、つまり私的自治の原則を定めます。婚姻は個人の人格の本質にかかわるので、もっぱら当事者の自由意思に委ね、国家その他第三者からの強制を許しません。もっとも、数多のカップルの一部を夫婦として特別に承認するには、それにふさわしいと認めるための条件と手続が必要となります。そこで、民法は婚姻の要件を定め、それを満たすことで婚姻は有効に成立します（法律婚主義）。

具体的な要件は❶婚姻の届出（民法739条〜742条）、❷婚姻意思の合致（同742条1項）、❸婚姻障碍の不存在（同731条〜737条）です。❶は夫婦関係の公示や登録管理を目的とします。市区町村長への届出により夫婦の戸籍が作成されます。届出は形式的な審査のうえで受理されます。のちに実質面で❷

❸を満たさないことがわかり、婚姻が無効や取消しとなる場合もあります。❷は婚姻の成立における私的自治、つまり契約としての婚姻の自由を保障します。❸は制度としての婚姻の観点から、婚姻の成立を妨げる事由を示します。婚姻障碍事由を伴う婚姻は社会的に不適切なので、当事者が望んでも許されません。具体的事由の設定は倫理的・生物学的理由によりますが、婚姻の自由を制約する以上、最小限に限るべきとされます。たとえば、以前は女性のみ離婚後一定期間の再婚が禁止されましたが（改正前民法733条1項）、2022年改正で撤廃されました。

婚姻障碍とは別に、婚姻の自由を妨げるものとして問題視されるのが夫婦同氏の原則（民法750条）です。夫婦の両方が従前の氏の継続を望むと、婚姻は実質不可能となります。同性カップルへの対応も問題です。海外では同性婚の制度化が進み、日本でも一部地方自治体が登録制度を導入していますが、関係の証明手段にすぎず、実効的な法的効果を伴いません。異性婚を前提とする婚姻の定義や意義の問い直しが迫られています。

↓婚姻の成立

民法の定める婚姻の成立要件

①婚姻の届出　②婚姻意思の合致　③ 婚姻障碍 の不存在

❌18歳未満　❌重婚　❌近親婚

離婚後100日経過前の女性
民法改正により…
OK

婚姻の自由（私的自治）　VS

憲法24条
「婚姻は、両性の合意のみに基づいて成立」

同性カップル　別氏希望
田中　鈴木　→　どうする？

婚姻障碍ではないが、婚姻できない

筆者作成

↓渋谷区で交付の同性パートナーシップ証明書

ロイター／アフロ

★○×問題でチェック★
問3　非嫡出子の相続分は、以前は嫡出子の3分の1であったが、現在は嫡出子と平等となった。
問4　日本民法は、国家が法定する方式・手続に従うことで婚姻は成立する、届出婚主義をとる。

5 民法IV：家族法　**23**

2 離婚

　民法は婚姻家族の安定的維持を図る一方、離婚を許容します。破綻（はたん）した婚姻からの解放と再出発の自由を保障するためです。離婚手続の種類は複数ありますが、各々、離婚の合意および家庭裁判所の関与を必要とするか否かが異なります。99％近くが夫婦の合意に基づく離婚ですが（協議離婚・調停離婚など）、残り1％は家庭裁判所の判決によります（裁判離婚）。民

法は、夫婦の一方が離婚を望まない場合でも離婚を正当化しうる事由として離婚原因を定めます（770条1項）。離婚を請求する側はこれを主張・証明せねばなりません。民法は4つの事由を例示しますが、相手方の有責な態様の重視（有責主義）に基づく事由（同項1号・2号）と、破綻の結果自体の重視（破綻主義）に基づく事由（同項3号・4号）とに分けられます。

↓離婚手続の概略

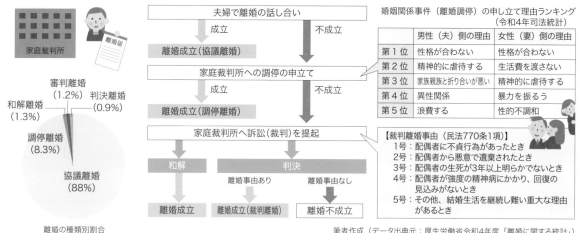

婚姻関係事件（離婚調停）の申し立て理由ランキング
（令和4年司法統計）

	男性（夫）側の理由	女性（妻）側の理由
第1位	性格が合わない	性格が合わない
第2位	精神的に虐待する	生活費を渡さない
第3位	家族親族と折り合いが悪い	精神的に虐待する
第4位	異性関係	暴力を振るう
第5位	浪費する	性的不調和

【裁判離婚事由（民法770条1項）】
1号：配偶者に不貞行為があったとき
2号：配偶者から悪意で遺棄されたとき
3号：配偶者の生死が3年以上明らかでないとき
4号：配偶者が強度の精神病にかかり、回復の見込みがないとき
5号：その他、結婚生活を継続し難い重大な理由があるとき

離婚の種類別割合
審判離婚（1.2％）　判決離婚（0.9％）
和解離婚（1.3％）
調停離婚（8.3％）
協議離婚（88％）

筆者作成（データ出典元：厚生労働省令和4年度「離婚に関する統計」）

III　親子法

1 親子関係の成立

　人は必ず、子どもとして生まれます。弱くて1人では生きられない子どもを守り育てる役目を、民法はまず子を産み落とした血縁（けつえん）の親つまり実親（じつおや）に託します。実親のなかでも母親を先に決め、そのうえで父親を定めます。母親は子を出産した女性とされます。出産した女性が血縁の母親であることは外観上明らかです。他方で父親はかつて血縁の証明が困難だったので、父母の婚姻関係（に基づく貞操（ていそう）義務）により補充してきました。したがって、夫婦間に生まれた子＝嫡出子と、夫婦ではない男女の間に出された子＝非嫡出子では、父親を定めるしくみが異なります。

　母親の婚姻中および婚姻解消から300日以内に出生した子は、母親の夫の嫡出子と推定されます（嫡出推定、772条）。実は血縁でないことがわかった場合、子の出生（を知った時）から3年以内に限り、父子関係を否定できます（嫡出否認の訴え、774条など）。上記期間外に生まれた非嫡出子の父親は、自動的に決まらず、認知が必要となります。認知の手続は、父親が自らの意思で自分の子として承認する任意認知（779条）と、子らからの認知の訴えを受け、裁判所が父子関係を成立させる強制認知（787条）があります。婚姻核家族モデルのもと、非嫡出子は父子関係成立のしくみを異にする以上、法的・社会的に不利な立

↓母親と父親では、親子関係の成立方法が異なる

母親＝分娩者

父親は…どう決める？

筆者作成

↓嫡出家族の起原はキリスト教の『聖家族』

アフロ

↓RPGやファンタジー物でおなじみ中世のバスタードソードの名前の由来は「非嫡出子」

wikipedia

↓子の出生のタイミングと法的地位

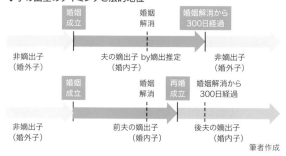

筆者作成

場に置かれてきました。しかし、その象徴であった相続分差別規定が廃止されるなど、差別の克服は少しずつ始まっています。

★○×問題でチェック★

問5　不貞（ふてい）を理由に離婚請求できるのは、不貞をした側の配偶者である。
問6　子を妊娠し出産した女性が、その子の法律上の母親となる。

2 親子関係の効果──親権を中心に

　親子の法的関係の中核は親権です（820条）。親権は、未成年の子が一人前になるまでの監護養育と財産管理を内容とする親の権利義務を総称する概念です。具体的には身上監護や財産管理のための複数の権利義務を含みます。「権」と称しつつ子に対する義務・責任としての側面が強いものです。親権行使の指針として、2011年には「子の利益のために」親権を行使せねばならないことが、2022年改正では子の人格を尊重し子の年齢発達の程度へ配慮する義務が、それぞれ新たに明記され、子の人格の独立性と親権の支配権的性格の否定が強調されました。同時に、しつけと称した体罰や虐待を温存しうるとの懸念から、懲戒権が廃止され、体罰の禁止が明文化されました（821条）。

　民法は、子の心身に有害な影響を及ぼすなどの不適切な親権行使の予防・発見・介入等の対応のしくみとして、親権喪失（834条）、親権停止（同条の2）、管理権喪失（835条）の各制度を用意します。児童虐待については、これら制度と児童福祉法や児童虐待防止法上の諸制度との連携により、親子分離も含めて対応されます。

　親権関係の当事者ですが、親権に服する子は18歳未満の未成年者です（818条1項）。父母の婚姻中は父母が共同で親権を行いますが（同3項）、離婚後や非嫡出子の場合は父母の一方が親権をもちます（819条2項・4項）。離婚後の単独親権制は、離婚した父母が協力して親権を行使することの現実的困難を理由とします。実際には母親が親権をもつのが約9割です。しかし、近年、父親の育児参加拡大や子の奪い合い紛争の一部激化を背景に、離婚後の共同親権制の導入が検討課題となり、法制審議会家族法制部会は2023年8月現在、議論を進めています。

　たしかに、親権を親の養育責任と捉えれば、離婚により親権を失うことは理念的に筋が通りにくくなります。共同親権が夫婦の特権でなくなれば、婚姻核家族モデルの見直しにもつながります。もっとも、先行する欧米諸国の例からは、共同親権・監護制は主に父親の権利意識を焚きつけるうえ、親権の共同行使、つまり共同決定の具体的態様の調整を必要とし手続を複雑化させることから、紛争が長期化・激化する傾向もうかがわれ

↓法的親子関係の効果と親権

ます。子が父母の紛争にさらされ続ければ、「子の利益」は損なわれます。とりわけ、DVや虐待の問題を抱える場合、共同養育は好ましくありません。日本の研究者や実務家の間では、導入反対論や、導入を容認しつつ養育措置の取決め・実施や暴力の問題に関する介入支援の拡充を求める立場も目立ちます。

　なお、民法は法的親子関係の内容のうち、面会交流（766条）・扶養義務（877条）・相続（887条）等を親権の外に置きます。親権をもたない親もこれらの点で子に対する法的責任を担い、果たすことは、現在でも可能です。

↓婚姻中の共同親権と離婚後の単独親権

IV　家族法への関心を広げ、深めるために

　家族は人が生きるうえでかけがえのないものであると同時に、家族をめぐる悩みは何より人を苦しめます。それゆえ、家族をテーマとする物語は私たちを惹きつけるのです。家族をテーマ

とする作品をいくつか紹介するので、家族法学習の参考にしてください。昭和期はいわゆる「嫁」の苦悩を描く作品が多かったですが、近時は多彩な題材が扱われるようになっています。

↓家族法に関連する、おすすめの国内作品

家族問題全般	TVドラマ『渡る世間は鬼ばかり』（1990年–2018年、TBS／橋田寿賀子脚本）
結婚（事実婚）	TVドラマ『逃げるは恥だが役に立つ』（2016年、TBS／新垣結衣主演）
LGBTQ：同性カップル	TVドラマ『きのう何食べた？』（2016年、テレビ東京／西島秀俊主演）
	映像作品『確信〜恋する10代LGBTへ〜』（2016年、井上涼：やる気あり美作）
・トランスジェンダー	映画『ミッドナイトスワン』（2020年、キノフィルムズ／草彅剛主演）
離婚と子ども	TVドラマ『僕と彼女と彼女の生きる道』（2004年、フジテレビ／草彅剛主演）
ステップファミリー、生殖補助医療等	TVドラマ『四十九日のレシピ』（2011年、NHK／和久井映見主演）
老親介護・相続等	TV『俺の家の話』（2021年、TBS／宮藤官九郎脚本）

筆者作成

↓映画『ミッドナイトスワン』（2020）（第44回日本アカデミー賞最優秀作品賞・最優秀主演男優賞）

編集部撮影

★○×問題でチェック★
問7　民法上、親の子に対する体罰は禁止されている。
問8　離婚により親権を失った父親は子を経済的に養う義務を免れる。

Ⅰ 消費者法ってなに？

　民法は、個人間、法人間または個人・法人間のいずれの契約にも適用される私法の一般法ですが、基本的に、当事者が対等な力関係であることが想定されています。しかし、消費者と事業者の間には、交渉力や情報量に格差があります。そこで、民法による保護では十分でない消費者の利益を守るために制定されたのが消費者契約法です。また、訪問販売や通信販売といった消費者トラブルが特に多い類型の取引について、クーリング・オフなどの制度により、消費者保護を図っているのが特定商取引法です。こうした消費者保護のための法領域が消費

者法です。消費者法は、民法と併せて三階建ての基本構造となっています。こうした法律の施行後も、中国製冷凍餃子事件や事故米不正転売事件といった国民生活の安全を脅かす深刻な社会問題が多発したため、消費者問題を一元的に取り扱い、悪質商法から消費者を守ること等を使命として、2009年、消費者庁が設置され、以降、同庁が司令塔となり、消費者問題への対策がなされています。消費者法が扱う問題は、近時も、いわゆる霊感商法等の悪質商法が社会問題となるなど、日々広がりをみせています。

↓消費者関連法の基本構造

消費者関連法は3階建て
下に行くほど、適用範囲は広く、規制は包括的になり、
上に行くほど、適用範囲は限定され、
規制内容は消費者保護に特化した制度がある

3階	〈特定商取引法〉	トラブルの多い特定の取引を規制する法律
2階	〈消費者契約法〉	消費者と事業者の情報格差・交渉力格差を是正するための法律
1階	〈民法〉	すべての契約に適用される一般的なルール

岐阜県環境生活部県民生活課HPをもとに
一部改変して作成

↓消費者庁設立 ↓霊感商法等の悪質商法への対策検討会　報告書

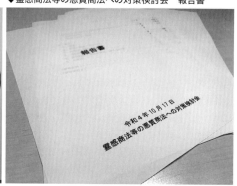

毎日新聞社／アフロ　　　　　　　　　　　　　著者撮影

Ⅱ 消費者契約法

　消費者契約法は、業種や取引形態を問わず、消費者契約に広く適用される法律です。消費者契約とは、「消費者」と「事業者」との間で結ばれる契約であり、「消費者」とは個人のこと、「事業者」とは法人その他の団体のことです（ただし、個人であっても、事業の場合には「事業者」と扱われます）。詐欺や錯誤による意思表示は民法により取り消すことができますが（☞ **2-Ⅳ** ❷）、ある契約が「消費者契約」に該当すると、詐欺や錯誤が成立しない場合であっても、事業者により重要事項につき事実と異なることが告げられたときや、消費者の不利益となる事実が告

げられなかったときなど、より広い場面で意思表示の取消しが可能となります。また、現代では、事業者があらかじめ契約条項を定め、これに応じた消費者との間でのみ契約を締結する場合が少なくありません。このような場合に、事業者側に不当に有利な条項により消費者の利益が害されぬよう、消費者契約法は、消費者の利益を一方的に害する条項（たとえば、事業者が負う契約不適合責任の期間を、民法の定める1年より不当に短くする条項）等を無効とすること旨を定め、消費者の利益保護を図っています。

↓消費者契約法における「消費者」と「事業者」

消費者が事業者とした契約（＝消費者契約）であれば、
あらゆる契約が対象

筆者作成

↓消費者契約法の概要

消費者庁HPをもとに作成

問1　消費者契約法の施行や消費者庁の成立により、消費者問題はすべて過去のものとなった。
問2　「消費者契約」とは、「消費者」と「事業者」との間で結ばれる契約である。

III 特定商取引法

特定商取引法は、「訪問販売」、「通信販売」、「電話勧誘販売」、「連鎖販売取引」、「特定継続的役務提供」、「業務提供誘引販売取引」、「訪問購入」という消費者トラブルが特に多い7類型の取引を対象に、事業者による違法・悪質な勧誘を防止し、消費者の利益を守ることを目的とする法律です。この法律は、消費者に適正な情報を提供するため、各取引類型の特性に応じて、事業者に広告規制などを課し、これに違反した事業者には行政処分や刑罰を科すこととしています。また、特定商取引法には、消費者保護のための象徴的な制度として、クーリング・オフ制度が設けられています。これは、契約をいったん締結した場合でも、消費者に再考の機会を与え、一定の期間内であれば、無条件に契約を解除できる制度です。ただし、取引類型によりクーリング・オフの可否や可能期間が異なるため、注意が必要です。ほかにも、特定商取引法は、民法よりも広い範囲で意思表示の取消しを認めたり、消費者が契約を中途解約する際に事業者が請求できる損害賠償額に上限を設けるなどの民事上のルールを定め、消費者保護を図っています。

↓特定商取引法の対象となる類型

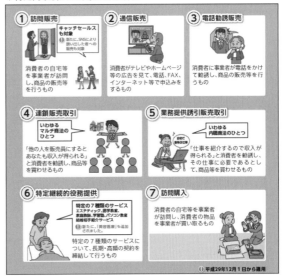

消費者庁HPより転載

IV 日本版クラス・アクション

アメリカでは、製品の欠陥が明らかとなった場合や多数の個人情報が漏洩した場合など、特定の原因により利害関係を共通にする多数の被害者が生じた場合、その集団(クラス)に属する一部の者が、その集団を代表して訴訟を提起する場合があります。これがクラス・アクションです。アメリカのクラス・アクションは、原則として、訴訟手続に関与しなかった者も含め、集団に属する者全員に判決の効力が及びます。これに対し、日本では、アメリカのようなクラス・アクション制度は設けられていませんが、2013年に成立した消費者裁判手続特例法により、相当多数の消費者に生じた財産的被害を集団的に回復するため、内閣総理大臣の認定を受けた特定適格消費者団体が被害回復裁判手続を追行することができることとなりました。これを日本版クラス・アクションと呼ぶことがあります。被害回復裁判手続は、2段階型の訴訟制度となっています。第1段階の共通義務確認訴訟では、事業者が責任(共通義務)を負うか否かが判断され、責任が認められた場合には、第2段階の簡易確定手続に進み、個々の被害者に対する支払額を確定することとなります。消費者は、第2段階の簡易確定手続に参加すれば足りるため、通常の訴訟であれば最大の争点となる事業者の責任に関する主張立証の負担から解放されます。近時、医学部入試において、長年にわたり女子や浪人生が差別的に取り扱われていたことが発覚し、大きな社会問題となりました。この事案では、「入試」という特定の原因により差別的取扱いを受けた受験生が相当多数いたため、特定適格消費者団体が大学を被告として受験料返還義務確認訴訟を提起し、その勝訴判決後、簡易確定手続がとられました。この事案は、消費者裁判手続特例法に基づく初めての提起事案とされています。

↓東京医大女性差別問題のデモ

Rodrigo Reyes Marin／アフロ

↓特定適格消費者団体「消費者機構日本」による共通義務確認訴訟

株式会社日本消費者新聞社提供

★○✕問題でチェック★
問3　私人間の契約では、民法が定める場合にのみ、意思表示の取消しが可能である。
問4　多数の被害者を生む消費者被害が生じても、日本にはそれらを集団的に解決する制度が一切ない。

Appendix 2　消費者法　**27**

6 労働法Ⅰ：労働法の成り立ちと役割

Ⅰ 労働法ってなに？

労働法は、大学生のみなさんにとって身近な法律といえるでしょう。学生のアルバイトにも、労働法は適用されます。休憩時間がない、ミスをすると罰金を取られるといったトラブルも、労働法によって解決できることが多いです。

また、みなさんが「もっと良い労働条件で働きたい」と考えても、使用者（店長や会社など、みなさんを雇う立場の者）に直接交渉するのは気が引けることもあるでしょうし、「うちの会社はこういうルールだ」と言い張られるかもしれません。労働法は、そうした「交渉力の格差」に着目して、弱い立場に置かれがちな労働者の保護や、労働者と使用者の

↓学生アルバイト向けに作成された厚生労働省のポスター

厚生労働省HPより転載

↓労働法を構成する法律

労働法	
労働者個人と使用者の関係を規律 例：労働基準法 　雇用の分野における男女の均等な機会及び待遇の確保等に関する法律 　（男女雇用機会均等法） 　労働安全衛生法 　労働契約法	労働者が結成した労働組合と使用者の関係を規律 例：労働組合法 労働市場（求人や求職活動など、労働力のやりとり）を規律 例：職業安定法

筆者作成

対等な交渉の実現を目標にしています。

ちなみに、「労働法」という名前の法律は存在せず、労働基準法、労働組合法、労働契約法などを中心に多くの法律で構成されています。

Ⅱ 労働基準法

1 労基法制定の背景

労働基準法（労基法）は戦後の1947年に施行されました。戦前の労働は長時間の過酷なもので、『女工哀史』などの文学にもなっています。1916年には工場法が施行されましたが、女性や年少者が対象であるうえ、1日11時間までの労働は認められるなど依然として厳しい内容であり、男性には何の保護もありませんでした。こうした過酷な労働から労働者を守るため、労働条件の最低基準を定めたのが労基法です。

↓1912年頃、紡績工場で働く女性たちの様子

毎日新聞社／アフロ

2 労基法の内容

労基法は、強制労働の禁止（5条）や損害賠償額の予定の禁止（16条。あらかじめ罰金制度を作っておくことはこれに違反します）などの規定で労働者の人権侵害を防ごうとしているほか、賃金や労働時間、休日といった労働条件の最低基準を規定しています。Ⅰでも触れた休憩時間については、労働時間が6時間を超える場合は45分、8時間を超える場合は1時間の休憩時間を労働時間の途中に与える必要があります（34条1項）。これらの規定は、「賃金、就業時間、休息その他の勤労条件に関する基準は、法律でこれを定める」と定める憲法27条2項を具体化するものです。

2019年以降の働き方改革により、時間外労働（いわゆる残業）につき上限が設けられる（36条4項）など、労基法の内容は時代とともに見直され、改正されています。

↓働き方改革で改正された内容

サブロク（36）協定で残業を1時間でも減らそう（労働基準法第36条に基づく労使協定）

残業は月45時間、年360時間以上させないこと

★特別で臨時的な事情がなければこれを超えてはいけません。従業員の1日の残業の目安は2時間程度です。

オンとオフのメリハリが大事！年5日間は確実に休んでもらおう

年休を年5日間は確実にとってもらうこと

★年6日以上勤めた従業員に対し、年休を毎年5日間は確実にとってもらいましょう。

東京労働局労働基準部「労働基準法素朴な疑問Q&A」より転載

★〇✕問題でチェック★

問1　学生アルバイトも労働法の保護の対象になりうる。
問2　労基法は制定から今まで改正されたことがない。

3 労基法を遵守させるためのしくみ

労基法が労働条件の最低基準を定めて労働者を保護しようとしても、使用者がそれを守らなければ意味がありません。そこで、労基法を守らせるために❶強行的直律的効力、❷付加金、❸罰則、❹行政監督制度、といったしくみが設けられています。

❶強行的直律的効力とは、労基法で定める基準に達しない（≒労働者に不利な）労働条件を定める労働契約は、その部分については無効とし（強行的効力）、無効となった部分を、労基法で定める基準により補充する（直律的効力）というものです（13条）。たとえば、使用者は労働者に対し、毎週1日、または4週間に4日以上の休日を与える必要があります（35条）が、これに反して、1か月休みなしの労働契約を締結した場合、強行的効力により契約のその部分は無効となり、直律的効力により毎週1日の休日のある契約に改められることになります。

↓労働基準法の定めを下回る労働条件を、労働者が望んでいる場合には…？

1か月休み無しでもいいので、絶対に御社で働きたいです!!

筆者作成

↓労働基準監督署への相談を呼びかけるポスター

賃金不払残業（サービス残業）や過重労働などでお悩みの方に

労働基準監督署に ご相談ください

厚生労働省大阪労働局HPより転載

↓中央労働基準監督署の相談窓口

毎日新聞社／アフロ

↓厚生労働省による強制捜査

毎日新聞社／アフロ

これに関して、労働者が体力に自信があったり、たくさん働いてお金を稼ぎたいという意図があったりといった事情で、自ら1か月休みなしという労働条件を望んで契約を締結した場合はどうでしょうか。労働者が望んでいるのであれば問題ないようにも思えますが、これを認めてしまうと、人気の企業に入社するために応募者同士が「自分はもっと厳しい条件でも働けます！」などと労働条件の引き下げ合いを行うなどして、結局労働者の健康や人間らしい生活が害されていくことにもなりかねません。このため、労働者が望んだ場合でも、労基法の基準を下回る労働条件を定めた契約は無効となります。

❷付加金とは、使用者が残業代などの支払いを怠った際に、労働者が裁判所に請求すると、裁判所は使用者に未払金と同一額の付加金の支払いを命ずることができるとするものです（114条）。このように、使用者は支払いを怠ると、のちに支払いを怠った額の2倍の負担を負う場合があります。

❸労基法117条以下には、労基法に違反した場合の罰則として、懲役刑と罰金刑が定められています。たとえば、労働者に休日を与えなかった使用者は6か月以下の懲役または30万円以下の罰金に処されます（119条1号）。

❹行政監督制度について、労基法11章は、監督機関として厚生労働省に労働基準局、各都道府県に労働局を置き、その管轄内に労働基準監督署（労基署）を置くことを定めています。労基署は現在全国に321署あります（2022年3月31日現在）。労基署には労働基準監督官が配置され、企業が労基法を遵守しているかを監督し、違反している場合は行政指導や是正勧告を出します。度重なる指導にもかかわらず違反が是正されないなど悪質な場合には、労働基準監督官が捜査を行い、使用者を検察庁に送致することもあります。近年では、違法な長時間労働が常態化していた企業に対して労働局が強制捜査を行い、当該企業と幹部を書類送検したことが大きく取り上げられました。労基署は、労働者からの相談や、勤務先が労基法違反をしていることの申告も受け付けており、それらが使用者への監督指導のきっかけとなることもあります。

★〇✕問題でチェック★

問3　労働者が希望していれば、労基法を下回る労働条件で契約を締結できる。
問4　労働基準監督官には捜査を行う権限がある。

1　男女雇用機会均等法

Ⅰでみたように、労働法は、使用者に比べて弱い立場にある労働者の権利や利益の保護を出発点として発展してきました。ただし、どんな権利をどう保護すべきかという点については必ずしも正解はなく、社会の変化に応じて内容も変わってきました。さらに、労働法の改正が人々の意識を変えていくこともあります。以下では、男女の雇用平等を例に、労働法が果たす役割をみていきます。

男女の雇用平等に関して、労基法制定時点では、賃金について差別的取扱いをしてはならないという規定があるのみでした（労基法4条）。このため、募集、採用、労働者の配置や昇進などにおいて、男女で異なる扱いをするのは違法ではなく、企業の基幹的業務を担当する総合職には男性のみ、補助的業務を担当する一般職には女性のみを募集するといったことが当たり前に行われていました。このように男女で就く業務が異なっていたため、現実には男女間には賃金差がありました。一方、当時の労基法には、女性の時間外労働の制限や深夜労働の禁止など、女性を保護するための規定も存在していました。こうした法制度は、「夫が外で働き、妻は家庭を守る」という価値観が広く受け入れられていた時期にできたものであり、家庭のあり方の多様化、女性が働くことに対する意識の変化に伴い、不公平なものとみられるようになってきました。

そうしたなかで1985年に制定された男女雇用機会均等法では、募集、採用、配置、昇進といった雇用における男女差別を規制する規定が置かれました。ただし、それまで当たり前に行われていた男女での異なる扱いがいきなり違法となると社会が混乱するため、男女の平等取扱いは努力義務とされ、これに企業が違反しても罰則はありませんでした。こうした強制力のないソフトな規定を置くことで、社会に男女の雇用機会均等の気運の進展を促し、企業や人々の行動を変化させようとしたと考えられます。

制定から12年が経過した1997年に、差別禁止の努力義務が禁止規定となり、それに伴い、労基法の女性保護規定も原則撤廃されました。2006年の改正で、女性だけでなく男性も差別から保護される対象となり、法律上は、雇用における男女平等が実現されました。

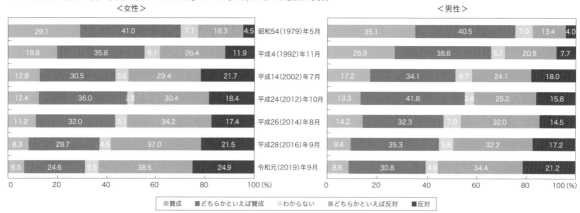

↓「夫は外で働き、妻は家庭を守るべきである」という考え方に対する意識の変化

（備考）　1．総理府「婦人に関する世論調査」（昭和54年）および「男女平等に関する世論調査」（平成4年）、内閣府「男女共同参画社会に関する世論調査」（平成14年、24年、28年、令和元年）および「女性の活躍推進に関する世論調査」（平成26年）より作成。
　　　　　2．平成26年以前の調査は20歳以上の者が対象。平成28年および令和元年の調査は、18歳以上の者が対象。

内閣府「共同参画」2020年9月号4頁の図をもとに作成

↓女性に関する労働立法制定、改正の経緯

賃金の男女平等のみ規定　女性保護の規定あり（時間外労働の制限や深夜労働の禁止）	雇用における男女差別の規制が「努力義務」に	労基法の女性保護規定を原則撤廃　募集・採用・配置・昇進における差別禁止の努力義務が「禁止規定」に	男性も保護の対象に　差別的取扱いが禁止される場面を拡大	事業主に、自社の女性活躍の状況把握、課題分析、行動計画の策定を義務づけ
労基法制定（1947年）	均等法制定（1985年）	均等法改正（1997年）	均等法改正（2006年）	女性活躍推進法（2015年）

筆者作成

↓こんな求人は適法？違法？

未経験歓迎！　短時間OK！
スタッフ募集！！

・時給1200円〜
・カフェのホール業務
・09:00〜21:00（シフト制）
・女性ウェイトレス3名〜募集

笑顔いっぱいのアットホームなお店で一緒に働きませんか？

○○珈琲店
東京都○○区△△町1-2-3
お問い合わせ…××.com

筆者作成

★○✕問題でチェック★

問5　労基法制定当時から、男性のみ、女性のみを対象とする求人は違法であった。
問6　男女雇用機会均等法が制定された1985年に、男女の雇用差別が一切禁止された。

2 男女の雇用平等は実現したか?

法律上、男女の雇用平等は実現されましたが、現実はどうなっているでしょうか。2006年以降、賃金格差は少しずつ縮まりつつあるものの、正社員(期間の定めのない労働契約を結んでおり、短時間勤務でない者)もそれ以外の労働者も、女性の賃金は平均で男性の約70%となっており、いまだに大きい格差であるといえます。管理職に占める女性の割合も増加傾向にはあるものの、半数には遠く及ばない状況です。2022年に世界経済フォーラムが発表したジェンダーギャップ指数の経済部門(労働参加率、賃金格差、管理職・専門職の男女比などが対象)では146か国中121位と、国際的にみても格差は大きいといえます。この原因の1つとして、女性が出産を機に退職、または働き方を変え、育児を経た後に非正規雇用(期間の定めのある雇用や、短時間勤務)で働くケースが多いことが考えられます。出産を経た女性がそれ以外の選択肢(正社員として働き続けるなど)も自由に選べるような環境づくりが求められているといえます。

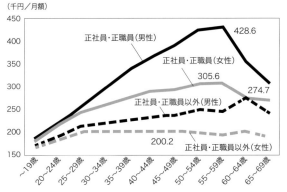

↓男女間の賃金格差
(千円/月額)

男女共同参画局「女性版骨太の方針」説明資料をもとに作成

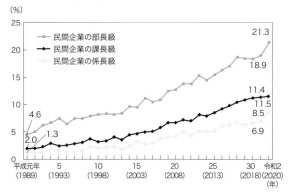

↓民間企業の女性管理職の割合
(%)

男女共同参画局HPをもとに作成

3 近年の立法

こうした課題に取り組むため、近年も法改正や新たな立法がなされています。

2015年に10年間の時限立法として制定された**女性活躍推進法**では、労働者を101人以上雇用している企業に対して、女性労働者の活躍状況(労働者や管理職の男女比など)を把握し、問題点がある場合は課題分析をし、改善のための行動計画を策定して社内に周知し、インターネットなどを利用して外部に公表することを求めています。一定の基準を満たす企業は、女性が活躍している企業として厚生労働大臣から「えるぼし認定」を受けられます。こうした情報は、就活生や求職者が企業を選ぶ際の参考になり、優良な企業には優秀な人材が集まりやすくなり、各企業は企業内の状況改善をめざすという好循環が期待されます。

また、**育児介護休業法**では、男女ともに育休を取得できるしくみにはなっているものの、実際の育児休業取得率は、男女間で大きな差があります。この問題に取り組むため、2022年の法改正では「産後パパ育休」という、柔軟で取得しやすい育休制度の導入や、育休の分割取得を可能にするなど、男女ともに、各家庭の事情に応じて育休を取れることをめざしています。

さらに、使用者には、本人または配偶者が妊娠・出産したことを申し出た労働者に対し、育休制度を周知し取得意向を確認することを義務づけており、男性が育休を取りやすい環境づくりも行っています。

このように、男女平等を規定するだけでは解決できない問題についても、労働法は様々なアプローチで人々の行動の変化を促し、状況の改善に取り組んでいます。

↓女性活躍推進法の基準を満たす企業を認定する「えるぼし・プラチナえるぼし認定」のマーク

厚生労働省HPより転載

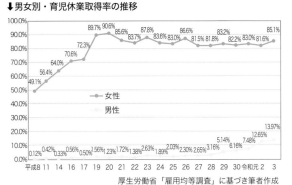

↓男女別・育児休業取得率の推移

厚生労働省「雇用均等調査」に基づき筆者作成

↓男性の育児取得を促進する厚生労働省のポスター

厚生労働省HPより転載

★ ○×問題でチェック ★

問7 2023年現在、男性と女性の賃金平均額はほぼ同じになっている。
問8 女性活躍推進法の基準を満たす企業は、厚生労働大臣から「えるぼし認定」を受けられる。

6 労働法Ⅰ:労働法の成り立ちと役割 **31**

7 労働法Ⅱ：労働契約と労働者

Ⅰ 労働契約の成立と採用の自由

1 労働契約の成立

アルバイトをしたり、大学卒業後に会社で働くときは、労働契約を結びます。アルバイト先とは違い、卒業後に働く会社を探すときは、時間をかけて「就活」をするというイメージのある人も多いでしょう。就職先が決まり実際に働き始める前には

↓就職合同説明会の様子

毎日新聞社／アフロ

労働契約は成立していないのでしょうか。大日本印刷事件判決（最高裁昭和54年7月20日判決）は、卒業の直前に内定を取り消された学生について、採用内定通知書が交付された時点で労働契約の成立を認めました。採用の流れは会社により異なるため、一概にはいえませんが、卒業前でも労働契約が成立していることも多いと考えられています。

↓新卒の採用の流れの一例

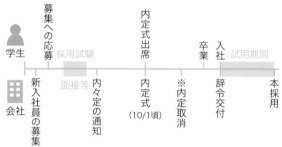

筆者作成

2 採用の自由

会社は、履歴書や面接で得られた情報から、応募者と労働契約を結ぶかを決めます。三菱樹脂事件判決（最高裁昭和48年12月12日判決）によれば、法律による制限がない限り、会社は応募者の採否を自由に決定できます（採用の自由）。性別、障害者であること、年齢については法律による制限があり

ます。最高裁は、採用時における労基法3条の適用を否定しており、思想や国籍については法律による制限がありません。この最高裁の判断には批判もあり、厚生労働省によれば、思想や信条など応募者の適性・能力に関係しない事柄で採否を決定すべきでないとされています。

↓履歴書の例

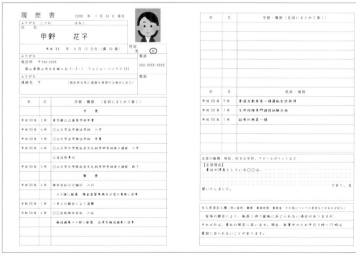

筆者作成

↓選考時に事業主が把握すべきでない
とされる事項

〈本人に責任のない事項〉
・本籍・出生地に関すること
・家族に関すること
・住宅状況に関すること
・生活環境・家庭環境などに関すること

〈本来自由であるべき事項
（思想信条にかかわること）〉
・宗教に関すること
・支持政党に関すること
・人生観、生活信条に関すること
・尊敬する人物に関すること
・思想に関すること
・労働組合に関する情報、
　学生運動など社会運動に関すること
・購読新聞・雑誌・愛読書などに関すること

厚生労働省「公正な採用選考の基本」
をもとに筆者作成

★○×問題でチェック★

問1　大学を卒業する前の時点でも、内定先と労働契約が成立していることがある。
問2　会社は、常に応募者の採否を自由に決定することができる。

II 労働条件の設定

1 労働契約の当事者と法源

　労働契約を結んでいる者（当事者）のうち、会社のことを使用者といい、従業員のことを労働者といいます。賃金や労働時間などの労働者が労働するときの条件（労働条件）は、労働契約で定められるため、使用者と労働者の合意により定めるのが原則です（労働契約法3条1項）。

　もっとも、使用者と労働者の間には「交渉力の格差」があるため（☞ 6-1）、労働契約の労働条件は、労基法などの強行法規が定める最低基準を下回ることはできません（同法13条）。また、労働条件は、使用者と労働組合が結ぶ労働協約や使用者が作成する就業規則でも設定されます。特に就業規則は、具体的な労働条件の大部分を定めることが多く、重要な役割を果たしています。

↓労働契約の当事者と法源

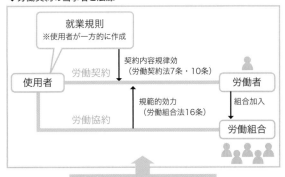

筆者作成

2 労働組合の関与

　労使間にある交渉力の格差を補うために、労働者が結成する団体が労働組合です。労働組合は、労働者に有利になるように労働条件などについて使用者と団体交渉を行い、時にはストライキ（同盟罷業）によって使用者に圧力をかけながら、労働協約を結びます。労働協約には、その定める労働条件が組合員の労働契約の内容となる特別な効力（規範的効力）があります（労働組合法16条）。ただ、労働組合に加入している労働者の割合（推定組織率）は、2022年には16.5%であり、労働組合のある職場は多くありません。

↓大手航空会社のストライキの様子

毎日新聞社／アフロ

↓民間企業の企業規模別の労働者数と労働組合の推定組織率

企業規模別の労働者数

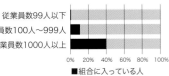
企業規模別の組織率

- ■従業員数99人以下
- 従業員数100人～999人
- ■従業員数1000人以上

- ■組合に入っている人
- 組合に入っていない人

厚生労働省「令和4年労働組合基礎調査」より筆者作成

3 就業規則による設定

　実際には、労働契約の締結時に労働条件を細かく交渉することは少なく、就業規則で労働条件が定められています。就業規則は、服務規律や労働条件を定めています。使用者は労働者と合意せずに就業規則を作成・変更できます（労基法90条参照）が、前述のように労働条件の設定には原則として労働者との合意が必要です。そこで、労働契約法7条は、多数の労働者の労働条件を統一的・画一的に設定する必要性にこたえるため、就業規則が、労働者に周知されその内容に合理性があれば、就業規則の内容が労働契約の内容となるとしています。

↓就業規則の例

X 社就業規則

第1条　この就業規則（以下「規則」という。）は、労働基準法第89条に基づき、X 社の労働者の就業に関する事項を定めるものである。

（適用範囲）
第2条　この規則は、X社の労働者に適用する。
2　パートタイム労働者の就業に関する事項については、別に定めるところによる。

（規則の遵守）
第3条　会社は、この規則に定める労働条件により、労働者に就業させる義務を負う。また、労働者は、この規則を遵守しなければならない。

（採用手続）
第4条　会社は、入社を希望する者の中から選考試験を行い、これに合格した者を採用する。

（試用期間）
第5条　労働者として新たに採用した者については、採用した日から3か月間を試用期間とする。
2　試用期間中に労働者として不適格と認めた者は、解雇することがある。ただし、入社後14日を経過した者については、第51条第2項に定める手続によって行う。

（労働条件の明示）
第6条　会社は、労働者を採用するとき、採用時の賃金、就業場所、従事する業務、労働時間、休日、その他の労働条件を記した労働条件通知書及びこの規則を交付して労働条件を明示するものとする。

（人事異動）
第7条　会社は、業務上必要がある場合に、労働者に対して就業する場所及び従事する業務の変更を命ずることがある。
2　会社は、業務上必要がある場合に、労働者を在籍のまま関係会社へ出向させることがある。
3　前2項の場合、労働者は正当な理由なくこれを拒むことはできない。

厚生労働省作成のモデル就業規則から筆者作成

★○×問題でチェック★

問3　使用者が就業規則を作成・変更する際には、労働者との合意は必要ではない。

問4　労働協約に定めのある労働条件は、労働契約の内容になることはない。

III　労働契約の展開──転勤を例に

Ⅱでみたように、多くの場合、使用者と労働者の関係は就業規則に定められており、就職（採用）後の関係は就業規則に従って展開します。たとえば、業務と無関係な病気で一時的に働けなくなった労働者に適用される傷病休職制度や、業務命令に違反した労働者に適用される懲戒制度などは就業規則に定めがあります。以下では、転勤（引越しを伴う就業場所の変更）を例に、使用者が出す命令の限界を考えてみます。

使用者は、「会社は、業務上必要がある場合には、労働者の就業する場所や従事する業務を変更できる」旨の就業規則上の規定に基づき転勤を命じます。転勤命令の限界が争われた東亜ペイント事件（最高裁昭和61年7月14日判決）では、使用者Yは、労働者Xに対して、広島、名古屋への転勤を打診しましたが、Xはいずれも家庭の事情で拒否しました。Yは、最終的にXに対して名古屋への転勤命令を出したものの、Xは名古屋へ赴任しませんでした。Xは、妻（保母）、2歳の娘、実母の4人で大阪府堺市に居住し、兵庫県神戸市で就労しており、転勤に応じると単身赴任になる可能性がありました。最高裁は、転勤を命ずる業務上の必要性がある場合でも、転勤により労働者に通常甘受すべき程度を著しく超える不利益が生じれば、転勤命令は権利の濫用として無効になるとしました。そのうえで、転勤により労働者が家族と別居となりうることは通常甘受すべき程度の不利益としており、結果的に、使用者による転勤命令を広く有効と認めうる判断をしています。ただ、この事件は約50年前（1973年）の事件であることには注意すべきです。共働き世帯が多数を占める現在の社会で、転勤が命じられると、子育てなど労働者の家庭生活にも悪影響が生じます。現在では、育児や介護中の労働者に転勤を命じようとするときはその状況に配慮しなければならないとの法律上の規定（2001年の法改正により導入された育児介護休業法26条）もあり、転勤命令を権利濫用とする事例も出てきています。

労働法では、このように、民法の権利濫用法理などの一般条項を活用して、労働契約が続くなかで使用者が命じる業務命令を無効にして、妥当な結論を導く場合があります。

↓東亜ペイント事件（当事者のやり取り）

①広島に行ってほしい
②家族がいるので難しいです
③では名古屋に行ってくれ
④名古屋も難しいです
⑤それなら転勤命令違反で懲戒解雇します

筆者作成

↓東亜ペイント事件（自宅からの距離）

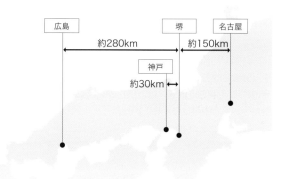

広島　　堺　名古屋
約280km　約150km
神戸
約30km

筆者作成

IV　労働契約の終了

1　労働契約はどのような場合に終了するか？

いったん成立した労働契約も、やがて終了します。労働契約は、使用者または労働者の一方的な意思表示で終了することがあり、使用者による場合を解雇、労働者による場合を辞職といいます（詳しくは☞ **2**）。また、使用者と労働者の合意で終了させることもできます（合意解約）。

労働契約は、労働者が定年年齢に到達したことで終了することもあります。定年年齢を60歳未満とすることは禁止されています（高年齢者雇用安定法8条）。定年制は、社内の労働者の入れ替えを促進する機能もありますが、他方で、労働者の働く能力が失われたかを問わずに年齢のみを理由に労働契約を終了させるため、その妥当性には議論があります。

労働契約には、1年などの有効期間がある契約（有期契約）があります。有期契約は、労働者と使用者とが合意して更新しない限り、期間の満了で当然に終了するのが原則です。しかし、現実には何度も更新されて労働者が有期契約の継続を期待することがあり、その場合には、使用者が反対しても例外的に労働契約の存続が認められることがあります（労働契約法19条）。

↓労働契約の主な終了原因

労働契約の終了

いずれかの一方的な意思表示による終了 ─┬─ 使用者の意思表示 ……………… 解　雇
　　　　　　　　　　　　　　　　　　　└─ 労働者の意思表示 ……………… 辞　職
使用者と労働者の合意による終了 ………………………………………………… 合意解約
あらかじめ合意された定年年齢に到達したことによる労働契約の自動終了 …… 定　年
期間の定めのある労働契約を使用者が更新しないことによる終了 ………… 雇止め

筆者作成

★○×問題でチェック★

問5　就業規則上に転勤を命じうる旨の規定があっても、転勤命令は権利濫用として無効となりうる。
問6　定年年齢を55歳とすることは禁止されている。

2 解雇と辞職

解雇と辞職のルールは、有効期間の設定がない契約（無期契約）と有期契約とで異なります。いわゆる正社員の労働者が結ぶことが多い無期契約は、民法によれば理由を問わずに解雇も辞職もできます。しかし、労働者は働くことで生活の糧を得ているため、使用者が自分勝手な理由で労働者を解雇すると、家族を含め路頭に迷うことになりかねません。そこで、民法を修正する労働契約法は、無期契約の解雇に、客観的に合理的な理由（常識的な根拠）と社会通念上の相当性（労働者にとって過酷でないこと）を必要としています（解雇権濫用法理）。これに対して、辞職は、民法のルールが維持されており、理由は問われません。無期契約では、解雇が制限される一方で、辞職は制限されていないので、使用者が辞めてほしいと考えている労働者に、無理矢理に辞職を迫るなどの不当な退職勧奨が行われることがあります。

いわゆる非正社員の労働者が使用者と結ぶことの多い有期契約では、有効期間中の労働契約の存続が約束されているため、その途中に一方的な意思表示で労働契約を終了させる解雇や辞職には、やむをえない事由（契約目的を達成できないほどの重大な理由）が必要です。有期契約は、有効期間満了後の契約の存続が保障されない点では不安定なものといえますが、有効期間中の契約の存続は強く保障されています。

▼無期契約と有期契約の比較

無期契約 （正社員）	・解雇には客観的合理的理由と社会通念上の相当性が必要（労働契約法16条） ・辞職はいつでも可（民法627条1項）
有期契約 （非正社員）	・解雇にはやむをえない事由が必要（労働契約法17条1項） ・辞職にはやむをえない事由が必要（民法628条） ・期間満了後も雇止め法理で保護される場合あり（労働契約法19条）

筆者作成

▼解雇無効を争う労働者

AP／アフロ

V そもそも労働法によって保護される労働者とは？

ところで、労働法は働いているすべての人に適用されるのでしょうか。適用対象となる「労働者」の範囲は、個別的労働関係法（労基法など）と集団的労働関係法（労働組合法など）とで異なりますが、たとえば、労基法9条は労働者を「使用される者で、賃金を支払われる者」と定義しています。労働者として典型的に想定されてきたのは、工場で機械にあわせて働く人のように、時間的・場所的に拘束され、指示された業務を拒む自由がない者でした。しかし、IT技術の活用で、Uber Eatsなどのプラットフォームを通じた新たな働き方が登場しています。新たな働き方のなかには、働く場所や時間を自由に選ぶことができ、仕事をするか否かも自分の裁量で決められるものがあります。「労働者」であるかは複数の判断要素に基づいて判断されるので、典型的な労働者としての働き方と異なる働き方であっても労働法が適用されうるのですが、その判断は難しく、新たな働き方をする人に労働法が適用されるかが議論されています。また、雇われずに個人で仕事をする人（フリーランス）は、「労働者」に該当しないとしても、取引相手である企業に対して、経済的に脆弱な地位にあることも多いため、労働法によらない規制も検討課題です。2023年にはいわゆるフリーランス新法が成立しました。この法律がフリーランスとして働く人に適合的なものとなっているか、今後も検討が必要です。

▼Uber Eatsの配達パートナー

西村尚己／アフロ

▼Uber Eatsの配達パートナーを労働者と認めた判断を報じる新聞記事

毎日新聞2022年11月26日朝刊28面

▼フリーランス保護法案を報じる新聞記事

読売新聞2022年9月13日朝刊1面

Appendix 3　社会保障法

Ⅰ　社会保障法ってなに？

こんにちは。早速ですが、「社会保障法」という科目について解説させていただきます。とはいっても、社会保障法は非常に幅広いので、まずは具体的な例を1つ挙げたいと思います。

みなさんも、風邪や病気などで病院に行ったことがありますよね。私も部活動をしていた頃は、しょっちゅうケガをしていて、よく病院に行っていました。

では、病院で治療を受けたあと、どれくらいの治療費を払っているか覚えていますか。

たとえば、みなさんが病院で支払った金額が「1500円」だったとします。その時、実は、治療全体には「5000円」もかかっているんです！　つまり、私たちは全体の治療費のうち3割分を負担するだけで治療を受けることができるということです。

では、なぜ私たちはこのように「7割引」というお得な金額で病院にかかることができるのでしょうか？　それは医療に関する社会保障のしくみ（公的医療保険）があるからです。

公的医療保険では、みんなが、何かあったときに備えて、事前に毎月「保険料」を出し合っておきます。そのうえで、実際にケガをしたり病気になってしまった人は、安い価格で治療を受けたり、入院中の仕事ができない期間の収入を保障しても

らったりすることができます。そして日本では、国民全員（一定の外国人も含む）が、公的医療保険に強制的に加入することになります。これがいわゆる国民皆保険です。みなさんも、社会科の授業で聞いたことがあるかもしれませんね。

このように、社会保障は、実はみなさんの身近にある存在です。社会保障を簡単に定義すれば、「人々が安心して、健康で文化的な生活を送れるように、国や地方公共団体が実施する公的な給付」といった感じです。そしてこの社会保障を、法律学、つまり法的な権利と義務の観点から勉強するのが、「社会保障法」です。

↓安い料金で病院に通えるしくみ（公的医療保険）

筆者作成

Ⅱ　どんな法律が含まれるの？

先ほど例に挙げた医療だけではなく、年金も、介護も、福祉も、生活保護も、社会保障の一部です。つまり、社会保障は非常に範囲が広く、とてもたくさんのしくみを含んでいます。そして日本には、「社会保障法」という名前の法律があるわけではありません。社会保障に関連するたくさんの法律をまとめて、「社会保障法」と呼んでいます。この呼び方の点は、「労働法」（☞ 6・7）や「行政法」（☞ 23・24）と似ていますね。

社会保障法に含まれる法律は、図のように、大きく4つのタイプに分けられます。

1つ目が、日本の社会保障の中心である、社会保険に関する法律です。先ほど例に挙げた公的医療保険のように、事前にみんなが保険料を出し合っておき、何かあったときには金銭などを受けとれるしくみで、ほかには年金保険や介護保険、雇用保険などがあります。歴史の授業で、ドイツ（プロイセン）のビスマルクの名前を聞いたことがあるでしょうか。彼が考え出したしくみが、日本の社会保険のご先祖です。

2つ目が、社会手当に関する法律です。たとえば児童手当などが含まれます。みなさんが中学生の頃までは、みなさんのご家庭の多くが受給していたはずです。

3つ目が、社会福祉に関する法律です。保育園などの子どもの福祉をはじめ、障がいのある人への介護サービスなどが含まれます。

そして4つ目が、公的扶助に関する法律です。社会保障のな

かでも、最終的に人々の健康で文化的な生活を守るという重要な役割を担っており、「最後のセーフティネット」ともいわれます。日本では、主に生活保護がこれにあたります。

これらの4つのタイプのなかに、さらにいくつもの法律が含まれています。また、これら4つのタイプに当てはまらないけれども、広い意味で社会保障に含まれる法律もあります。しかも、社会保障を法的に学ぶうえでは、憲法や労働法、行政法、民法も関係してきます。社会保障法を学べば、あなた自身の好みの法分野がみつかりますよ。

↓社会保障法で扱う法律の種類（※これでもまだ一部です）

	制度のしくみ	含まれる法律の例	具体的には…
社会保障	社会保険（みんなから保険料を集めて、何かあった人にお金などを給付する）	医療保険、年金保険、介護保険、労災保険、雇用保険	老後の生活費、遺族の生活費、老後の介護、仕事中のケガ、失業したとき…
	社会手当（保険料なしで、何かあった人にお金を給付する）	児童手当、児童扶養手当、特別児童扶養手当	子どもが生まれた、ひとり親になった、子に障がいがある…
	社会福祉（税金をもとに、困った人にサービスを給付する）	障がい者福祉、児童福祉、高齢者福祉	障がいがある人の日常生活、子どもの保育園…
	公的扶助（税金をもとに、困窮した人にお金やサービスを給付する）	生活保護	生活に行き詰まった時の、憲法25条に基づく「最後のセーフティネット」

筆者作成

★○✕問題でチェック★

問1　日本には、「社会保障法」という名前の法律がある。
問2　生活保護も社会保障法の一部である。

Ⅲ　どんな問題が起きているの？

1 少子高齢化と持続可能性

　社会保障をめぐる最大の論点の1つが、少子高齢化の状況でもずっと続けられるような「持続可能」な制度をどうやってつくるか、という問題です。公的年金を例に考えてみましょう。

　たとえば、「少子高齢化がこのまま進めば、日本の年金制度は破たんする」といわれることがあります。しかし、日本は2004年に、年金制度を破綻させないためのしくみを導入しました。それがマクロ経済スライドです。このしくみで、人口の構造や平均寿命の伸びなどが計算され、年金額が自動的に調整されるので、年金制度が破綻する心配はありません。さらに、将来の働く世代の負担が重くなりすぎないよう、保険料の上限も設定されています。

　ただし、制度が破綻しなくても、将来もらえる年金の額が減る可能性はあります。それにはどう対処すればいいでしょうか。

　ここで、少子高齢化の見方をすこし変えてみましょう。

　まず一般的な見方は、上の図です。かつては、65歳以上の人ひとりを、20歳から64歳の人7.7人で支えていたのが、現在は2.1人、さらに将来は1.27人で支えていかなくてはならない、つまり少子高齢化で、20歳から64歳の人の負担がとても大きくなるようにみえます。

　ところが、これを年齢ではなく、働いているかどうかという点でみると、見え方が変わります。年金に関する厚生労働省の資料によると、1975年には、働いていない人ひとりを、働いている人0.88人で支えていました。それが2015年には、1.02人で支える形になっています。この見方でいえば、少子高齢化にもかかわらず支える側の負担はあまり増えません。そうすると、どうやって「働く人」を増やしていくかが重要だということになります。

　このように、見方を変えれば問題解決のヒントがみえてくるか

もしれません。世界でも有数の少子高齢化の国である日本で、世界を驚かせるような解決策を探しませんか？

↓年金を破綻させないためのしくみ

財源を固定し、その範囲で年金の給付水準を自動的に調整する
しくみ（マクロ経済スライド）によって、
少子高齢化が進行しても給付が続けられる

厚生労働省HPをもとに作成

↓年金のしくみで、誰が誰を支えているのかを示す2つの図

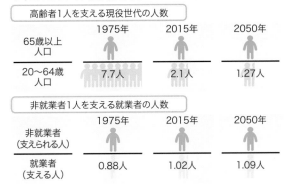

高齢者1人を支える現役世代の人数			
	1975年	2015年	2050年
65歳以上人口			
20〜64歳人口	7.7人	2.1人	1.27人

非就業者1人を支える就業者の人数			
	1975年	2015年	2050年
非就業者（支えられる人）			
就業者（支える人）	0.88人	1.02人	1.09人

厚生労働省「わたしの年金とみんなの年金」より
抜粋のうえ一部改変して作成

2 働き方の多様化と社会保障

　上記の点とも関連する、古くて新しい問題として「働き方と社会保障の関係」があります。

　みなさんの家庭でも、Uber Eatsで食事を注文することがあるかもしれません。その時に配達をしてくれる人は、どのような社会保障を受けることができるでしょうか。

　まさに現在、議論になっているのが、このようにインターネット上でマッチングされて働くような新しい働き方の人（クラウドワーカーとかプラットフォームワーカーなどと呼ばれます）に、どのような社会保障を提供すべきかという問題です。たしかに彼らは、会社員の働き方とは異なる部分があります（☞ 7-Ⅴ）。しかし、仕事中の事故への保障の必要性などは会社員と同様です。この点をどう考えればいいのでしょうか。今、世界中で問題となっている最先端の論点です。

　そして実は、この論点は古くから存在します。個人で営んでいる酒屋さんや自転車屋さん、農家の人などは、老後の低年金問題や仕事中の事故に対する保障の薄さにずっと悩んできました。しかしその悩みは、働き方が違うのだから当然だ、自営業者には定年もないし、自分で稼ぐ手段があるのだから稼げばよい、というような理由からほとんど無視されてきました。果たしてそれでよいのでしょうか。

　2023年には、自動生成AIであるChatGPTの登場が世界に衝撃を与えました。このように情報技術が発展していけば、人々の生き方や働き方は今まで以上に大きく変わることが予想されます。そのような時代に、それでもなお人々が安心して生活できるしくみを考えることが、社会保障法学の重要な使命です。

↓働き方による社会保障の違い

	プロスポーツ選手、芸能人、配達代行などはこちら	会社員はこちら。公務員もこれに近い	
老後の年金は平均で月額5.5万円	自営業・フリーランス	労働基準法上の労働者	老後の年金は平均で月額15万円
失業時の生活費や支援が弱い	国民年金	老齢	厚生年金
	求職者支援制度	失業	雇用保険 |「労働者」だけしか入れない
仕事中のケガ・病気への特別な保障はない	（なし）	労災	労災保険
	国保	医療	健保
入院中の生活費が保障されない	生活保護	貧困	生活保護
		（機能不全）	

筆者作成

★ ○×問題でチェック ★
問3　日本では少子高齢化が進むので、公的年金はほぼ確実に破綻する。
問4　その人の「働き方」によって、適用される社会保障の内容が異なる。

商法I：商法とは、会社のガバナンス

I 商法ってなに？

商法は、企業活動に関するルールを定める法です。ビジネスに関することがらを扱います。

私たち市民の活動に関する基本的なルールは、民法で定められています。民法は、広く市民生活一般に適用があり、民法は私法の一般法といわれます（☞2-1）。企業活動についても民法の適用があります。ただ、私たちの日常生活の世界とビジネスの世界では様々な違いがあり、同じルールで規律すると不都合が生じる場面がでてきます。そこで、企業活動の特徴を踏まえて、民法のルールを修正したり、ビジネス社会独自のルールを追加したりしているのが商法です。商法は民法の特別法と位置づけられ、ビジネスの場面では、商法が民法に優先して適用されます。

商法の分野には、企業組織法と企業取引法というカテゴリーがあります。企業組織法は、企業の組織に関するルールを定める法をいいます。企業組織のしくみや運営について定め、企業組織にかかわる者の利害調整を目的とします。代表的なものと

して、会社について定める会社法があります。企業取引法は、企業間の取引や支払決済に関するルールを定める法をいいます。企業取引が、安全かつ円滑に行われることを目的とします。代表的なものとして、商法（典）、手形法、小切手法、保険法があります。

商法の勉強にあたっては、目まぐるしく変化する企業社会の動向に関心をもつことが重要です。

↓商法の全体像

商法（分野）
企業活動に関するルール

- 企業組織法
  会社などの企業組織に関するルール
  例：会社法
- 企業取引法
  企業の取引や支払決済に関するルール
  例：商法（特に、商行為法、海商法）
  　　手形法・小切手法
  　　保険法

筆者作成

II 企業取引と法

企業活動は、営利（利潤の追求）を目的とします。企業はその実現のために、日々数多くの取引を、反復・継続して計画的に行います。商法では、企業取引が円滑に行われるための規律がなされています。

大量に行われる企業取引を迅速に行うという視点から、普通取引約款による取引が広く行われています。約款は、定型化された契約内容が条項となっているものです。本来、契約は契約内容を個別に定めて行うものですが、約款により取引の内容を定型化して多くの取引を画一的に行うことで、大量の取引を簡易・迅速に行うことができます。約款による取引は、銀行取引や保険取引など多くの取引でみられます。

企業は多種多様な取引を行います。民法には売買契約などの典型的な契約について規律があります。これに加え、商法は企業活動特有の取引を定めています。一例として、運送取引を取り上げます。運送取引には、人を移動させる旅客運送と物を運ぶ物品運送があります。鉄道輸送や自動車輸送などをイメージしてみてください。商法は、運送取引について、大量の運送品を安く運送するという運送取引の特徴をふまえて、運送人を保護するルールなどを定めています。

企業活動特有の取引については、商法（典）以外の法律にも定めがあります。保険法では、損害保険契約、生命保険契約などの保険契約に関する規律を定めています。

↓企業取引の特徴

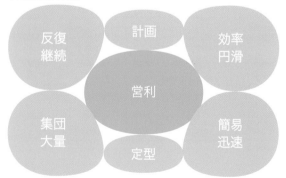

反復継続　計画　効率円滑　営利　集団大量　定型　簡易迅速

筆者作成

↓鉄道輸送（運送）

毎日新聞社／アフロ

★○×問題でチェック★

問1　商法は私法の一般法であり、市民生活一般に適用される基本法である。

問2　企業取引の特徴として、利潤の追求のため、反復・継続して取引が行われることなどがある。

III　会社と会社法

1　会社ってどういうもの？

　会社は、企業組織の１つで、「営利社団法人」と位置づけられます。ここでの「営利」は、株主への配当のように、会社の利益を構成員に分配する目的をいいます。「社団」は、一定の目的のもとで人が集まった存在であることを意味します。「法人」は、法により人として権利義務の主体となる資格が与えられた団体・組織であることを意味します。

　会社には様々な種類があるなかで、株式会社が多数を占めます（左下表）。株式会社がその株式を上場すれば、証券取引所にて株式の取引がされます。上場は、会社の知名度アップにもつながります。東京証券取引所の市場区分・上場会社数は右上の表を参考にしてください。上場していない会社でも規模が大きく、よく知られている会社は存在します（右下表）。

↓2022年末の上場会社数（東京証券取引所）　（単位：社）

プライム	スタンダード	グロース	TOKYO PRO Market	合計
1,838	1,451	516	64	3,869

株式会社日本取引所グループ「上場会社数の推移」の情報の一部を取り出したうえ
外国会社の情報を省略して作成

↓組織と資本金額による区分

区分	1,000万円以下	1,000万円超1億円以下	1億円超10億円以下	10億円超	合計	構成比
（組織別）	社	社	社	社	社	％
株式会社	2,225,768	337,935	14,279	5,490	2,583,472	92.1
合名会社	3,214	137	1	0	3,352	0.1
合資会社	12,508	457	3	1	12,969	0.5
合同会社	133,170	837	116	19	134,142	4.8
その他	53,452	15,802	603	579	70,436	2.5
合計	2,428,112	355,168	15,002	6,089	2,804,371	100.0
構成比	(86.6)	(12.7)	(0.5)	(0.2)	(100.0)	

国税庁長官官房企画課『令和2年度分　会社標本調査－調査結果報告－税務統計から見た
法人企業の実態』14頁第4表（令和4年5月）をもとに作成

↓未上場会社の売上高ランキング

順位	社名	決算期	売上高（百万円）
1	ENEOS	22.3	7,741,106
2	NTTドコモ	22.3	4,466,746
3	JERA	22.3	4,435,275
4	東京電力エナジーパートナー	22.3	4,077,310
5	日本郵便	22.3	3,656,920
6	JFEスチール	22.3	3,173,475
7	伊藤忠丸紅鉄鋼	22.3	2,889,992
8	サントリーホールディングス	21.12	2,559,223
9	ソニー	22.3	2,339,186
10	日本アクセス	22.3	2,120,295

（注）出典元収録会社のうち直近決算期が2021年5月期以降で売上高が判明している会社（金融業・カード会社など除外）を対象。連結決算情報が判明している場合は連結決算を優先。

『会社四季報　未上場会社版　2023年版』（東洋経済新報社・2022年）170-171頁の一部をもとに作成

2　会社法ってどういう法律？

　会社法は、会社の組織や運営に関するルールを定める法律です。会社には、ステークホルダー（利害関係者）が多く存在するため、その利害調整が必要となります。

　会社法は、❶コーポレート・ガバナンス（企業統治）と❷コーポレート・ファイナンス（企業金融）に関する規律を設けています。❶は、会社を動かすためにどのようなしくみのもとで、誰にどのような権限を与えるかを定めています。❷は、事業活動を行うための資金をどのように調達するかなど、会社のお金に関することを定めています。このほか、会社法では、❸M&A（企業結合）などについても規律しています。

↓会社法の構造（第二編は章まで記載）

第一編	総則		第三編	持分会社
第二編	株式会社		第四編	社債
	第一章	設立	第五編	組織変更、合併、会社分割、株式交換、株式移転及び株式交付
	第二章	株式		
	第三章	新株予約権		
	第四章	機関	第六編	外国会社
	第五章	計算等	第七編	雑則
	第六章	定款の変更	第八編	罰則
	第七章	事業の譲渡等	附則	
	第八章	解散		
	第九章	清算		

会社法の目次をもとに作成

IV　株式会社のつくり方──設立

　会社はどのようにつくり出されるのでしょうか。会社は、法人であり、法により認められ、つくり出される「人」です。そのため、会社をつくるには、法律上の人として認めるに足る中身を整えたうえで会社を誕生させる設立手続が必要となります。

　会社設立の企画者を発起人といい、発起人は会社設立のための活動を行います。

　会社の中身を整える手続としては、❶定款の作成、❷構成員の確定と会社財産の形成、❸機関の具備が必要です。❶について、定款とは、会社のアイデンティティや活動の基礎について定める根本規則をいいます。❷は、株主となる者を確定し、出資を受けることを意味します。❸については、会社は、自然人と違って生身の体をもたないため、会社成立後に会社のために活動する者を選任しておきます。たとえば、会社成立後に取締役となる設立時取締役を選任します。

　以上を整え、設立の登記をすることで、会社が成立します。

↓会社設立のイメージ

筆者作成

V　コーポレート・ガバナンス

コーポレート・ガバナンスとは、企業統治のしくみを意味します。その課題は、企業経営が効率よく、適正に行われるために、企業組織がどのようにあるべきかです。

会社運営の担い手となるものを機関といいます。株式会社の機関には、株主総会、取締役、取締役会、会計参与、監査役、監査役会、会計監査人などがあります。どの会社にも、最低限、株主総会と取締役は必要となります。その他の機関を置く場合

↓上場会社の組織のイメージ（例）

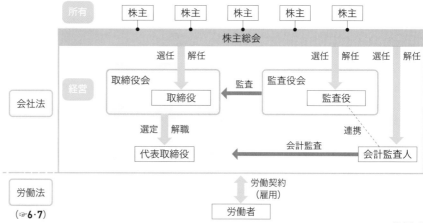

筆者作成

には、定款で定めることとなります。ただ、一定の機関を置くことが要求される場合があります（会社法327条・328条）。たとえば、上場会社をイメージすると、会社の規模・形態や関係者の利害も多様となるため、複雑な機関設計が要求されます（右上図）。コーポレート・ガバナンスの観点からは、どの機関に何を決定させて業務を執行させるのか、それをチェックする体制をどのようにつくるのかなどが重要となります。

ガバナンスを強化して健全な企業経営を実現するために、社外取締役が重要視されます。社外取締役が社内のしがらみにとらわれない存在として取締役会を構成することは、取締役会の監督機能などの強化につながります。上場会社等では、社外取締役の設置が義務づけられています（会社法327条の2）。

なお、会社には労働者も不可欠ですが、会社にとっては労働契約の相手方です。これは労働法分野の問題です（☞ 6・7）。

VI　株式会社のオーナー会議──株主総会

株主総会は、会社の最高意思決定機関です。会社の所有者である株主で構成される、いわばオーナー会議です。

取締役会非設置会社では、株主総会は会社に関する一切の事項について決議できます。一方、取締役会設置会社では、経営については取締役会に委ねるのが合理的と考えられ、株主総会は法律や定款で定められた事項のみ決議できます。

株主総会には、定時株主総会と臨時株主総会があります。定例的に開催される定時株主総会については、6月に開催する会社が多いといわれます（参考：株主総会集中日）。これは、

3月期決算の会社が多いことが背景にあります。

株主総会の開催にあたっては、招集手続として、株主に株主総会の日時・場所・議題などを通知します。株主の出席や準備の機会を確保するためです。株主総会は、議長の議事のもと進行され、報告事項の報告や決議事項の決議が行われます。株主総会の議題・議案は会社側が提案するのが一般的ですが、株主も提案する権利を有します（株主提案権）。会社側と株主側が対立するケースでは、いわば株主の議決権を奪い合う委任状争奪戦が行われることもあります。

↓株主総会の様子（会場受付）

毎日新聞社／アフロ

↓株主総会の様子（会場内）

毎日新聞社／アフロ

★○×問題でチェック★

問5　株式会社の必要的機関は、株主総会と監査役である。
問6　株主総会において、株主にも議題や議案を提案する権利がある。

1 取締役・取締役会・代表取締役

取締役は、会社の経営者です。取締役は株主総会にて選任され、会社から会社の経営を委ねられます。制度上、会社の所有者は株主、経営者は取締役という形で、所有と経営の分離が図られています。

取締役は、会社に対して、善管注意義務・忠実義務を負います。取締役には、経営のプロとして、法令・定款などを遵守しながら、会社・株主の利益のために最善を尽くすことが求められます。会社の犠牲のもとで、取締役が自身の利益を図ることがないようにも留意しなければなりません。

取締役会は、すべての取締役から構成される機関です。取締役会設置会社では、取締役の数は3人以上となります。会社の業務執行の決定は、原則、取締役会において行われます。取締役会は、取締役の職務執行について監督する権限も有します。会社の代表者である代表取締役は、取締役会にて取締役のなかから選定されます。代表取締役は対外的な代表権をもち、会社の業務執行も代表取締役を中心に行われます。取締役会の機能向上のために、女性はもちろん、外国人の登用などにより、その多様性を確保することも重要となります。

↓トヨタ自動車創業者故豊田喜一郎氏（右写真）と
ソニー創業者故盛田昭夫氏（左写真）

毎日新聞社／アフロ

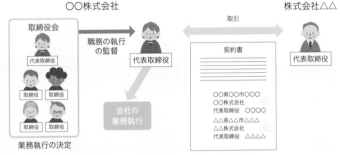

↓取締役会と代表取締役の権限・関係

○○株式会社　　　　　　　　　　　　株式会社△△

取締役会　職務の執行の監督　代表取締役　取引　代表取締役

代表取締役

取締役　取締役

取締役　取締役

業務執行の決定　会社の業務執行

契約書

○○県○○市○○○
○○株式会社
代表取締役　○○○○
△△県△△市△△△
△△株式会社
代表取締役　△△△△

筆者作成

2 取締役の報酬等の決め方

取締役の報酬等は、定款または株主総会の決議で定めます（会社法361条）。仮に取締役が自分自身で報酬等を決められるとすれば、不当に高く定めるおそれがあります。食事を自分の手で盛ると都合よく多めに盛ってしまうことの比喩で、お手盛りの危険といわれます。そのため、取締役の報酬等は、会社のオーナーである株主サイドが定めます。具体的な定め方につき、お手盛り防止の趣旨からは、株主総会では取締役全員の報酬総額の上限を定めれば足り、個人別の報酬額は取締役会で定めればよいとされます（最高裁昭和60年3月26日判決）。自身の報酬額を知られたくないという取締役のプライバシーへの配慮もうかがわれます。報酬額ランキングは、右の表を参照してください。

↓2022年度3月期 役員報酬額ランキング　　（単位：百万円）

順位（前年）	氏名	商号	報酬総額（前年）
1 -	慎ジュンホ	Zホールディングス（株）	4,335
2 (67)	黒土始	第一交通産業（株）	1,904 ↗ (310)
3 (5)	吉田憲一郎	ソニーグループ（株）	1,888 ↗ (1,253)
4 (2)	クリストフウェバー	武田薬品工業（株）	1,858 ↘ (1,874)
5 (9)	河合利樹	東京エレクトロン（株）	1,665 ↗ (902)
6 (249)	鈴木修	スズキ（株）	1,172 ↗ (149)
7 (1)	サイモン・シガース	ソフトバンクグループ（株）	1,151 ↘ (1,882)
8 (25)	古森重隆	富士フイルムホールディングス（株）	1,122 ↗ (465)
9 (11)	岡藤正弘	伊藤忠商事（株）	976 ↗ (649)
10 (8)	アンドリューブランプ	武田薬品工業（株）	919 ↗ (911)

株式会社東京商工リサーチHP：https://www.tsr-net.co.jp/data/detail/1191417_1527.html(2023年8月4日閲覧)

3 取締役の会社に対する責任

取締役は、善管注意義務に違反して会社に損害を与えた場合、損害賠償責任を負います。これは任務懈怠責任と呼ばれ、巨額の賠償責任が争われるケースもあります。

任務懈怠責任に関し、経営判断原則という考え方があります。取締役が経営で失敗すれば即責任を負うとすると、取締役は萎縮し、積極果敢な経営ができなくなります。これでは会社や株主にとっても利益となりません。そこで、経営判断については、取締役の裁量を尊重し、その判断過程や内容に著しく不合理な点がない限り、取締役は責任を負わないという考え方がとられます（最高裁平成22年7月15日判決）。

取締役の責任は、損害を被った会社が追及するのが本来ですが、役員等の仲間内では責任を追及しあうことが期待できないこともありえます。そのため、会社に代わり株主が訴訟を提起する株主代表訴訟制度が設けられています。

↓東京電力福島第一原子力発電所事故をめぐる株主代表訴訟

毎日新聞社／アフロ

★○×問題でチェック★

問7　取締役は、会社に対して、善管注意義務を負う。
問8　取締役の報酬等は、取締役会において決定される。

9 商法Ⅱ：会社法（M&A、ファイナンス、株主）

Ⅰ　M&A

1　M&Aとは

会社は、自社の事業によって利益を得るだけではなく、他の会社から事業を譲り受けたり、他の会社と合併したりすることで事業規模や事業範囲を拡大・再編成することができます。このような事業拡大・再編のための行為を、総称してM&A（Merger, Acquisition and Restructuring）といいます。M&Aは事業の拡大・強化・効率化のために行われるものであり、実行例は増え続けています。M&Aの手段は会社法にいくつも存在しますが、大きく分けて、❶株式を取得することによって対象会社の支配権を手に入れる方法、❷事業を直接承継する方法、❸完全子会社化があります。

❶としては、ⓐM&Aの対象となる会社（以下「対象会社」といいます）の株式を既存の株主から任意で買い取るというのが一番典型的な方法です。しかし、株主が株式売却に応じない場合であっても、ⓑ対象株式を特定の第三者（新しく会社の支配者になる者など）

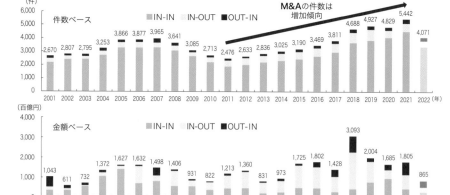

↓日本でのM&Aの実施と影響

件数ベース（件）　■IN-IN　■IN-OUT　■OUT-IN　M&Aの件数は増加傾向

2001:2,670　2002:2,807　2003:2,795　2004:3,253　2005:3,866　2006:3,877　2007:3,965　2008:3,641　2009:3,085　2010:2,713　2011:2,476　2012:2,633　2013:2,836　2014:3,025　2015:3,190　2016:3,469　2017:3,811　2018:4,688　2019:4,927　2020:4,829　2021:5,442　2022:4,071（年）

金額ベース（百億円）　■IN-IN　■IN-OUT　■OUT-IN

2001:1,043　2002:611　2003:732　2004:1,372　2005:1,627　2006:1,632　2007:1,498　2008:1,406　2009:931　2010:822　2011:1,213　2012:1,360　2013:831　2014:973　2015:1,725　2016:1,802　2017:1,428　2018:3,093　2019:2,004　2020:1,685　2021:1,805　2022:865（年）

（注）対象は日本企業が当事者（買収者、対象会社等）となるM&A。年は公表ベース。2022年は2022年1月1日〜2022年9月30日までの件数。
（出所）レコフデータをもとにして経済産業省が作成。
経済産業省「公正な買収のあり方に関する研究会　第1回　資料」4-7頁をもとに作成

↓ツイッター社（現Ⅹ社）の買収

ツイッター買収受け入れ
マスク氏に5.6兆円で

読売新聞2022年4月27日東京朝刊1面

↓経営支配権を取得する際の手法

株式の取得	組織再編	その他の手法
公開買い付け 市場内買付 相対取引	合併 株式交換 株式交付	委任状合戦 事業譲渡

経済産業省「公正な買収の在り方に関する研究会」（第1回）
事務局説明資料31頁を参照しつつ
一部改変して筆者作成

に発行する新株発行、ⓒ株式交換（会社法2条31号）、ⓓ株式交付（同条32号の2）などによって、一部の反対株主の意見にかかわらずM&Aを実現できます。

❷としては、ⓔ合併（2条27号・28号）、ⓕ分割（2条29号・30号）、ⓖ事業譲渡（467条1項）といった方法があります。これらの方法はいずれも取引対象を対象会社（株式ではなく）の事業とするという点に特徴があります。これらの手続を行うには、基本的に対象会社の株主総会による承認が必要となります。株主総会は多数決で決まりますので、事業の移転に反対する株主が少数いても、M&Aは実現されます。

❸完全子会社化というのは、対象会社の株式を100％支配することであり、既存の株主を追い出すことになります。この完全子会社化実現のためには、ⓒ株式交換のほかに、ⓗ株式併合（180条1項）、ⓘ全部取得条項付種類株式（108条2項7号）、ⓙ特別支配株主の株式等売渡請求（179条1項）といった手段があります。これらの手段は、100％親会社になる存在（完全親会社）以外の株主から対象会社の株主の地位を取り上げることになります。その対価として、完全親会社の株式などが交付されることもありますが、金銭が交付される場合が多いです。

上記方法がすべてではありませんが、株主の構成や対象会社の規模、目的などに応じて、手段を使い分け、M&Aを実現します。

★○×問題でチェック★

問1　M&Aを実行するには、すべての株主の賛成を得なければならない。
問2　株式交換は、完全子会社化を実現するために用いられる手段の1つである。

2 会社の支配権移転に伴う利害対立

会社の支配権は、議決権を多くもっている者が握るのが原則です。M&Aなどによって会社の支配権の移転を行う場合、経営者がその提案を行い、大株主が最終的な決定を行うことが一般的です。経営者と大株主が協力する場合、会社の支配権移転はスムーズに行われます。他方で、対象会社の少数派株主（☞ **3**）や債権者（☞ **4**）の利益がないがしろにされる危険があります。会社経営者に比べると株主や債権者は、買収についての情報は限定的な範囲でしか知らされていません。買収の決定権をもつ株主が、よくわからないまま買収の賛否の判断を迫られる危険があります。このためM&Aの際に株主に十分かつ正確な情報が提供されなければなりません。

しかし経営者と大株主とが対立すると困難が生じます。大株主はいつでも経営者を入れ替える権利があります（329条・339条）。会社の経営者は、買収防衛策や、経営陣主導によるM&A（MBO：マネジメント・バイアウト）を行います。MBOを行う

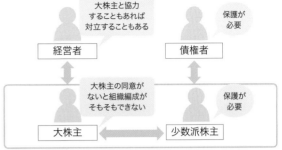

↓少数派株主締め出しの場合の対立状況

経営者 ── 大株主と協力することもあれば対立することもある ── 債権者（保護が必要）

大株主 ── 大株主の同意がないと組織編成がそもそもできない ── 少数派株主（保護が必要）

筆者作成

際、経営陣は投資会社から資金提供を受けてMBOを行うことが多いですが、このときの投資会社の資金提供の担保は対象会社の財産となり、結局対象会社が買収費用を負担することになります（LBO：レバレッジド・バイアウト）。

3 少数派株主の締め出しと保護（株式買取請求権）

M&Aの場面では少数派株主の利益がないがしろにされる可能性があります。特に、キャッシュ・アウト（個別の株主の同意なしに、会社株式のすべてを金銭で買い取る行為。具体的な方策は☞ **1**）の場合に、問題とされやすいです。キャッシュ・アウトの対価が本来の株式価値よりも安価なものである場合、少数派株主としては本来の価値よりも割安な対価で自己の株式を手放さなければなりません。このような場合の少数派株主を保護する必要があるとして、様々な工夫がされています。

代表的な少数派株主保護の方法としては、株式買取請求権（785条等）があります。これは、M&Aに反対した少数派株主が、会社に対して正当な対価（「公正な価格」）での自己の株式買取りを求める権利です。また上場会社についてキャッシュ・アウトを行う際には、必ずTOB（take over bid：公開買付け）を行う必要があります（金融商品取引法27条の2以下）。また実

↓スターバックスジャパンの上場廃止経緯

2014.9.24	第1回TOB（965円）：取締役会：サザビーリーグ所有株を前提
2014.11.10〜	第2回TOB（1465円）→54.15%の株式取得（親会社の株式所有割合は93.63%）
2015.1.27	臨時株主総会・種類株主総会招集：取締役会
2015.2.20	臨時株主総会・種類株主総会で承認可決 ・種類株式発行にかかる定款変更 ・全部取得条項にかかる定款変更 ・全部取得条項付普通株式の取得
2015.3.26	上場廃止

筆者作成

際のキャッシュ・アウト価格もTOB価格と同額に設定することによって、大株主のみから株式を買い取り、少数派株主を安価で追い出す事態を防ぎ、少数派株主を保護しています。

4 会社債権者の保護──詐害（さがい）的なM&A対応

会社が自分の債務を免れるためにM&Aを利用することもあります。たとえば、会社で一番稼ぐ事業だけをどこか他の会社に譲ってしまい、会社にはそれまでの借金や採算性のない事業のみを残すようなM&Aがあります。この場合、一番迷惑を被るのは会社債権者（こうむ）です。会社が稼ぐ事業を失ってしまえば、会社債権者は会社に対する債権を弁済してもらえない可能性が高くなります。特に2005年の会社法制定によって会社債務の履行見込みが会社分割の要件でなくなったことから、債務逃れを目的とする会社分割が横行しました。

M&Aで害される会社債権者を保護するため、会社法は制度を設けています。具体的には、一定の場合に❶債権者が当該M&Aに異議を唱えることができるようにし（789条・799条・810条）、あるいは❷元の会社債権者が新会社に対して直接に支払を請求することができるようにしました（759条2項・3項、

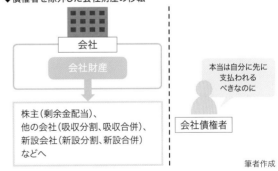

↓債権者を除外した会社財産の移転

会社 → 会社財産 → 株主（剰余金配当）、他の会社（吸収分割、吸収合併）、新設会社（新設分割、新設合併）などへ

会社債権者「本当は自分に先に支払われる（り）べきなのに」

筆者作成

764条2項・3項）。さらに、❸一部の会社債権者は、M&Aで行われた組織再編の無効確認請求訴訟（828条1項7号〜12号）を提起することも認められています。

★○✕問題でチェック★
問3　個別の株主の同意なしに会社株式のすべてを買い取る行為を、M&Aという。
問4　株主は、いつでも会社に自分が保有する株式の買い取りを請求できる。

9 商法II：会社法（M&A、ファイナンス、株主）　**43**

Ⅱ　株主の権利

1　株　主

　会社への投資に対して、会社は株式を発行します。この株式を保有する存在が「株主」となります。株主は会社に対して様々な権利をもっています。株式会社では会社にとっての重大事項（たとえばM&A）について基本的に株主総会で決定・承認を行います（295条1項）。逆にいえば、会社は多くの議決権をもった株主の賛成なしにはM&Aはできません。なぜ株主にこのような会社の基本的な決定権限が認められているのでしょうか。これは、会社法に明文規定はないものの、企業の倒産リスクを引き受けている株主が企業の実質的な所有者である、という考え方から来ています。

　株主の権利は、大きく自益権と共益権とに分けられます。自益権というのは、株主の直接的・経済的な利益であり、会社の業績に応じた配当（剰余金配当請求権、105条1項1号）や、会社解散時の残存財産の受領（残余財産分配請求権、105条1項2号）などが挙げられます。共益権というのは、自益権以

↓東京証券取引所

↓株券

イメージマート

↓株主の権利

自益権	共益権
剰余金配当請求権 株式買取請求権 など	議決権 株式買取請求権 など

イメージマート　　　　　　　　　筆者作成

外の権利で、会社の経営に関与する権利を意味します。代表的な共益権としては、株主総会での議決権（105条1項3号）があります。

2　株主有限責任

　株主は、株式取得の対価支払義務以外に、会社やその関係者に対して義務を負いません。会社事業が失敗しても取得した株式が無価値になるだけで、株主は会社債権者に対して債務支払義務を負いません。これを株主有限責任といいます。

　株主は、最初に株式対価を支払うことで、それ以上の義務を負うことはなく、会社から剰余金を受け取り、株主総会での議決権を行使することが可能となります。さらに、株主はある会社に出資したとしても、株式市場などを通じて当該会社の株式を第三者に譲渡することで、投下資本を回収することが期待できます。

　株主有限責任のしくみがあるからこそ、株主候補者は安心して株主になることができます。このように株主の責任範囲が限定され、投下資本の回収ルートを確保されているからこそ、会社は

↓株主有限責任

会社の経営が順調	会社の経営が不調

筆者作成

株主候補者に投資を頼みやすくなります。こうして多くの人が株式に投資を行うことで、企業の資金調達が容易になり、ひいては経済全体の活発化が期待されることになるのです。

3　親子会社関係

　一方が他方の経営を支配する関係にある場合、支配会社を親会社（2条4号、4号の2）といい、被支配会社を子会社（2条3号、3号の2）といいます。親子会社は法律上別個独立の存在ですが、実質的には強い結びつきをもちます。特に子会社の株式すべてを親会社が所有しているような完全親子会社関係の場合、その一体性は非常に強いものとなります。この実態に対応するために、会計書類をグループ全体で提出させたり（連結計算書類、444条）、グループ全体での内部統制システム構築を義務づけたり（会社法施行規則100条1項5号など）しています。

　日本では、戦前の財閥への反省から、他の会社を支配することを目的とした会社は禁止されていました。しかし、1997年の独占禁止法改正と1999年の商法改正を経て、他の会社の支配を自らの主たる事業とする持株会社（ホールディングス）が解

↓上場会社の親会社有無の推移

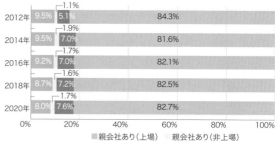

	親会社あり(上場)	親会社あり(非上場)	支配株主(非親会社)あり	支配株主なし
2012年	9.5%	5.1%	1.1%	84.3%
2014年	9.5%	7.0%	1.9%	81.6%
2016年	9.2%	7.0%	1.7%	82.1%
2018年	8.7%	7.2%	1.6%	82.5%
2020年	8.0%	7.6%	1.7%	82.7%

東証コーポレートガバナンス白書2021年度9頁

禁されました。現在では、金融、保険、その他様々な分野に持株会社が存在しています。このような持株会社を成立させるためにもM&A（☞Ⅰ■1）が用いられます。

★ ○×問題でチェック ★

　問5　株主が会社の所有者であることは会社法に定められている。
　　　　問6　株主は、会社が倒産した後も、会社債権者に会社債務を支払う義務を負わない。

1　株式発行

　会社がお金を調達する方法としては大きく❶借入、❷社債の発行、❸株式発行という3種類の手法があります。❶借入は、銀行などからお金を借りて、利息を支払いつつ、当初の約定通り支払うというもので、基本的には消費貸借契約（民法）に基づく調達方法です。これに対して、❷社債（☞2）、❸新株発行は会社法で定められた資金調達方法です。

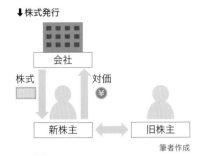

↓株式発行

会社

株式　対価　￥

新株主　　旧株主

筆者作成

　新株発行によって、会社は株式を発行する対価として、株主となる者から資金を調達することができます。この株主候補者から支払われた資金は、会社の資本となる金員なので会社は返済する必要がありません。会社の受ける基本的な影響としては、資本と株主が増える、というものにとどまります。

　しかしながら、会社の既存株主にとって新株発行は必ずしも歓迎すべき事態ではありません。既存の株主にとっては、株主総会での議決権比率が下がるなど（たとえば、1000株の株式発行会社では100株保有株主には10%の議決権がありますが、当該会社が新しく500株を発行した場合、当該株主の議決権割合は約6.6%に低下します）、自己の保有する株式の価値が希釈化されてしまいかねません。このため、会社の既存の株主への影響が大きいと考えられる場合には、新株発行についても株主総会で決議が必要とされています（201条1項、199条3項など）。また、経営者にとっても、株式を発行することによって株主構成が変化するため、それまでとは異なった株主対応を迫られる可能性があります。

2　社　債

　社債（会社法2条23号）というのは、会社が割当によって発生させる当該会社を債務者とする金銭債権です。会社は社債権者に対して利息と元金を支払わなければいけません。上場会社に限っても年間10兆円を超える社債が発行されており、社債専用の市場が存在します。

　利息と元金を返済するという点では、借入とよく似ています。ただ借入と異なるのは、広く社債権者を募集し、不特定多数から少額ずつの資金調達を行う点です。多人数から少額ずつ資金を集めるという性質や、会社が資本市場から直接調達する（直接金融）という意味では、株式発行に似ています。ただ株式発行と異なるのは、約束した通り元金・利息を支払わなければならないという点と、社債権者となった者が会社の経営に決定権をもたないという点です。したがって、社債の場合には株主総会を経ることなく、経営者の判断だけで発行することが可能です（676条）。

↓資金調達以外の目的による株式発行

東芝 上場廃止回避へ

債務超過解消
6000億円増資決議

　東芝は19日に開いた取締役会で約6000億円の増資を決議した。借金が資産を上回る債務超過を解消し、新株を発行する第三者割当増資を実施する。1株当たりの実際の約11・3%を保有する株主で、来年3月末までに完了する。引受先に保有する株式の約11・3%を保有する株主で、来年3月末までに完了する。引受先に米投資ファンド「キングストリート・キャピタル・マネジメント」が含まれており、同社は議決権の約11・3%を保有する株主で、来年3月末までに完了する。引受先に米投資ファンド……

毎日新聞2017年11月20日東京朝刊1面

　株式発行は、基本的には会社の資金調達のための制度ですが、しばしば資金調達以外の目的で行われることがあります。株主が増えることに着目し、買収防衛策（ベルシステム24事件：東京高裁平成16年8月4日判決）、M&A（☞Ⅰ1）の手段として、新株が発行されることがあります。また会社の資本が増加することに着目し、資本増加を目的とした新株発行がなされることもあります。ほかにも、役員の報酬（202条の2）として新しく株式が発行されることもあります。

↓会社の資金調達一覧

①借入	間接金融	他人資本（PL*の負債）	返済義務あり
②社債発行	直接金融		
③新株・新株予約権発行		自己資本（PL*の純資産）	返済義務なし

＊PL：貸借対照表　　　　　　　　　　筆者作成

　社債発行時点で対価を受け取った後、会社は、社債権者から特段の利益を受けません。会社からすると社債権者は支払いを求めてくるだけの存在であることから、会社が社債権者をないがしろにする危険があります。そのため、会社法は、社債を管理するために社債管理者制度（702条）、社債権者集会制度（715条）などを設けています。これらの制度によって、会社法は、社債権者の集団的な意思決定の確保や社債権者集団の保護を実現しようとしています。

★○×問題でチェック★

問7　株式発行は、資金調達だけではなく他の目的のために利用されることがある。
問8　社債とは、金融機関からの借入による間接金融である。

10 知的財産法

I 知的財産法ってなに？

知的財産法は、技術的なアイデアやデザインなど形のない物（無体物）を保護する法律の総称です。民法は「物」を形ある物（有体物）に限っていますので、車や土地などしか所有権の対象になりません（☞4-1）。そのため、技術的アイデアなどの情報について所有権は存在せず、情報は、それが公開されれば誰でも自由に利用可能となるのが原則です。しかし、ある人がつくり出した情報を誰でも自由に利用可能としてしまうと、金銭的、時間的な投資をして、その情報を作り出そうとする人は誰もいなくなってしまうかもしれません。たとえば、多額の研究開発費をかけて新薬を開発したのに、発売したとたんに他社に自由に模倣（フリーライド）され製造・販売されてしまうと、誰も費用や時間をかけて新薬を開発することがなくなり、社会全体として有益な情報が生み出されなくなってしまいます。このように、一定の場合に情報の利用を禁止して、その情報の創作

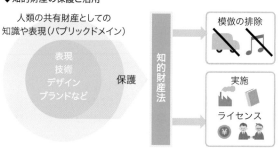

↓知的財産の保護と活用

人類の共有財産としての知識や表現（パブリックドメイン）

特許庁「デザイナーが身につけておくべき知財の基本」をもとに筆者作成

者などにかかった費用の回収機会などを与えることで、情報の創作などへの動機づけ（インセンティブ）を行おうというのが知的財産法です。

II 知的財産法の種類

先に述べたように、知的財産法というのは総称で、そこには様々な法律が含まれています。大きくは創作についての法律と、営業標識についての法律とに分けられます。前者には、技術的な創作である発明を保護する特許法（および特許法より簡単な技術を保護する実用新案法）、デザインである意匠を保護する意匠法、音楽や美術などの著作物を保護する著作権法などがあります。後者には、商品や役務（サービス）の出所を示すマークを保護する商標法や、事業者の不正な競争行為を規制する不正競争防止法などがあります。

携帯電話を例に考えてみましょう。携帯電話では、たとえばリチウムイオン電池やディスプレイ、そこで使用されているOS

などが発明として特許法で保護されています。また、携帯電話の外観のデザインや、アイコンなどの画面デザインは意匠として意匠法で保護されています。さらに、欠けたリンゴの図形のように、携帯電話につけられているメーカーのマークは商標として商標法で保護されています。そして、携帯電話に表示されるイラストや撮った写真、ダウンロードしてきた音楽などは著作物として著作権法で保護されています。また、何らかの権利を有していない場合も、事業者が一定の不正な競争行為を行っている場合には不正競争防止法で保護されます。

↓知的財産権による保護の概要

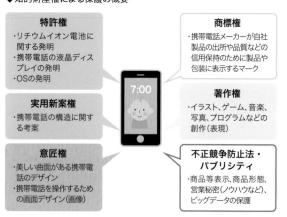

特許権
・リチウムイオン電池に関する発明
・携帯電話の液晶ディスプレイの発明
・OSの発明

実用新案権
・携帯電話の構造に関する考案

意匠権
・美しい曲面がある携帯電話のデザイン
・携帯電話を操作するための画面デザイン（画像）

商標権
・携帯電話メーカーが自社製品の出所や品質などの信用保持のために製品や包装に表示するマーク

著作権
・イラスト、ゲーム、音楽、写真、プログラムなどの創作（表現）

不正競争防止法・パブリシティ
・商品等表示、商品形態、営業秘密（ノウハウなど）、ビッグデータの保護

特許庁「デザイナーが身につけておくべき知財の基本」をもとに筆者作成

↓知的財産法の概要

知的創造物についての法律		営業上の標識についての法律	
特許法	○発明を保護 ○出願から20年、要出願	商標法	○商品・サービスに使用するマークを保護 ○登録から10年（更新可能）、要出願
実用新案法	○物品の形状等の考案を保護 ○出願から10年、要出願	不正競争防止法（商品等表示の保護）	○周知・著名な商品等表示の不正使用を規制
意匠法	○物品、建築物、画像のデザインを保護 ○出願から25年、要出願	特定農林水産物等の名称の保護に関する法律	○農林水産物等の名称（地理的表示）の保護
著作権法	○小説、映画、美術、音楽、プログラム等を保護 ○著作者の死後70年	商法	○商号の保護
不正競争防止法（営業秘密等の保護）	○ノウハウやビッグデータの盗用など不正競争行為を規制		
半導体集積回路配置に関する法律	○半導体集積回路の回路配置を保護 ○登録から10年、要申請	産業財産権法＝特許庁所管	
種苗法	○植物の新品種の保護 ○品種登録から25年または30年、要出願	著作権法＝文化庁所管	

特許庁「デザイナーが身につけておくべき知財の基本」をもとに筆者作成

問1　知的財産法は、技術的なアイデアやデザインなどを保護する法律の総称である。
問2　知的財産法は、大きくは、創作についての法律と営業標識についての法律とに分けられる。

1 表現を守る（著作権法）

　たとえば、書籍は言語の著作物として、建築は建築の著作物として、音楽や美術については音楽や美術の著作物として保護されます。著作権法はこのような人々の様々な表現を保護する法律です。そして、著作権の発生には何らの手続も必要なく、その保護期間は原則として著作者が著作物を創作した時から著作者の死後70年までと非常に長い間続きます。

　また、著作権法は著作者の人格的利益を保護する著作者人格権も規定しており、著作物の利用においては著作者人格権にも配慮する必要があります。さらに著作物を創作した人だけでなく著作物を世のなかに伝達する人（実演家やレコード製作者、放送事業者）に対する権利も定めており、それらは著作隣接権と呼ばれています。

　著作権・著作者人格権の侵害に対しては差止請求や損害賠償請求が可能ですが、他の知的財産権である特許権などとは違って、著作権などの侵害が認められるためには、侵害だと訴えられた人が他人の著作物に依拠したことが必要です。依拠とは他人の著作物にアクセスしてそれをもとにしていることで、たとえまったく同じ作品がつくられたとしても、他人の著作物にアクセスしていなければ著作権などの侵害となることはありません。

↓著作物の例（書籍）　↓著作物の例（建築・美術）　↓その他の様々な著作物

弘文堂HP

筆者撮影

筆者作成

2 技術を守る（特許法）

　技術的なアイデアについては、発明として特許法による保護を受けることができます。古くはエジソンの電球の発明もアメリカで特許取得されています（なお、権利は各国で取得する必要があります）。さらに、ゲームなどでも特許権が取得されていて、日本では「太鼓の達人」の装置に特許権が取得されています。

　特許権を取得するには特許庁に出願手続が必要で、出願書類に権利化したい発明を記載して審査官による審査を受ける必要があります。審査においては新規性（新しいこと）や進歩性（従来の発明に比べて簡単に発明できたものでないこと）などの要件が審査され、権利化される期間は出願から平均15.2か月とされています。また、特許権の存続期間は出願から20年で、20年経過後は誰もが自由にその技術を使えるようにして産業の発展を促すようにしています。

　特許権の侵害に対しては、差止請求や損害賠償請求が可能です。

↓エジソンの電球の発明

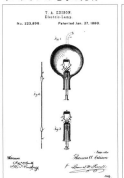
US223898(A)

↓ナムコのゲーム（太鼓の達人）装置等の発明

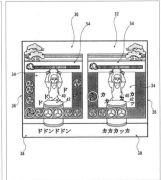
J-PlatPat（特許登録3751807）

3 デザインを守る（意匠法）

　デザインについては、意匠法で保護を受けることができます。物品のデザイン（フェラーリの自動車）、建築物のデザイン（ユニクロの建物）、画像のデザイン（アップルの画像）などが意匠法で保護されます。

　意匠権を取得するには特許庁に出願手続が必要で、出願書類に権利化したい意匠を記載して審査官による審査を受ける必要があります。審査においては特許と同じように新規性などの要件が審査され、権利化される期間は出願から平均7.4か月とされています。また、意匠権の存続期間は出願から25年です。

　意匠権の侵害に対しては、差止請求や損害賠償請求が可能です。

↓フェラーリ・ソシエタ・ペル・アチオニの乗用自動車

J-PlatPat（意匠登録1668991、1675338）

↓ファーストリテイリングのユニクロパークの建築物

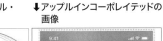
J-PlatPat（意匠登録1671773）

↓アップルインコーポレイテッドの画像

J-PlatPat（意匠登録1691660）

★〇×問題でチェック★

問3　著作権の取得には手続が必要である。
問4　特許権の存続期間は登録から20年である。

4 ブランドを守る（商標法）

商品または役務（サービス）の出所を示す文字や図形などについては、商標法による保護を受けることができます。文字などはそれ自体に創作的価値があるわけではありませんが（たとえばAppleという文字自体はリンゴを意味するにすぎません）、それが使い続けられると誰の商品なのかわかるようになっていくので、そうした商標の信用を保護する商標法という法律が設けられています。

商標には、文字、図形、立体、色彩、音の商標など様々な商標があります。商標権を取得するには特許庁に出願手続が必要で、出願書類に権利化したい商標と指定する商品などを記載して審査官による審査を受ける必要があり、権利化される期間は出願から平均9.6か月です。商標権の存続期間は登録から10年ですが何度でも更新可能で、更新可能とすることで業務上の信用を継続的に保護できるようにしています。

商標権の侵害に対しては、差止請求や損害賠償請求が可能です。

↓SONYの文字商標

J-PlatPat
（商標登録512083）

↓ヤマトの図形商標

J-PlatPat
（商標登録2210465）

↓不二家の立体商標

J-PlatPat
（商標登録4157614）

↓トンボ鉛筆の色彩商標

J-PlatPat（商標登録5930334）

↓久光製薬の音商標

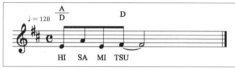

J-PlatPat（商標登録5804299）

5 不正競争防止法

知的財産権がなくとも、事業者の営業上の利益を害する一定の不正な行為に対しては、不正競争防止法による保護があります。不正競争防止法では、他人の周知の商品などの表示を使用し他人の商品などと混同を生じさせる行為（看板の例）、他人の著名な商品などの表示の使用（マリオの例）、形態模倣商品の提供行為（洋服の例）などが規制されます。これらの規定は、意匠権や商標権がない場合でも、デザインやブランドの保護に有効に働きます。さらに、不正競争防止法は、営業秘密（ノウハウなど）や限定提供データ（ビッグデータなど）の不正な取得などについても規制し、技術的制限手段（コピーコントロールなど）の回避装置の提供、ドメイン名の不正取得、原産地や品質を誤認させる表示、虚偽事実の告知なども不正競争としています。

不正競争によって営業上の利益を害される場合には、差止請求や損害賠償請求が可能です。

↓〈動くかに〉の看板

大阪地裁昭和62年5月27日判決の別紙

↓原告のキャラクターと被告が貸与したコスチューム

知財高裁令和2年1月29日判決の別紙

↓原告と被告の商品

東京地裁平成30年8月30日判決の別紙

6 パブリシティ権

有名人や物が顧客吸引力（顧客を惹きつける力）をもつことがあります。

CMなどの広告に芸能人を用いて宣伝するというのは、その芸能人がもっているイメージが商品の売れ行きに影響するからです。法律に権利としては規定されていませんが、そうした有名人の氏名や肖像が有する顧客誘引力を排他的に利用する権利はパブリシティ権と呼ばれています。女性デュオ「ピンク・レディー」の肖像が雑誌に使われたという事件で、最高裁は人のパブリシティ権の存在を認めています（ただし結論としては、パブリシティ権侵害は否定されています）。

では、物についてパブリシティ権は認められるのでしょうか。実際に、競走馬の名前（オグリキャップ等）がゲームにおいて無断で使われたという例があります（競走馬は人ではないので物です☞4-1）。しかし、最高裁は物のパブリシティ権は認められないとしています。

↓ピンク・レディーdeダイエットの記事

筆者撮影、女性自身2007年2月27日号

↓ゲーム「ギャロップレーサー」

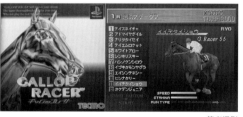

筆者撮影

★○×問題でチェック★

問5　商標権の更新は何度でも可能である。
問6　物が顧客吸引力をもてば、パブリシティ権が認められる。

III 知的財産権の取得手続

　知的財産権のなかでも、特許権、意匠権、商標権などは特許庁に出願しなければ権利を取得できません。特許権の例を示していますが、出願後に特許庁の審査官による手続要件や特許要件の審査がされます（特許権の場合は審査には出願審査請求が必要です）。問題がなければそのまま登録されますが、新規性などの要件を満たさない場合は拒絶理由の通知がされ、それを解消できれば登録、できなければ出願が拒絶されます。拒絶の判断に対しては、特許庁での審判、その後の裁判所での裁判などで争うことができ、そこで拒絶理由が解消されれば登録されます。

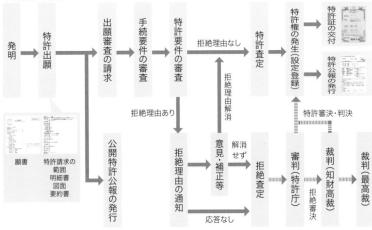
↓特許権の取得

発明 → 特許出願 → 出願審査の請求 → 手続要件の審査 → 特許要件の審査

願書　特許請求の範囲　明細書　図面　要約書

公開特許公報の発行

拒絶理由なし → 特許査定 → 特許権の発生（設定登録） → 特許証の交付／特許公報の発行

拒絶理由あり → 拒絶理由の通知 → 意見・補正等 → 解消せず → 拒絶査定

特許審決・判決

審判（特許庁）→ 拒絶審決 → 裁判（知財高裁）→ 裁判（最高裁）

応答なし

特許庁「デザイナーが身につけておくべき知財の基本」をもとに筆者作成

IV 知的財産権の活用

　知的財産権は様々な活用ができます。まず、権利者が自分で独占的に実施をすることで、その利益を自分のものとすることができます。それだけでなく、ほかの人に実施させる（ライセンス）ことで使用料を得ることもできますし、権利が不要であれば他人に売る（譲渡する）ことも可能です。さらには、知的財産権を担保として融資などを受けることもできます。先にも述べたように、他人による侵害行為に対して差止請求や損害賠償請求ができ、日本に輸入される際に税関での差止めを申し立てることも可能です。

↓知的財産権の活用例

① 自己実施　　　　　　　　　製品を製造
② ライセンス（実施許諾）　　他者が知的財産を使用
③ 移転（譲渡・担保）
④ 権利行使（差止・損害賠償）　模倣を排除
⑤ 輸入差止申立

特許庁「事例から学ぶ意匠活用ガイド」をもとに筆者作成

V 知財ミックス

　先の携帯電話の例でもみたように、1つの対象について1つの知的財産権だけで保護を図るわけではありません。たとえばユニ・チャームのマスクについては、その形について意匠権が取得され、技術的側面について実用新案権が取得され、その名称である「超立体」とその包装箱については商標登録されています。このように、ある情報についての様々な側面を、様々な知的財産権を用いることで効果的に保護を図ることができます。

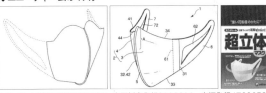
↓ユニ・チャームのマスク

J-PlatPat（意匠登録1321362、実用新案登録3108216、商標登録4723658）

VI 技術の発展と知的財産法

　技術の発展とともに、知的財産法との関係でも様々な問題が生じています。レンブラントの絵をAIに学習させ出力したThe Next Rembrandtの絵が話題となりましたが、さらに進んでAIが自律的に生成した絵画は著作権法で保護されるでしょうか。著作権法は人による創作が前提ですので保護を受けるのは難しいと考えられます。さらに、仮想空間での仮想オブジェクトの保護や、仮想空間で都市を再現する際に写り込む著作物の著作権者との間における権利処理の必要性についても課題となっています。右図のバーチャル大阪は各社に許諾を得るという対策を講じ、仮想空間で現実感あふれる大阪を再現しています。

↓ The Next Rembrandt
でAIが描いた絵

ANP Photo／アフロ

↓バーチャル大阪

© 未来大阪プロジェクト

★ ○×問題でチェック ★
　問7　知的財産権は他人にライセンスできる。
　問8　1つの対象は1つの知的財産権でしか保護できない。

I スポーツ法ってなに？

みなさんは、「スポーツと法には大事なかかわりがある」と聞くと、どのように感じますか？ 実は、とってもたくさんの点で、ものすごく大事なかかわりがあります。「自分はスポーツが好きだし、なんだかおもしろそうかも！」と感じた方は、ぜひこの分野を勉強してみてください。

たとえば、プロのスポーツ選手がチームに入団したり、移籍したりするときには、契約を結びます。これは民法にかかわりますよね。また、国際大会で、各国の代表選手の優勝賞金が男女で違う問題は、憲法やジェンダー法にかかわります。ほかにも、選手が現役を引退したあと、どのように生計を立てるのかという点は、社会保障法や労働法にかかわる問題です。

さらにプロスポーツ以外でも、部活動の顧問の先生が、部員に対して暴力をふるったという時には、行政法などもかかわってきます。

このように、スポーツと法律がかかわる無数の論点を扱う分野が、スポーツ法です。

ほかの法分野と違い、スポーツ法の分野では、スポーツ法そのものをはじめから専攻している研究者が少ないです。私自身は社会保障法や労働法を専攻しつつ、趣味を研究に活かしたいと思ってスポーツ法を研究し始めました。ほかにも、民法や憲法、知的財産法、国際法などの専攻からスポーツ法の分野に入った人が多いです。多様な研究者が入り混じっているので、視点が幅広い分野です。

また、実際にスポーツと法律の問題を現場（実務）で扱っている弁護士の方々の存在感が、非常に大きいです。学術と実務の関係が非常に近い点も、スポーツ法の特色です。

↓サッカー・スペイン1部リーグのレアル・ソシエダに移籍した久保建英選手

アフロ

II どんなものが含まれるの？

スポーツ法の分野には、非常に多様なものが含まれます。ただ単に列挙するだけではわかりにくいと思い、とりあえず私なりに整理してみたものがこの図です。まず、プロとアマチュアに分け、そのうえで、スポーツを「プレーする」場面か「見る」場面かで分類しました。

たとえば、「アマチュア」で「プレーする」場面としては、体育の授業があります。授業中に生徒がケガをしたときに、保護者はどうやって学校の責任を追及するでしょうか。その学校が国公立であれば、国家賠償法を使うことになるでしょう（☞**24-IV**）。

また、「プロ」を「見る」場面としては、スタジアムでの観戦があります。プロ野球を観戦していた観客にファウルボールが当たって大ケガをした場合、観客としては、「民法」を使って損害賠償を求めることになります（☞**3-IV**）。さらに、同じく「プロ」を「見る」場面でいうと、サッカーのワールドカップのような世界的イベントは、無料で誰もが放送を見られる「権利」を、法律で定めるべきではないかという議論もあります。

ただ、自分で分類しておいて言うのもなんですが、この分類は完ぺきではない気がします。現在のように高度にIT技術が発展すると、スポーツへのかかわり方は、「プレーする」・「見る」の2つにとどまらないかもしれません。私が想像もしなかったスポーツと法のかかわりを、みなさんが発見することになるかもしれません。

みなさんの手で、スポーツ法の分野を発展させませんか？

↓スポーツ法の対象となりそうな法律の一覧

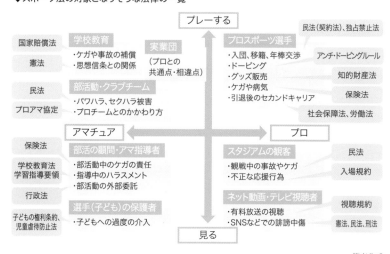

筆者作成

★○✕問題でチェック★

問1 日本には、「スポーツ法」という名前の法律がある。

問2 スポーツ法とは、スポーツをプレーするための競技規則のことである。

1 スポーツの産・官・学連携

上記の通り、スポーツと法律をめぐる論点はとても幅広いものを含んでいます。そこから発生する問題を解決するために、産・官・学、つまり経済・産業界と行政、そして大学が協力をすれば、これまでになかったアイデアが生まれます。

たとえば、学校の先生の仕事で、部活動(特に運動部)の指導が非常に負担だと感じる人もいます。自分が経験したことのない競技の指導をしなければならない、土曜や日曜も部活の試合の引率があり家族との時間がとれない、などといった悩みは、よく報道されています。これらの悩みで追い込まれた先生たちが、うつ病になったり、部員に対して暴力やハラスメントをしてしまうかもしれません。

つまり、先生たちの健康や家族との生活を守るためにも、生徒たちが安心して部活動に参加するためにも、この問題は非常に重要です。

そこで、スポーツ施設や専門家を多く抱える大学やスポーツチームが、県や市などと連携しながら、部活動の指導を受け持つしくみが模索されています。先生は部活動から解放される休

⬇ FU スポまちコンソーシアム

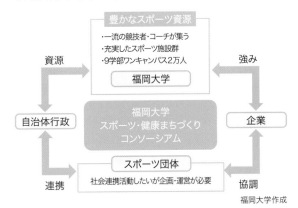

福岡大学作成

日ができ、生徒は最先端の施設で専門的な指導を受けられます。さらに大学やスポーツチームにとっては競技の愛好者を増やせるため、理想的なしくみかもしれません。

2 スポーツ選手の「働き方」を守るための国際的な動き

スポーツを職業とする選手たちにとっては、その職業が法律によってどのようにによって守られるかという点は非常に重要です。たとえば、報酬の未払いがある、移籍したいのに元のチームから妨害されて練習も試合もできない、理由もなく契約を打ち切られるなどといったことがあれば、選手やその家族の生活は危機に陥ります。

そこで、国連の一機関である国際労働機関(ILO)も、スポーツ選手の働き方に関して、国際的に保護を強めていこうとしています。さらに、スポーツ選手たちの団体である選手会が、世界中で連携して、選手の働き方を守るための会議を定期的に実施しています。もちろん、これらの会議では、法律専門家の活躍の場がたくさんあります。

写真の堀口弁護士のように、選手のために世界中を飛び回るスポーツ法の専門家をめざすのもいいのではないでしょうか。

⬇ 国際労働機関 (ILO) が、スポーツの世界におけるディーセント・ワーク (働きがいのある人間らしい仕事) について出した文書

ILO公式ウェブサイト

⬇ オランダ・ホープトドルフのFIFpro (国際プロサッカー選手会) 本部で開催された、世界選手会PDPカンファレンス (World Player Development Conference 2019) に出席する堀口雅則弁護士

堀口雅則氏提供

3 スポーツ選手も「ふつうの人間」

最後に、多くの人が忘れがちですが、スポーツ選手も、嬉しいことがあれば喜び、悲しいことがあれば傷つく、私たちと同じ「ふつうの人間」です。

スポーツ選手は、ものすごい努力や才能で、気の遠くなるほどの競争を勝ち抜いて、華やかな舞台に立っています。そのことから、私たちとはまったく別の超人的な存在だとみられることがあります。そしてスポーツ選手自身も、世間の期待に応えて、弱みをみせないこと、その意味で「強くあること」を、自分の使命だと考えているかもしれません。

しかし最近では、プロテニスの大坂なおみ選手のように、自分のメンタルヘルスの状況を率直に発信する選手が増えています。スポーツ選手がメンタルヘルスの問題を社会に向けて訴えるプロジェクトも現れました。選手の生命や健康、人権を守るための、注目すべき流れです。

⬇ スポーツ選手のメンタルヘルス問題に関する啓発ポスター

「よわいはつよい」プロジェクト公式ウェブサイト

★ ○×問題でチェック ★

問3　色々な立場の人が協力して、スポーツをめぐる課題解決をめざす動きがある。
問4　スポーツ選手は超人的な精神と肉体をもっているので、一般人のような悩みはない。

I　民事訴訟法ってなに？

民事訴訟法とは、民事事件の紛争解決にあたって用いられる裁判の手続に関するルールです。民事事件とは、私人の権利義務や法律関係についての争いであり、民法や商法、消費者法などの分野が対象となります。紛争を解決するための方法の1つとして、司法権を担う裁判所によって示されるのが裁判です。この裁判による解決は、強制執行（☞**Appendix 5-I**）が可能になるところに強みがあります。

どうして裁判が必要なのでしょうか。お互いの合意で解決に至らない場合、実力によって解決しようとする者に対して、自力救済の禁止という原則があります。民事訴訟は、実力行使を許さず、双方の主張を聞くなど、手続を尽くしたうえでのフェアな判断に基づく権利の実現をするために存在するのです。

裁判は大きく民事訴訟と刑事訴訟に分けられます。民事訴訟は、あくまで原告と被告の間の紛争解決のための手続であることから、時間やコストも考えた訴訟運営が必要であり、和解による解決も可能です。一方、刑事訴訟は、検察官と被告人の間で刑罰を科すかどうかを決める手続であることから、人権保

↓民事訴訟と刑事訴訟の違い

	民事	刑事
対象	私的利益に関する私人間の紛争を解決するための手続	犯罪者に刑を科し、社会の安全と秩序を守るための手続
内容	当事者同士で譲歩し合って決着することが可能	検察官と被告人が妥協して決着してはいけない
理念	真実追求と時間・コストのバランスを考慮（公正・訴訟経済）	人権保障の観点を考慮（適正手続・冤罪防止）
当事者	原告と被告	検察官と被告人
弁護士	訴訟代理人	弁護人
審理	口頭弁論	公判
証明	高度の蓋然性	疑わしきは被告人の利益に

筆者作成

障のための適正手続が必要となります。また、民事訴訟は、事実の存在につき、「高度の蓋然性」があると考えられる程度の証明が必要ですが、刑事訴訟は、「疑わしきは罰せず」により、事実の存在が明確でないときは、被告人を有利に扱わなければなりません（☞**18-III**）。

II　民事訴訟を行う理由

民事訴訟は、実体法上の権利を実現するために行われます。金銭の支払いを求める裁判が多い一方、社会の紛争は金銭解決できるものだけではなく、様々な目的で民事訴訟が用いられることがあります。たとえば、社会への問題提起のために訴訟を行う場合であり、裁判によって政策形成を求めることから政策形成訴訟と呼ばれます。禁煙や分煙が社会でルール化されていなかった1980年、電車内での分煙を求める訴訟が提起されました。これは嫌煙権訴訟と呼ばれ、社会からの注目を集めました。裁判後、この問題を多くの人が認識するようになり、

いまや禁煙どころか卒煙という言葉も生まれています。

また、裁判は当事者を超えて多くの人たちに影響を与えることもあります。建設アスベスト訴訟（☞**24-IV**）では、多くの被害者が国や企業に対して損害賠償を求め勝訴しました。しかし、裁判に参加していない被害者も多く存在します。そこで、国および企業の責任確定を契機に、原告らは行政と交渉し、裁判で認められたレベルの金銭補償を裁判外の被害者にも給付することを勝ち取り、法律化されました（特定石綿被害建設業務労働者等に対する給付金等の支給に関する法律）。

↓大学に設置されている卒煙支援ブース

筆者撮影

↓裁判によって救済の道が広がったアスベスト訴訟

毎日新聞社／アフロ

★○×問題でチェック★

問1　相手方が約束を守らなかった場合、実力行使を用いて権利を実現してよい。
問2　民事裁判と刑事裁判の双方とも、訴えられた側を被告という。

Ⅲ　判決手続とADR

1　判決手続①：審級制度

　民事訴訟をするにあたって、どの裁判所を用いるのかという管轄の問題が生じます。裁判所には審級制度（三審制）があり、140万円を超える民事訴訟の場合、地方裁判所（50か所と各支部）でスタートし、その判決に不服のある場合には、控訴して高等裁判所（8か所と各支部）で審理が行われ、さらには上告して最高裁判所で審理が行われます。

　裁判所の性質上、管轄がすでに決まっている場合があります（専属管轄）。たとえば、人事訴訟の場合、家庭裁判所（地裁と同じ場所）で行われ、140万円以下の民事訴訟の場合、簡易裁判所（438か所）で行われます。

　原則として、被告の所在地で裁判が行われますが、不法行為の場合は不法行為地で裁判ができるなど例外もあります。また、事前に裁判地を決めておくこともあります。契約書に紛争解決条項として記載されることが多く、これを合意管轄といいますが、消費者に不利な管轄地にされてしまう問題もあります。

↓審級制度

```
                    最高裁判所
                     （東京）
         ↑上告              ↑上告
                    高等裁判所
            （東京、大阪、名古屋、広島、福岡、仙台、札幌、高松）
    ↑上告        ↑控訴              ↑控訴
 地方裁判所                      家庭裁判所
（各都道府県庁所在地と函館、旭川、釧路）      （地方裁判所と同じ）
 ↑控訴    訴額140万円を超える民事訴訟の第1審    人事訴訟の第1審
 簡易裁判所
 （438庁）
訴額140万円以下の民事訴訟の第1審
```

筆者作成

2　判決手続②：裁判の流れ

　民事訴訟は、原告が被告に対する訴状を裁判所に提出することで、手続が開始します。原告は、誰に対してどのような訴えを起こすのかを決めることができます（処分権主義）。裁判所はその訴状を形式的にチェックしてから、被告へ送達します。この送達により、訴訟係属という審理中の状況になります。訴えは誰でもどんな内容でも提起できるわけではなく、当事者適格や訴えの利益がある場合に限られます。

　裁判は、公開法廷（憲法82条）で口頭弁論を行い、裁判所が主張の整理をしつつ、当事者双方が主張立証を重ねていきます。また、審理を充実させることを目的として、訴訟の進行に関し必要な事項についての協議を行う進行協議期日も適宜行われ、スムーズな審理がめざされています。立証の準備のために、準備的口頭弁論、弁論準備手続、書面による準備手続といった＋αの手続が行われることもあります。口頭弁論では、判決の基礎をなす事実の主張とその確定に必要な証拠の収集および提出は当事者の責任とされます（弁論主義）。

　そして、主張する事実の立証のために、証拠調べを行います。裁判官はその証拠を自由に評価し、判断にあたっての心証を得ることができた場合に、判決へと至ります（自由心証主義）。もし裁判官が判断できないということになると、真偽不明となってしまいます。しかし、判断拒否は、裁判制度の自己否定となってしまいます。そこで、裁判官による法規の適用を可能とするために定めた訴訟上の不利益分担のルールである証明責任の考え方により、証明責任を負った者が証明できなかった場合に敗訴になります。

　判決は、請求を認容もしくは棄却するという判断のほか、本案審理に入らないで下す判断である訴え却下の場合もあります。これは、「門前払い判決」といわれ、請求の当否を判断しません。

　判決に納得がいかない場合、控訴や上告などができます。2週間の控訴期間・上告期間が経過した場合に、その判決は確定します。判決が確定すると、既判力という拘束力が生じます。紛争の一回性・一事不再理の理念から、もう一度訴訟を起こそうとしても認められず、確定判決が尊重されます。確定判決は債務名義となって強制執行が可能になりますが、当事者の私的自治のもとで、判決の前後、裁判内外で和解によって終了することもあります。

↓裁判の流れの一例

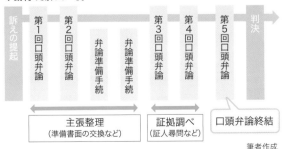

| 訴えの提起 | 第1回口頭弁論 | 第2回口頭弁論 | 弁論準備手続 | 弁論準備手続 | 第3回口頭弁論 | 第4回口頭弁論 | 第5回口頭弁論 | 判決 |

主張整理（準備書面の交換など）　証拠調べ（証人尋問など）　口頭弁論終結

筆者作成

↓法廷の様子

❶裁判官　❷裁判所書記官　❸裁判所事務官
❹原告代理人　❺被告代理人

裁判所リーフレット（裁判所NAVI）より転載（番号付加）

3 ADR

民事事件は、裁判をすれば事件が解決するとは限りません。事情により訴訟提起ができない場合や裁判によって紛争が悪化してしまう場合もあります。

裁判の是非を考えさせる事案として、隣人訴訟と呼ばれる事件があります。1977年5月8日、三重県鈴鹿市において、子どもを預かっていた近所の夫婦が目を離したすきに、子どもが溜め池に落ちて水死するという事故が発生しました。亡くなった子どもの両親は、この夫婦を相手取って損害賠償請求を起こしました。判決では、このような事態が発生しないように措置をとる注意義務があったとして、民法709条に基づく損害賠償責任が認められました（被害者側の過失7割として、526万6000円）。しかし、この事案がマスコミで報道されると、数百通もの心ない電話や嫌がらせの手紙が原告両親のもとに届けられ、職場や近所との関係から、両親は引越しを余儀なくされ、訴えを取り下げざるを得なくなりました。こうした炎上に、法務省は、当事者が裁判を受ける権利を侵害されたとして、国民に自粛を求める異例の見解を発表しました。どうすればこのような事態を回避できたのでしょうか。

裁判は法的評価に基づく判断に特徴がありますが、当事者によっては、それ以前に真相究明や責任の明確化、謝罪、再発防止などを求めて紛争解決手続を用いたいというニーズがあります。

そこで、裁判以外にも数多くの紛争解決方法があります。こうした裁判外の紛争解決手続のことを、ADR (Alternative Dispute Resolution) といいます。ADRは、費用や時間の面で効率的であり、専門性を伴った紛争解決を提供できるという特徴があり、司法（民事調停など）、行政（中央労働委員会や国民生活センターなど）、民間（弁護士会や交通事故紛争処理センターなど）のそれぞれでADRを行っています。

紛争解決の手段は、裁判のほかに、❶当事者間での交渉、❷第三者である調停人を交えて話し合う調停、❸当事者の選んだ判断者（仲裁人）に判断を求める仲裁、といったものがあります。

交渉は、当事者間で話し合い、当事者が互いに譲歩をして紛争解決を図るものです。一般にはネゴシエーションといい、様々な交渉技術が研究されています。

調停は、話し合いによりお互いが合意することで紛争解決を図るもので、調停委員が仲介をします。法務大臣による認証ADR機関は、報酬を得て調停を行うことができ、事業として調停を行えるように整備されています（2023年3月現在、163事業者）。

仲裁は、当事者が仲裁人を選んで、その仲裁人の判断に従うものです。国内での仲裁実施件数はそれほど多くはありませんが、国際取引では数多く行われています（海外の仲裁機関であるシンガポール国際仲裁センターやアメリカ仲裁協会など）。

ADRは事案に応じ適切な方法と機関を選ぶことができれば、当事者にとって満足のいくものになりやすく、紛争の実情を考慮した柔軟な処理が可能となります。

↓隣人訴訟の新聞記事

毎日新聞1983年2月25日夕刊15面

↓各種ADRと裁判の比較

交渉	調停	仲裁	裁判
	調停人	仲裁人	裁判官
当事者同士で話し合う	第三者である調停人を交えて話し合う	当事者の選んだ仲裁人に判断してもらう	裁判所で裁判官に判断してもらう

筆者作成

↓民事調停の同席調停の様子

裁判所HP（キャプション付加）

★○×問題でチェック★
問5 ADRは民間の機関によって解決が図られるものである。
問6 仲裁による手続では、仲裁人の判断に従わなくてはならない。

IV 多様な民事手続

1 特殊な裁判所

事案に応じて特殊な裁判所で審理・判断が行われることがあります。たとえば、軽微な事件を迅速・簡易に処理するために、簡易裁判所が設けられています。簡易裁判所では、調停事件、支払督促事件、少額訴訟事件などを扱い、訴額の上限は140万円となっています。訴えを口頭で提起できるなど、司法アクセスの観点からも活用が期待されています。

↓全国に438か所ある簡易裁判所
（写真は北海道の伊達簡易裁判所）

国土交通省北海道開発局HP

↓2022年10月に新設された東京地方裁判所
中目黒庁舎（ビジネス・コート）

筆者撮影

簡易裁判所において、少額の事件を簡易迅速な手続で処理するために1998年に設けられた少額訴訟制度がよく用いられます。この手続は、60万円以下の金銭の支払を求める事件につき、1回の口頭弁論期日、つまり即日で審理を終結し、その場で判決を言渡すことができるものです。もしその判断に異議があれば、簡易裁判所の通常の訴訟手続へと移行できますが、地方裁判所への控訴はできません。

また、専門訴訟では、裁判官も専門的知見の理解が必要となります。そこで、特定の種類の事件が集中的に配点される専門部を設けている裁判所があります。たとえば、医療紛争で

は、東京、大阪、名古屋、横浜、さいたま、千葉、札幌の各地裁に医療集中部があります。知的財産紛争もその専門性から集中部を設けている地裁が多く、知的財産高等裁判所も設置されています。そして、ビジネス関係訴訟に的確に対応すべく、IT機器等をより活用した審理運営ができるための物的環境等を整備し、よりよい司法サービスを提供することをめざしたビジネス・コートが2022年につくられました。ビジネス・コートには、知財高裁のほか、東京地裁の知的財産権部、商事部、倒産部が集められ、グローバル化・ボーダレス化が増すビジネス関連の紛争解決にあたっています。

2 特殊な手続

裁判所では、分野に応じた特殊な手続のメニューも用意してあります。たとえば、離婚や相続などの家事事件は、愛憎を伴う感情が入る一方で、養育費の支払いや婚姻費用の分担等において親子関係が継続するという特徴があります。もし解決の方法を誤ると禍根が残り、後に別の紛争を引き起こす可能性もあります。そこで、離婚の場合、いきなり離婚訴訟を提起するのではなく、家庭裁判所に家事調停の申立てをしなければなりません（調停前置主義）。家事調停は、当事者の互譲により円満かつ自主的に解決が図れないかを試みる手続です（家事事件手続法）。家庭の平和と健全な親族共同生活の維持を図るという見地から、1人の家事審判官（裁判官）および2人以上の家事調停委員（民間人）により行われ、1〜2か月に1回程度のペースで調査・証拠調べを行い、当事者間の合意を引き出します。この合意には、確定判決と同一の効力が生じます。

また、不当解雇、残業代不払い、労災などの労働事件は、通常の裁判では相当数の期日が必要となり、解決に時間がかかってしまいます。そこで、個別的労働紛争の迅速かつ適切な

↓家事調停

裁判官

調停委員　　　　　　　　調停委員

裁判所書記官　　　　　　家庭裁判所調査官

申立人　　　相手方

裁判所HP掲載の図をもとに作成

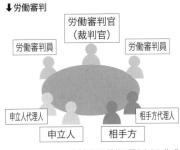

↓労働審判

労働審判官
（裁判官）

労働審判員　　　　　　　労働審判員

申立人代理人　　　　　　相手方代理人

申立人　　　相手方

裁判所HP掲載の図をもとに作成

解決を目的に労働審判制度が創設されました（労働審判法）。これは、労働審判官（裁判官）1名、労働関係につき専門的知見を有する労働審判員2名（労働者側、使用者側）の計3名で審理され、原則として3回以内の期日で結論が出るという迅速な手続です。この手続のなかで調停が試みられますが、調停により解決しない場合、労働審判が出されます。解雇無効の争いの場合、復職が難しいことが明らかであれば、金銭補償による解決を内容に入れるなど、当該事案の解決に適切な解決案を提示でき、柔軟な解決が可能となっています。審判に不服がある場合、2週間以内に異議申立てをすれば、審判申立ての時点で訴訟提起があったものとみなされます。

★○×問題でチェック★

問7　100万円の金銭の支払いを求める少額訴訟は、即日、判断してもらえる。
問8　労働審判制度は、裁判官だけでなく民間人によっても審理・判断される。

11 民事訴訟法I：総論　**55**

民事訴訟法Ⅱ：各論

Ⅰ 訴えの提起

1 訴えの種類

　原告は、訴えにおいて自分の求める判決の種類と判決の具体的な内容を特定しなければならず、裁判所は原告が訴えにおいて求めていないことについて判決をすることができません（処分権主義）。訴えは、原告が求める判決（または請求）の種類に応じて、給付の訴え、確認の訴え、形成の訴えの3種類に区別されます。給付の訴えは、金銭の支払いやその他の何らかの行為をすることや、逆に何らかの行為をしないことを求める請求権（給付請求権）を主張して、義務の履行を命じる判決を求める訴えです。原告の請求を認容する判決は、強制執行の基礎となる執行力をもつほか、既判力によって原告の主張する請求権の存在を確定し、原告の請求を棄却する判決は、請求権の不存在を確定します。確認の訴えは、権利や法律関係の存在または不存在を主張して、判決によるその確定を求める訴えです。判決は、既判力のみをもち、原告の主張する権利や法律関係の存在または不存在を確定します。形成の訴えは、権利や法律関係を変動させるための要件（形成要件）を主張して、

判決による権利や法律関係の変動を求める訴えです。原告の請求を認容する判決は、権利や法律関係が変動させる形成力をもつほか、既判力によって形成要件の存在を確定し、原告の請求を棄却する判決は、原告の主張する形成要件の不存在を確定します。

↓訴えの3類型と具体例

給付の訴え	・金銭の貸主から借主に対する貸金返還請求の訴え ・土地所有者から地上に不法に建物を建築している者に対する建物収去土地明渡請求の訴え ・不動産の買主から売主に対する所有権移転登記請求の訴え ・不法行為の被害者から加害者に対する損害賠償請求の訴え
確認の訴え	・所有権確認の訴え ・雇用関係存在確認の訴え
形成の訴え	・離婚の訴え ・認知の訴え ・株主総会決議取消しの訴え

筆者作成

2 訴え提起の方法

　訴えは、原告またはその訴訟代理人が訴状を作成し、裁判所に持参して提起します。ただし、民事訴訟のIT化のために、訴状に記載すべき事項を裁判所のサーバーにアップロードして提出すること（電子提出）も可能とする法改正が行われています（2026年までに運用開始）。訴状にはまず、当事者（原告および被告）が誰であるかを記載します。被告の特定が難しいインターネット上での名誉毀損の場合、プロバイダーに発信者情報の開示を求める手続があります。次に、裁判所の審理・判断の対象となるもの（訴訟物）を特定するために、どのような内容の判決を求めるか（請求の趣旨）および、そのような内容の判決を求めることができることを根拠づける事実（請求原因）を記載します。

↓裁判書類電子提出システム（mints）のトップページ

mints（ミンツ）HP

3 裁判にかかる費用

　裁判所を運営するための基本となる経費（たとえば、裁判官の給与や庁舎の維持・管理費など）は、国の予算でまかなわれます。これに対して、個別の事件を審理、裁判するための費用のうち、訴え提起の手数料、書類の送達に要する郵便料、証人の旅費日当、鑑定人の鑑定料などは、訴訟費用として最終的に敗訴当事者が負担するのが原則です。このうち手数料は、訴えで主張する利益によって算定する訴訟の目的の価額（訴額）に応じて高額となる、スライド制が採用されています。もっとも、財産権上の請求でないものの訴額は160万円とみなされ、手数料は一律1万3000円となります。株主代表訴訟は、会社法上、財産権上の請求でない請求に係る訴えとみなすことで、訴訟による解決をしやすくしています。なお、当事者が訴訟代理人に訴訟追行を委任した場合に支払われる報酬は、敗訴当事者が負担する訴訟費用には含まれず、各自の負担となります。

↓訴え提起にかかる手数料

訴額	手数料
10万円まで	1,000円
100万円	10,000円
500万円	30,000円
1000万円	50,000円
5000万円	170,000円
1億円	320,000円

裁判所HP掲載の「手数料額早見表」を加工して筆者作成

★○×問題でチェック★

問1　訴えは、給付・確認・形成の3つの類型に区別される。
問2　訴えの提起の手数料は、一律1万3000円である。

1 原告と被告

　民事訴訟の当事者となる資格（当事者能力）は、民法上、権利能力をもつ自然人、法人に加えて、権利能力のない社団または財団で代表者または管理人の定めがあるものにも認められます。訴状が被告に送達されると、裁判所と原告・被告の三者間で審理を進めることができる状態（訴訟係属）が生じ、以後、原告と被告という二当事者が裁判所で対立する形で進行します（二当事者対立構造）。送達は、被告の住所において書類を被告本人に直接手渡してするのが原則ですが、被告の所在が不明な場合には、裁判所で書類を保管し、いつでも交付することを掲示してすることができます（公示送達）。民事訴訟の進行中に、たとえば原告である会社と被告である会社とが合併して1つの会社となった場合のように、二当事者対立構造が維持できなくなったときは、訴訟は当然に終了します。

↓東京地裁の前にある掲示板（公示送達が多数掲示してある）

筆者撮影

2 当事者が問題になる場合

　多数の消費者に少額の被害が生じる場合、個々の消費者が事業者に対して訴えを提起することは困難ですが、被害者の数が多くなればなるほど、事業者のもとに多額の利得が残されることにもなります。そこで、一定の要件を備えた適格消費者団体は、事業者の不当な勧誘や不当な契約条項使用の差止請求訴訟を提起できるほか、個々の消費者に代わって事業者に対して消費者の被害回復のための訴えを提起し、事業者から支払われた金銭を消費者に分配することができます。
（☞ Appendix 2-IV）

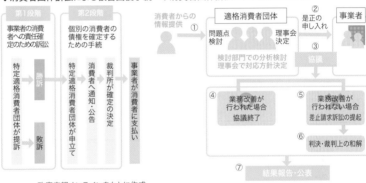

↓消費者団体訴訟による被害回復手続

政府広報オンラインをもとに作成

↓消費者団体訴訟による差止めの手続

政府広報オンラインをもとに作成

3 訴訟代理人

　民事訴訟は、当事者が自分で追行すること（本人訴訟）も可能です。しかし、多忙な当事者が審理のたびに裁判所に出向く負担は重く、また訴訟手続は専門的・技術的なので、自分の権利を十分に擁護できないおそれもあります。そこで、訴訟代理人に依頼し、訴訟を追行してもらうことができます。訴訟代理人となることができるのは、弁護士に限られるのが原則ですが（弁護士代理の原則）、簡易裁判所では司法書士も訴訟代理人となることができます。当事者が訴訟代理人に訴訟追行を依頼することを訴訟委任といい、訴訟委任状を作成し、訴訟代理人に交付するのが普通です。訴訟代理人は、委任を受けた事件について訴訟を追行するための包括的な代理権を有しており、訴

訟代理人が当事者に代わって訴訟手続においてした行為は、当事者本人がしたのと同じ効果を生じます。司法制度改革により、弁護士数は近年増加傾向にあります。

↓外側にひまわり、中央にはかりがデザインされている弁護士バッジ

日弁連HP

↓弁護士の数の推移

	弁護士数	うち女性
2000 年 3 月時点	17,126 名	1,530 人 (8.9%)
2010 年 3 月時点	28,789 名	4,660 人 (16.2%)
・・・	・・・	・・・
2018 年 3 月時点	40,066 人	7,462 人 (18.6%)
2019 年 3 月時点	41,118 人	7,717 人 (18.8%)
2020 年 3 月時点	42,164 人	8,017 人 (19.0%)
2021 年 3 月時点	43,206 人	8,335 人 (19.3%)
2022 年 3 月時点	44,101 人	8,630 人 (19.6%)

『弁護士白書　2022年度版』の統計を加工して筆者作成

★○×問題でチェック★
問3　訴訟の進行中に一方当事者が死亡し、相手方が唯一の相続人になったときは、訴訟は終了する。
問4　民事訴訟は訴訟代理人に追行してもらうことを要し、当事者本人が追行することはできない。

Ⅲ 審理

1 審理とその期間

民事訴訟の審理は、公開法廷で当事者双方が裁判官の面前に対席し、事前に提出した準備書面に基づいて口頭で事実の主張や証拠の提出をする方式（口頭弁論）で行われます。口頭弁論は、合議制の裁判所では裁判長、単独制の裁判所ではその構成員である裁判官が指揮します。もっとも裁判所は、口頭弁論における審理を充実させるため、当事者間で事実関係についてどこに争いがあり、その立証のため誰にどのような事項を尋問するかを整理する手続（争点および証拠の整理手続）を実施することができ、証人尋問等の人証の取調べは争点および証拠の整理手続の終結後に集中的に行われます（集中証拠調べ）。審理は1回の期日では完結せず、複数回にわたって続行されるのが普通です。審理期間は、近年やや長期化する傾向にあります。

裁判所は、当事者の主張しない事実を判決の基礎にすることができず、また当事者間に争いがない事実（自白が成立した事実）は、証拠調べを行うことなく判決の基礎にしなければなりません。当事者間に争いがある事実は、証拠に基づいて認定する

必要があるため、証拠調べを実施しますが、その対象は当事者が提出した証拠に限られるのが原則です。判決の基礎となる事実とその認定のための証拠の提出を当事者の責任とするこの原則は、弁論主義と呼ばれますが、当事者の主張に矛盾や不明確な点があるときは、裁判長が問いを発し、その補充や証拠提出を促すことができます（釈明権）。

↓簡裁と地裁の民事第1審通常訴訟事件（既済事件）の平均審理期間

	簡易裁判所 （全事件）	地方裁判所 （全事件）	地方裁判所 （対席判決）
平成29年	2.8月	8.7月	12.9月
平成30年	2.7月	9.0月	13.2月
令和元年	2.8月	9.5月	13.3月
令和2年	3.7月	9.9月	13.9月
令和3年	3.8月	10.5月	14.6月

『令和3年司法統計年報』を加工して筆者作成

2 証拠調べ

当事者間に争いがある事実を認定するには、真実である高度の蓋然性ありと認められる程度の証明が必要です。当事者が証拠として提出できるもの（証拠方法）は、人証（証人、当事者本人、鑑定人）と物証（文書、検証物）とに区別されます。

証人は、裁判所から呼出しを受けたときは、期日に出頭して、宣誓のうえ、尋問に応じて自己の経験した事実について証言する義務があります。ただし、刑事訴追を受けるおそれがある事項や職業上の秘密に関する事項などについては証言を拒むことができます（証言拒絶権）。当事者本人尋問は証人尋問に準じます。鑑定は、たとえば医療過誤や建築工事をめぐる紛争のような専門的知見を必要とする事件について、専門家に意見を述べてもらうものです。

文書のうち、相手方または第三者が所持している文書を所持者が任意に提出しない場合は、裁判所が所持者にその提出を命ずること（文書提出命令）を求めることができます。文書の所持者は、刑事訴追を受けるおそれがある事項や職業上の秘密に関する事項が記載されているなどの場合を除き、文書の提出を拒むことができません。検証は、事物の物理的な状態・性状を裁判官が五官の作用によって知覚するものです。原発訴訟では、放射線量の高い地域の被害実態について、裁判官が自ら現地に赴いて、検証が実施されました。

証拠調べの結果得られる情

報（証拠資料）から事実を認定するプロセスは、経験則に反しない限り、裁判所の自由な裁量に委ねられます（自由心証主義）。証拠資料の吟味を尽くしても、事実の存否が判然としないときは、証明責任により、その事実は存在しない、したがってその事実が存在すれば生じるはずだった法律効果は発生していないと扱って、判決がなされます。

↓証拠調べの方法一覧

	証拠方法	取調べの方法
人証	証人	証人尋問
	当事者本人	当事者尋問
	鑑定人	鑑定意見の聴取
物証	文書（書証）	文書の閲読
	検証物	検証

筆者作成

↓証人の宣誓書（一例）

宣　誓

良心に従って真実を述べ、何事も隠さず、偽りの述べないことを誓います。

氏　名

筆者作成

↓原発訴訟で放射線量が高い地域を防護服を着て現地検証する裁判官ら

毎日新聞社／アフロ

問5　当事者に争いのない事実が真実と異なる疑いがあるときは、裁判所は職権で証拠調べをする。
問6　証明すべき事実の存否が不明の場合は、判決をすることができない。

Ⅳ　訴訟の終了

証明すべき事実の存否について裁判所の心証が固まると、裁判所は口頭弁論を終結します。口頭弁論の終結後、裁判所は、判決内容を確定します。複数の裁判官がいる合議制の裁判所では、評議および評決を経ることになります。判決は、判決書の原本に基づいて公開法廷で言渡しをすることで効力を生じるため、裁判所は判決内容を確定した後、判決書を作成します。判決書には、主文、当事者の主張した事実、判断の理由、口頭弁論終結の日などが記載され、裁判官が署名押印します。判決書の完成後、言渡しのための期日が開かれ、その後、当事者双方に判決書の正本が送達されます。判決に不服のある当事者は、判決の送達から2週間以内に控訴を提起することができます。当事者双方から控訴が提起されなければ、判決は確定します。確定判決は既判力をもち、当事者間の権利義務の存否についての判断内容は、裁判所および当事者を拘束します。

訴訟は、判決によって終了するのが典型的ですが、当事者は判決によらずに訴訟を終了させることができます（処分権主義）。まず、原告は判決が確定するまで訴えの取下げをすることができます。これによって訴訟が最初からなかったことになるため、被告が原告の訴えに応じて争う姿勢を示した後は、被告の同意を得ることが必要です。次に、原告が自己の請求に理由がないことを自認し（請求の放棄）、または被告が原告の請求に理由があることを認めた（請求の認諾）場合は、請求棄却判決または請

↓訴訟の終了形態

筆者作成

↓和解率（訴訟の終了形態別の件数と構成比）

終局区分	令和2年（構成比）	令和3年（構成比）
総数	122,759（100%）	139,011（100%）
判決	53,082（43.2%）	59,989（43.2%）
和解	43,365（35.3%）	51,239（36.9%）
取下げ	22,380（18.2%）	23,169（16.7%）

『令和3年司法統計年報』を加工して筆者作成

求認容判決がなされたのと同様の効果が生じます。さらに、訴訟手続のなかで当事者双方に和解が成立した場合も、訴訟は終了します。現実に判決で終了する訴訟は4割程度であり、訴訟上の和解または訴えを取り下げることを内容に含む和解契約が訴訟外で締結され、これに基づいて訴えが取り下げられることで終了する訴訟が多くなっています。

Ⅴ　上　訴

第一審判決に不服のある当事者は、控訴をすることができます。控訴審は、当事者の不服申立ての限度で、第一審と同様の方法で事実認定を行い、法令を解釈・適用して判決をします。控訴審の口頭弁論は、第一審の口頭弁論の継続と扱われ、第一審で行われた手続は、控訴審でも効力を有し、第一審で提出された資料と控訴審で新たに提出された資料とが判決の基礎となります（続審制）。裁判所は、当事者の不服に理由がなければ控訴を棄却し、理由があれば第一審判決を取り消して、原則として自ら判決をします。

控訴審判決に不服のある当事者は、上告または上告受理申立てをすることができます。上告審は、控訴審が認定した事実を前提に、控訴審による法令の解釈・適用に誤りがないかを審理・判断します。最高裁判所の負担を軽減し、法令解釈の統一の役割を十分に果たせるように、最高裁判所への上告の理由は、原判決に憲法違反があること、または一定の重大な訴訟手続の違反があることに限られ、別途、法令の解釈に関する重要な事項

を含むことが、上告受理申立ての理由となり、最高裁判所の裁量で事件を受理するかどうかが決定されます（円錐型モデル）。高等裁判所への上告は、判決に影響を及ぼすことが明らかな法令の違反があることも上告の理由となります。裁判所は、上告に理由がなければ上告を棄却し、理由があれば原判決を破棄し、事件を差戻すか、自ら判決をします。

↓上告審の事件数（民事事件）

■上告事件数　□上告受理事件数

| | 2563 | 2843 | 2713 | 2527 | 2326 | 2354 | 2239 | 2104 | 2107 | 1809 |
| | 2223 | 2256 | 2192 | 1957 | 1850 | 1868 | 1817 | 1722 | 1700 | 1481 |

平成23年 平成24年 平成25年 平成26年 平成27年 平成28年 平成29年 平成30年 令和元年 令和2年

裁判所「上訴審における訴訟事件の概況」を加工して筆者作成

↓上告審での破棄判決の数

	上告	上告受理	換算数	破棄	破棄率
平成29年	2,255	2,782	3,111	22	0.07%
平成30年	2,112	2,528	2,812	24	0.85%
令和元年	2,024	2,501	2,724	27	0.99%
令和2年	1,862	2,296	2,517	35	1.39%
令和3年	1,873	2,305	2,529	25	0.99%

＊換算数：上告と上告受理を1通の書面でしたものを1件と計算したもの。
＊破棄率：小数第3位を四捨五入した。

『判例時報』掲載の統計をもとに作成

↓円筒型モデルから円錐型モデルへ

筆者作成

★○×問題でチェック★

問7　当事者は、判決によらずに自らの意思で訴訟を終了させることができる。
問8　判決に影響を及ぼすことが明らかな法令の違反は、最高裁判所への上告の理由とならない。

Ⅰ 民事執行法ってなに？

　自己の債権を自力で強制的に実現することは禁止されており、犯罪になることもあります（自力救済の禁止）。そのため、自己の債権を強制的に実現したい債権者は、国家機関に申し立ててその力を借りなければなりません。民事執行法は、債権者の申立てを受けた国家機関が債権を強制的に実現する手続を定めています。通常の債権者（一般債権者）に関しては強制執行という手続を、また、担保権（抵当権・質権などの一般債権者に優先する権利）を有する債権者（担保権者）に関しては担保権実行という手続を実施します。

　強制執行には、金銭債権の実現のための金銭執行と非金銭債権の実現のための非金銭執行があります。金銭執行と担保権実行の場合は、債務者の財産から強制的に債権者が弁済を受ける手続を行います（担保権者の債権は通常金銭債権で

す）。非金銭執行の場合は、非金銭債権の種類に応じて適切な方法で強制的に実現することになります。

　強制執行・担保権実行を実施する国家機関は、裁判所である場合と執行官である場合があります。

↓民事執行法の内容

		金銭執行 （金銭債権の実現）
強制執行		
民事執行	担保権実行	非金銭執行 （金銭債権以外 の権利の実現）
	その他 （形式的競売・債務者 の財産状況の調査）	

筆者作成

Ⅱ 金銭債権の実現のための手続

1 金銭執行・担保権実行の開始

　債権者は、裁判所または執行官に対して強制執行を申し立てる際に、債権の存在を公的に証明する文書である債務名義を提出する必要があります。債務名義の典型例は、民事訴訟の勝訴

判決が確定したもの（確定判決）ですが、そのほかにも様々なものがあります。また、担保権者は、裁判所または執行官に対して担保権実行を申し立てる際に、担保権の存在を証明する文書などを提出する必要があります。

　金銭執行や担保権実行の場合は、手続開始時に債務者の財産について差押えが行われます。これは、手続開始後に債務者が財産を処分してしまわないようにするためです。債務者の財産のうち、どの財産（不動産or動産or債権orその他の財産権）を差し押さえるのかについては、債権者があらかじめ債務者の財産を調査して指定します。

↓金銭執行の開始までの流れ

金銭債権
の不履行 → 債務名義
の取得など → 債務者の
財産の調査 → 強制執行
の申立て → 強制執行の
開始・差押え

筆者作成

↓金銭執行に用いられた債務名義

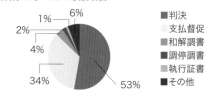

- ■判決
- □支払督促
- ▨和解調書
- ▧調停調書
- ▤執行証書
- ■その他

6%
1%
2%
4%
34%
53%

令和3年司法統計に基づき筆者作成

↓担保権実行の開始までの流れ（担保権者）

金銭債権
（被担保債権）
の不履行 → 担保権の存在を
証明する文書
の取得など → 担保権実行の
申立て → 担保権実行の
開始・差押え

筆者作成

2 金銭執行・担保権実行の開始後の手続

　債権者が不動産を指定した場合には、裁判所は差押えを宣言して、売却（代金から債権者に弁済する）または管理（賃料などの収益から債権者に弁済する）を行います。債権者が動産を指定した場合には、執行官は債務者の住居等に赴いて捜索して、動産を差し押さえて売却を行います。債権者が債権やその他の財産権を指定した場合には、裁判所は差押命令を発令し、債権者は、①その債権を取り立てるか（債権の場合のみ可）、②裁判所に転付命令（債権の場合のみ可）または譲渡命令を発してもらい、その債権やその他の財産権自体を弁済の

代わりに取得してしまうか、③裁判所に売却命令を発してもらい、その債権やその他の財産権の売却代金から弁済を受けるか、などを選択することになります。

↓金銭執行・担保権実行の手続の流れ

債務者の財産
の差押え → 財産の換価
次頁の図参照 → 売却・管理の場合は
債権者に弁済

筆者作成

★〇×問題でチェック★

問1　担保権実行を申し立てる場合には、債務名義の提出が必要である。
問2　非金銭執行の場合、手続開始時に差押えが行われる。

3 金銭執行・担保権実行の対象となる債務者の財産の種類

　金融機関が金銭を融資（ゆうし）する際には、担保のために債務者の有する不動産に抵当権を設定するのが一般的です。そのため、抵当権の実行のために担保権実行が申し立てられることが多いので、担保権実行の手続は不動産の売却や管理を行うものになることが多いです。

　金銭執行を申し立てる一般債権者は、差し押さえる債務者の財産として、預金債権などの債権を指定することが極めて多いです。なぜなら、不動産を指定しても、抵当権が設定されていることが多いので、一般債権者の取り分がないことが多く、また、動産を指定しても、動産は差押えが禁止されている種類のものが多く、普通の債務者は差押えが禁止されている動産しか有していない場合が多いからです。なお、最近は金融資産の保有が増えているため、その他の財産権（株券不発行の株式・社債など）を指定することも多くなるでしょう。

↓財産の種類別の金銭執行の種類

執行対象財産	金銭執行の種類	換価方法
不動産	不動産強制競売	売却
	不動産強制管理	管理
動産	動産執行	売却
債権	債権執行	取立て・転付命令等
その他の財産権（振替株式等）	その他の財産権執行	譲渡命令・売却命令等

筆者作成

↓財産の種類別の担保権実行の種類

担保目的財産	担保権実行の種類	換価方法
不動産	担保不動産競売	売却
	担保不動産収益執行	管理
動産	動産執行	売却
債権	権利質権等の実行	取立て・転付命令等
	物上代位権の行使	取立て・転付命令等
その他の財産権（振替株式等）	権利質権等の実行	譲渡命令・売却命令等

筆者作成

↓目的財産別の金銭執行・担保権実行の状況

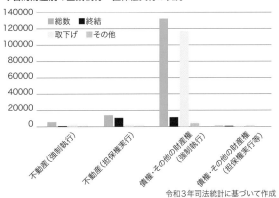

令和3年司法統計に基づいて作成

III 金銭債権以外の権利の実現

　非金銭債権には、不動産・動産等の占有移転（☞ **4**-III**3**）の請求権（＝物の占有移転請求権）とそれ以外の作為・不作為の請求権（＝作為・不作為請求権）があります。

　物の占有移転請求権の強制執行は、執行官が物の所在地に赴いて、債務者から債権者に目的物の占有を強制的に移転するという方法で行われます。

　作為・不作為請求権の強制執行は、請求権の種類に応じていくつかの方法が用意されています。たとえば、❶代替的義務（だいたい）（第三者も債務者に代わって履行可能な義務）（りこう）の場合は、**代替執行**を用いることができます。債権者所有の土地上にある債務者所有の建物を収去するという作為義務を債務者が負っている場合に、裁判所が第三者に対して債務者の代わりに建物を収去することを命じて（＝授権決定）（じゅけん）、その費用を債務者に請求する、というのが代替執行の一例です。❷非代替的義務（債務者自身でなければ履行不可能な義務）の場合は、**間接強制**を用いるしかありません。近所迷惑な騒音を発しないという不作為義務を債務者が負っている場合に、執行機関である裁判所が債務者に対して、義務を履行しなかった場合は〇円を債権者に対して支払えと命じること（＝間接強制決定）によって、債務者を心理的に圧迫して義務を履行させる、というのが間接強制の一例です。❸子の引渡義務の場合は、間接強制のほかに執行官が赴いて債務者を説得するなどして引渡しを実現するという方法が用意されています。

↓非金銭執行の申立てまでの流れ

筆者作成

↓非金銭執行の種類

権利の種類	非金銭執行の方法	権利の実現方法
物の占有の移転を請求する権利	不動産引渡・明渡執行	債務者の占有を解いて、債権者に占有を取得させる
	動産引渡執行	債務者から取り上げて、債権者に引き渡す
作為・不作為を請求する権利	代替執行	授権決定
	間接強制	間接強制決定
	その他（子の引渡しの強制執行等）	

筆者作成

★〇×問題でチェック★
問3　金銭執行の申立ての際には、差押えの対象財産として不動産が選択されることが多い。
問4　債務者が建物を収去する義務を負っている場合は、債権者は代替執行を用いることができる。

Appendix 5　民事執行法　**61**

Ⅰ 刑法ってなに？

広義の刑法とは、犯罪の成立要件と、犯罪者に科される刑罰の内容を定めた法の総称ですが、その中心は1907年に制定された刑法典であり、主な犯罪と刑罰について定めています。「人を殺した」行為について死刑、無期懲役または5年以上の有期懲役という刑罰を定める殺人罪（199条）は、最も著名な刑法典の規定の1つでしょう。また、刑法典は、正当防衛（36条1項）、緊急避難（37条1項）、心神喪失（39条1項）、刑事未成年（41条）のように、犯罪の成立を否定する事情も規定しています。

刑法典以外にも広義の刑法といえる法令は存在します（特別刑法）。たとえば、飲酒運転など、自動車の運転により人を死傷させた行為は自動車運転死傷処罰法で処罰されます。また、2023年には、他人の裸体等を盗撮する行為を処罰する性的姿態等撮影等処罰法が立法されました。空き缶やタバコの吸い殻をポイ捨てする行為を犯罪とする地方自治体の条例（東京都足立区歩行喫煙防止条例15条1項、京都市美化推進条例29条）も、身近にある広義の刑法です。

「刑法」という科目では、刑法典を中心とした広義の刑法を対象として、主に犯罪の成立要件について学びます。

↓バーベキューを処罰する鴨川条例

筆者撮影

Ⅱ 刑罰とはどのようなものか

1 刑罰の内容

刑法は、主たる刑罰（主刑）として死刑、懲役、禁錮、罰金、拘留、科料を定めています（10条）。

死刑は、生命を奪う刑罰であり、絞首により執行されます（11条1項）。なお、犯行時に18歳未満だった者に死刑を科すことはできません（少年法51条1項）。

懲役（12条）・禁錮（13条）・拘留（16条）は、刑事施設に収容して自由を奪う刑罰であり、収容期間と刑務作業の義務の有無により区別されます。無期懲役や無期禁錮の場合は、仮釈放（28条）されない限り、生涯にわたり収容されます。なお、2022年改正の施行後は、懲役と禁錮は刑務作業を必須としない形で拘禁刑に統一されます。

罰金（15条）と科料（17条）は、国庫に金銭を納付させて財産を奪う刑罰です。納付できない場合は、所定の期間、労役場に収容して作業を行わせ、罰金や科料の納付に代えます（労役場留置、18条）。

主刑とあわせて、犯行に関する物の所有権を国庫に帰属させる没収（19条）を科すこともできます（付加刑）。

↓刑務作業の様子

法務省HP

↓東京拘置所の刑場の構造

朝日新聞2022年1月18日朝刊13面

★○✕問題でチェック★

問1　犯罪の成立要件と刑罰の内容を定める法令は、刑法典以外には存在しない。

問2　現行の刑法は、主刑として6種類の刑罰を規定している。

2 実際の科刑状況

右の表は、2011年から2020年にかけて刑事裁判が確定した者について、言い渡された刑の種類ごとにまとめたものです。

確定者の総数をみると、2011年の43万2051人から毎年減少し、2020年は22万1057人となっており、この10年間でおおむね半減していることがわかります。なお、2020年の無罪確定者は76人であり、総数の0.034%です。

刑の種類をみると、いずれの年も、有期懲役と罰金で総数の約98%を占めており、実際の刑事裁判で活用されている刑の種類には大幅に偏りがあることがわかります。特に罰金は、交通違反をはじめとする軽微な犯罪への刑罰として多用されており、総数の約8割を占めています。また、有期懲役を言い渡され

↓刑種別裁判確定人員の推移

年次	総数	有罪										無罪
		死刑	無期懲役	有期懲役			総数	うち、全部執行猶予	罰金	拘留	科料	
				総数	うち、一部執行猶予	うち、全部執行猶予						
2011	432051	22	46	59852	—	33845	3229	3111	365474	8	2964	77
2012	408936	10	38	58215	—	32855	3227	3122	344121	5	2868	82
2013	365291	8	38	52725	—	29463	3174	3058	306316	4	2559	122
2014	337794	7	28	52557	—	30155	3124	3051	279221	4	2417	116
2015	333755	2	27	53710	—	31620	3141	3068	274199	5	2247	88
2016	320488	7	15	51824	855	30837	3193	3137	263099	6	1962	104
2017	299320	2	18	49168	1525	29266	3065	2997	244701	5	1919	130
2018	275901	2	25	47607	1567	28831	3159	3099	222841	1	1834	123
2019	245537	5	16	46086	1452	28044	3076	3021	194404	3	1556	96
2020	221057	2	19	44232	1298	27163	2738	2691	172326	5	1366	76

＊「総数」は、免訴、公訴棄却、管轄違いおよび刑の免除を含む。

令和3年版犯罪白書38頁より筆者作成

た者のうち、約6割はその刑の執行を全部猶予されており（25条）、直ちに刑事施設に収容されているわけではない点も注目に値します。死刑や無期懲役は約0.01%にとどまっています。

III　有罪判決を受けた者が社会に戻るとき

刑法は、犯罪者を処罰するだけでなく、犯罪者を改善更生させて円滑に社会に復帰させ、再犯を防止することにも関心をもっており、そのための様々な制度を用意しています。

たとえば、懲役受刑者には刑務作業（12条2項）が義務づけられますが、その1つに、職業訓練があります（刑事収容施設法94条2項）。これは、釈放後の就労のために受刑者に職業に関する免許や資格を取得させたり、職業上有用な知識や技能を習得させたりすることを目的としています。2020年度には、溶接科、フォークリフト運転科、情報処理技術科、介護コース、農業コース、建築CAD科、Webスキル科など53種目が実施され、11288人がこれを修了し、総勢6216人が溶接技能者や情報処理技術者等の資格や免許を取得しました。

また、刑事施設では、受刑者に犯罪の責任を自覚させ、健康な心身を培わせ、社会生活に適応するのに必要な知識や生活態度を習得させるための措置として、様々な指導が実施されています。その1つに、社会生活の基礎となる学力を欠いている受刑者に対して、学校教育の内容に準ずる指導として行われる、教科指導があります（同法104条）。刑事施設内では高卒認定試験の受験も可能であり、2020年度は136人が合格しています。

さらに、懲役や禁錮により一定期間服役した受刑者に反省をうかがわせる事情（改悛の情）があり、改善更生が期待できるときは、刑期の満了を待たず釈放す

ることができます（仮釈放、刑法28条）。仮釈放された者は、行政の監督のもとで一定の事項を遵守しつつ（保護観察、更生保護法40条、49条以下）、社会復帰をめざします。

そもそも、刑事施設への収容には、社会からの隔離によって家庭や職場などの生活基盤を失わせ、再犯の可能性を高めるという副作用があります。特に、収容が短期間にとどまる場合にはこの副作用が大きいことが知られています。そこで、この副作用を防ぐため、3年以下の懲役・禁錮を言い渡す場合には、5年以内の期間を定めたうえでその刑の執行を猶予することも可能です（全部執行猶予、刑法25条1項）。この場合、再犯等によって猶予が取り消されない限り（26条、26条の2）、刑事施設に収容されずに社会のなかで罪を償うことになります。必要に応じて、保護観察に付して行政の監督に服せしめることも可能です（25条の2）。

↓職業訓練として3Dプリンター操作や介護の実習を受ける様子

法務省HP

罰を科された者の人権は大きく制約されることになります。また、犯罪の有無を捜査し、刑事裁判を経て刑罰を執行するまでには、多額の税金を投入する必要があります。こうしたデメリットを伴う刑法には、どのような役割が期待されているのでしょうか。

↓ハンムラビ法典

ルーブル美術館所蔵、筆者撮影

まず、過去に行われた犯罪の重さに応じた報いを与える役割がある、との考え方があります（応報）。古バビロニア王国のハンムラビ法典における「目には目を、歯には歯を」というフレーズは、この発想を端的に示したものといえます。応報に対しては、報いという発想それ自体が野蛮で非科学的である、との批判もありますが、具体的な犯罪の重さに不釣り合いな刑を科してはならないという議論を導くことができる点で、重要なメリットを有しています。

応報の考え方のもとでは、なぜ国家が報いを与えなければならないのかがさらに問題となります。直ちに思いつくのは、❶私的な復讐を禁止された被害者に代わって、国家が加害者に復讐するため、という理由でしょう。しかし、復讐という非生産的な営みに国家が加担すべきではないとして、この議論は支持されていません。難問ですが、現在では、❷犯罪を法規範に対する攻撃と捉えたうえで、攻撃された法の説得力を回復するため、との説明や、❸犯罪によって攻撃された法益が国家によって守られるべき正当な利益であったと公的に確認するため、といった説明が提案されています。

他方で、将来の犯罪を防止する役割がある、との考え方もあります（予防）。そのなかでも、一般市民による犯罪の防止に着目する議論は、一般予防論と呼ばれます。古典的な一般予防論は、❶犯罪には刑罰が科されると予告するとともに、犯罪が行われた場合には予告済みの刑罰を実際に科すことを通じて、犯罪を行おうと考える者の損得勘定に訴え、犯罪は損だと思わせることによって、犯罪を防止することができる、と考えます（消極的一般予防）。また、近時は、❷刑罰の予告とその執行を通じて、「犯罪をしてはならず、法を守らなければならない」といった遵法精神を呼び起こすことによって、犯罪を防止できる、との説明も提案されています（積極的一般予防）。こうした一般予防論に対しては、徹底すると際限のない厳罰化に至る可能性がある、という懸念があります。

また、予防のうち、犯罪者本人による再犯の防止に着目する議論は、特別予防論と呼ばれます。わかりやすいのは、❸自由刑を通じて犯罪者を社会から物理的に隔離したり、罰金を通じて資力を奪ったりすることで、再犯の能力を奪い、本人の意向にかかわらず再犯を不可能にする、という説明でしょう（消極的特別予防）。逆に、❹改善更生して社会復帰した行為者に自発的に法を遵守させることで、本人の意向のもとで再犯を防止する、との考え方もあります（積極的特別予防）。受刑者の抱える問題の解決のために特に配慮されたプログラム（特別改善指導、刑事収容施設法103条2項）は、積極的特別予防に基づく措置といえるでしょう。特別予防論には、徹底すると、少額の万引きのように軽微ではあるが再犯可能性が高い犯罪について、再犯可能性が消滅しない限り半永久的な処罰が正当化されてしまう一方、介護疲れ殺人のように、再犯可能性はないが重大な犯罪について処罰を正当化できない、という問題点があります。

このように、刑法に期待される役割については様々な考え方がありますが、現在では、刑罰は本質的に過去の犯罪に対する非難であるという観点から、応報の考え方を基本としつつ、同時に、将来の犯罪防止も重視して予防の考え方も取り入れる見解が通説とされています（相対的応報刑論）。

↓予防のバリエーション

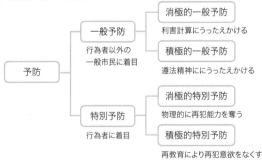

筆者作成

↓特別改善指導プログラム一覧

名称	内容
薬物依存離脱指導	薬物使用に係る自己の問題性を理解させたうえで、再使用に至らないための具体的な方法を考えさせる
暴力団離脱指導	警察等と協力しながら、暴力団の反社会性を認識させる指導を行い、離脱意志の醸成を図る
性犯罪再犯防止指導	性犯罪につながる認知の偏り、自己統制力の不足等の自己の問題性を認識させ、その改善を図るとともに、再犯に至らないための具体的な方法を習得させる
被害者の視点を取り入れた教育	罪の大きさや被害者等の心情等を認識させるなどし、被害者等に誠意をもって対応するための方法を考えさせる
交通安全指導	運転者の責任と義務を自覚させ、罪の重さを認識させる
就労支援指導	就労に必要な基本的スキルとマナーを習得させ、出所後の就労に向けての取組を具体化させる

令和3年版犯罪白書（第2編／第4章／第3節／3）より筆者作成

★○×問題でチェック★

問5　応報の考え方には、際限のない重罰化に至るという懸念がある。
問6　行為者の再犯防止を重視する考え方を、一般予防論という。

V 刑法の基本原則

1 行為主義と責任主義

刑法の基本原則として、行為主義と責任主義が挙げられます。行為主義とは、処罰の対象は、外部に表れた行為に限られるとする考え方です。行為主義の考え方によれば、思想や心情を根拠に、処罰することはできません。絵踏によってキリシタンを見つけ出し（右図）、信教を理由に処罰するということは、行為主義に反することになります。また、内心でどんなに悪いことを考えていたとしても、悪い行為として外部に表れない以上、行為主義の立場からは処罰することは許されません。

責任主義とは、責任（非難可能性）がない場合には、処罰することができない、という原則です。「責任なければ刑罰なし」という標語で表されます。責任（非難可能性）がない場合というのは、典型的には、責任能力がない場合や、故意・過失がない場合です（☞**14-I**）。たとえば、14歳未満の刑事未成年者が、他人にケガをさせてしまったとしても、その子に責任能力がなく、非難することができないので、責任主義の立場からは、傷害罪として処罰することは許されないことになります（☞**Appendix 6**）。また、責任能力がある者が他人にケガ

↓絵踏

Alamy／アフロ

をさせてしまったとしても、そのことについて故意や過失がないのであれば、責任（非難可能性）がないので、犯罪として処罰することはできません。

2 罪刑法定主義

刑法の基本原則の1つである罪刑法定主義とは、「どのような行為が犯罪であり、どのような刑が科されるのか、あらかじめ法律で定められていなければならない」という原則です（根拠は憲法31条）。啓蒙思想家ベッカリーアらによって主張され、世界的な刑法の原則として確立しました。

罪刑法定主義の目的は、国民に犯罪と刑罰の内容を

↓ベッカリーア『犯罪と刑罰』

岩波書店HP

事前に告知して、行動の自由を保障することです。自由保障のためには、刑罰法規は明確でなければなりません（明確性の原則）。最高裁は、自分の行為が刑罰法規の適用を受けるかどうかを判断できる基準を条文から読み取れる場合は、明確といえるとします（最高裁昭和50年9月10日判決）。たとえば、食品衛生法に出てくる「有害な物質」という文言は抽象的ですが、最高裁は不明確ではないとしています（最高裁平成10年7月10日決定。下痢を引き起こすアブラソコムツも有害な物質にあたるとされました）。また、罪刑法定主義の原則のもとでは、問題のケースに直接当てはまる規定がないときに、似たケースで適用されている規定を使って（類推解釈）、処罰することは許されません。国民の予想を超えて処罰範囲が拡大し、行動を萎縮させてしまうからです（民法では類推解釈は許されます）。立法時から社会が変化し、当罰性の高い行為が登場した

↓車両に装着し、リアルタイムで位置情報がわかるGPS発信機（中央）。右は、リアルタイムではわからないが回収後に移動経路が確認できる装置

毎日新聞社／アフロ

↓アブラソコムツ

東京都市場衛生検査所ウェブサイト

としても、類推解釈による処罰ではなく、新たな立法によって対応すべきです。近年、直接監視することなく車にGPSを取り付けて位置情報を取得する行為がストーカー規制法の「見張り」にあたるかどうかが争われ、最高裁は「見張り」にあたらないとしました（最高裁令和2年7月30日判決）。罪刑法定主義を重視した判断といえるでしょう。その後の法改正により、GPSを用いて位置情報を取得する行為も規制対象になりました。

★○×問題でチェック★

問7　13歳の少年が窃盗をした場合、悪いことをしたことを理由に処罰される。
問8　刑罰法規は明確でなければならない。

Ⅰ 犯罪の成立要件──単独犯

1 犯罪の成立と刑の決定

犯罪とは、構成要件に該当する、違法かつ有責な行為であると定義されています。ここから、犯罪が成立するかは、次のプロセスで検討すると考えられています（右上図参照）。

まず、ある行為が、犯罪の構成要件に該当するかを検討します。構成要件とは、それぞれの刑罰法規において、犯罪として予定された行為の「型」をいいます。構成要件としてどのような要素が必要かは犯罪ごとに決まっており、その要素をすべて満たして、初めて構成要件に該当すると判断されます。1つでも満たさない要素があれば、構成要件に該当しないとして、その犯罪は成立しません。

他方、構成要件に該当すれば、その行為は、違法で有責なものだと推定されます。しかし、構成要件に該当しても、例外的に、違法性や責任がないと判断される（これを「阻却される」といいます）ことがあります。そこで、構成要件に該当することを確認した後、違法性を阻却する事情（違法性阻却事由）がないか、責任を阻却する事情（責任阻却事由）がないかを、順に検討しなくてはなりません。そのような事情が1つでもあれば、犯罪は成立しません。そして、どの事情もない場合に、初めて犯罪が成立することとなります。

さて、裁判においては、犯罪の成立が確認できれば、その被告人に対する刑を決定する必要があります（右下図参照）。

各犯罪には、それに対応する刑の種類と刑の量が定められており、これを法定刑といいます。たとえば、殺人罪は「死刑又は無期若しくは5年以上の懲役」が法定刑となります。

では、常に法定刑の範囲内で刑を決定するかというと、そうではありません。その裁判において被告人に科すべき刑を決める際には、刑の加重・減軽（72条）を考える必要があります。たとえば、過剰防衛（36条2項）が成立する場合、行為時に心神耗弱（39条2項）であった場合、または自首した場合（42条）などは、法律上の減軽がされます。殺人罪の場合、法律上の減軽がされると、有期懲役であれば上限・下限がそれぞれ2分の1とされ、「2年6月以上10年以下の懲役」という範囲になります。また、被告人に酌むべき事情がある場合も、同様に刑を減軽することができます（酌量減軽。66条）。このように、刑の加重・減軽を考慮して、その裁判において被告人に科すことのできる刑の範囲のことを、処断刑といいます。

そして、この処断刑の範囲内で、被告人に科す刑の種類・量が決定されます。この実際に科される刑を宣告刑といいます。また、処断刑の範囲内で宣告刑を決定することを、特に刑の量定または量刑といいます。量刑においては、犯罪や行為者に関

↓犯罪論の見取り図（故意・単独・既遂犯の場合）

構成要件該当性＝すべて満たす必要	
客観的構成要件要素	・実行行為 ・結果 ・因果関係
主観的構成要件要素	・故意（38条）

すべて満たす

違法性阻却事由＝1つでも該当すると犯罪が成立しない
・正当行為（35条） ・正当防衛（36条） ・緊急避難（37条） ・被害者の同意　　　　　　など

どれにも該当しない

責任阻却事由＝1つでも該当すると犯罪が成立しない
・心神喪失（39条） ・刑事未成年（41条） ・違法性の意識の可能性の欠如 ・期待可能性の欠如　　　　　など

どれにも該当しない

犯罪成立

筆者作成

↓言い渡される刑が決まるまで（殺人罪を例に）

法定刑	法律上の減軽 　過剰防衛 　心神耗弱 　自首　　など 　酌量減軽	処断刑	具体的事情の考慮 手段の危険性 計画性の高さ 動機の悪質さ　など	宣告刑

筆者作成

する具体的な事情が考慮されます。たとえば、犯行の手段の危険性や計画性の高さなど、犯罪それ自体に関する事情（犯情）はもちろん、犯罪後に示談や被害弁償をしたかどうか、被告人に改善・更生の可能性がどれくらいあるかなど、犯情以外の事情（一般情状）も考慮されます。一般的には、犯情で刑の大枠を決め、一般情状で調整するというプロセスで量刑がなされています。

問1　犯罪とは、構成要件に該当する、違法かつ有責な行為のことをいう。
問2　被告人に言い渡される宣告刑は、常に法定刑の範囲内で決められる。

② 構成要件該当性

構成要件として必要な要素は犯罪ごとに決まっています。たとえば、殺人罪（199条）の条文は「人を殺した者」と規定していますが、客観的には、❶殺人の実行行為、❷死亡結果、❸実行行為と結果との間の因果関係、主観的には、❹殺人の故意が、それぞれ必要であると理解されています。

ここでは、特に因果関係と故意をみてみましょう。

因果関係とは、実行行為と結果の間における原因・結果の関係をいいます。もっとも、一口に原因・結果の関係といっても、どのように判断すべきかについては、古くから争いがありました。現在では、実行行為のもつ危険性が結果へと現実化したといえるか、という基準が一般的になっています。

因果関係が問題となる例の1つに、実行行為から結果が発生するまでの間に異常な事態が生じた場合があります。たとえば、Aさんを殺害しようと考えて毒を飲ませたが、その毒が何も作用しないうちにAさんが交通事故に遭って死亡した場合、交通事故の危険性は毒と無関係ですから、毒を飲ませた行為とAさんの死亡との因果関係は否定されます。もっとも、実際の事件で因果関係が認められるかどうかは、難しい判断を迫られることも少なくありません（右の新聞記事参照）。

因果関係を判断するためには、結果を生じさせた直接の原因を解明することが極めて有用です。たとえば、死因の究明に関しては、近年、関係機関が連携・協力するしくみが整備されてきていることが注目されます（左下図参照）。

他方、故意とは、実行行為時における犯罪事実の認識・予見のことです。日常的には「わざと、意図的に」という意味で用いられがちですが、刑法では、たとえ意図していなくても、「結果が生じるかもしれないとわかっていた」ときは、故意があることになります。

故意の判断が難しい事件として、実際に生じた事実と行為時に行為者が認識・予見していた事実が食い違うことがあります。たとえば、Aさんを殺害しようと考えて、Aさんを狙って銃を発砲したが、予想外のBさんに命中して死亡させてしまった場合（方法（打撃）の錯誤）、Bさんに対する殺人の故意は認められるでしょうか。判例は、このような場合、行為者の認識した事

↓因果関係の有無が問題となった近時の裁判例

朝日新聞2010年10月29日朝刊1面

実と現実に発生した事実が「法定の範囲内において一致する」、すなわち同じ構成要件に属するときは、被害者が異なっても殺人の故意が認められるという立場を採っています。現実にはBさんという人を殺害しましたが、内心ではAさんの殺害を認識しており、両者が殺人という同じ構成要件に属するので、殺人の故意はあると判断されます。

さらに難しいのは、実際に生じた事実と認識・予見していた事実の食い違いが大きく、両者の構成要件が異なる場合です。たとえば、目の前の的を狙って銃を発砲したが、的を貫通して、予想外のCさんに命中して死亡させてしまったような場合（右下図参照）、判例の立場を前提にすれば、Cさんに対する殺人の故意は認められないことになります。

↓死因究明の関係機関

【体制整備の課題】
・死体の搬送手段の確保
・検査や解剖を実施する医療機関の確保　等

死因究明拠点

○死因究明に必要な連携・協力体制を構築するため都道府県等に「死因究明拠点」をモデル的に整備。
○モデル事業で得られた成果を全国に横展開。

検案現場へ検案医の派遣を調整　　医療機関・法医学教室への死体の搬送を調整　　対応可能な医療機関を調整　　対応可能な法医学教室を調整

検案医
・死体を検案
・検査や解剖の要否を判断

葬儀業者
・死体の搬送

医療機関
・死亡時画像診断等

法医学教室
・解剖
・薬毒物検査等

厚生労働省HPをもとに作成

↓方法（打撃）の錯誤の場合

目の前の的に当てよう

筆者作成

★ ○×問題でチェック ★
問3　因果関係は、実行行為のもつ危険性が結果へと現実化したかによって判断される。
問4　判例は、実際に生じた事実と行為者の認識した事実が異なれば、常に故意がないとする。

14 刑法Ⅱ：刑法総論　**67**

3 違法性阻却事由

ある行為が構成要件に該当しても、違法性阻却事由があれば、その行為は犯罪になりません。

違法性阻却事由には、正当行為（35条）、正当防衛（36条）、緊急避難（37条）のように条文の定めがあるものや、被害者の同意など解釈で認められているものもあります。

ここでは、正当防衛と緊急避難について、どのような違いがあるかみてみましょう（右上図参照）。

正当防衛は、たとえば、XさんがAさんからいきなり殴られそうになったという「急迫不正の侵害」を加えられた場合に、Xさんに逃げることを求めるのではなく、身を守るために、殴りかかってきたAさんへの対抗手段に出ることをどこまで許容するか、という問題です。不正の侵害者に対して、必要最小限度の対抗手段に出るという状況が想定されています。

これに対し、緊急避難は、たとえば、Xさんがクマに襲われたが、ほかにどうしても逃げ場がなく、クマに立ち向かうこともできない場合に、身を守るために、すぐ脇にあったBさんの敷地に無断で立ち入ることは許されるか、という問題です。法益に対する「現在の危難」を避けるために、正当な第三者に危難を転嫁するという状況が想定されているのです。

このような違いから、正当防衛と緊急避難の成立要件にも違いが生じます。

たとえば、正当防衛では、「やむを得ずにした行為」とは、防衛行為として必要最小限度のものをいうと理解されています。不正な侵害者との関係では、仮に逃げることができたとしても、常に逃げることが必要なわけではありません。これに対し、緊急避難では、「やむを得ずにした行為」とは、ほかに採りうる手段がないことを意味します。もしも逃げることで危難を回避できるならば、逃げなくてはならないのです。

4 責任阻却事由

最後に判断されるのが責任阻却事由の有無です。

責任阻却事由も、責任能力（39条）や刑事未成年（41条）のように条文の定めがあるもののほか、違法性の意識の可能性がないこと、適法行為の期待可能性がないことなど解釈で認められているものもあります。

そのなかで、社会的にも重要なのが心神喪失（39条1項）でしょう。心神喪失とは、精神の障害により、物事の善悪を理解する能力（事理弁識能力）またはその理解に従って行動を制御する能力（行動制御能力）を欠いた状態をいいます。行為時に心神喪失状態であったと判断された場合は、責任能力がないとして、犯罪は成立しません（なお、そのような能力が著しく限定された状態を心神耗弱といい、行為時に心神耗弱状態であれば、犯罪は成立するものの、刑が減軽されます）。

責任能力の判断は、精神科医の鑑定結果を尊重しつつ、究極的には裁判所の専門的な見地から行われます。心神喪失・耗弱の原因となる精神の障害には、統合失調症など様々な疾患が含まれますが、近年、認知症を原因として心神喪失・耗弱が認められる裁判例が増加しつつあります（右表参照）。

また、緊急避難では「これによって生じた害が避けようとした害の程度を超えなかった」こと（害の均衡）が必要とされます。これに対し、正当防衛では、厳密な害の均衡は不要です。

なお、緊急避難の成否は、いわゆるトロッコ問題において深刻な問題となります（下図参照）。典型的には、5人の命を助けるために1人の命を犠牲にしてよいかという形で問題とされ、古来、様々な学問分野で議論されてきました。近時は、自動運転技術の発展に伴い、運転を制御するAIがトロッコ問題に直面することも現実に想定されることから、緊急避難の成否をめぐっても議論が進められています。

↓正当防衛と緊急避難の違い

	正当防衛（36条）	緊急避難（37条）
前提となる状況	急迫不正の侵害	現在の危難
行為者の内心	防衛の意思（「防衛するため」）	避難の意思（「避けるため」）
「やむを得ずにした行為」	必要最小限度（≒防衛行為としての相当性）	（逃げることも含め）他に手段がないこと
行為の相手方	不正な侵害者のみ	第三者でもよい
害の均衡	不要	必要

筆者作成

↓緊急避難とトロッコ問題

筆者作成

なお、心神喪失・耗弱を理由に不起訴処分とされたり、無罪判決が下されたりした場合には、医療観察法に基づき、入院や通院による医療の提供がなされることがあります。

↓認知症による心神喪失・耗弱を認めた最近の裁判例

	事案の概要（求刑）	判決（責任能力）
新潟地裁令和4年9月26日判決	認知症の被告人が、自宅で妻を殴打して死亡させた傷害致死の事案（求刑：懲役3年）	懲役3年、執行猶予5年（心神耗弱）
大阪地裁平成29年3月22日判決	認知症の被告人が、商品の漬物2点を窃取した窃盗の事案（求刑：懲役10月）	無罪（心神喪失）
名古屋地裁平成28年3月16日判決	認知症の被告人による、強制わいせつ致傷および公務執行妨害などの事案（求刑：懲役4年）	懲役3年、執行猶予5年（心神耗弱）
横浜地裁平成27年10月15日判決	認知症の被告人が、商品のマーカーマジック等32点を窃取した窃盗の事案（求刑：懲役1年）	懲役8月、執行猶予2年（心神耗弱）

筆者作成

問5 「やむを得ずにした行為」の意味は、正当防衛と緊急避難で同じである。
問6 行為時に心神喪失状態であれば犯罪は成立せず、心神耗弱状態であれば刑が減軽される。

Ⅱ 共 犯

1 共犯の類型

刑法各則の条文には、内乱罪等のように、あらかじめ複数の人が関与することを予定した犯罪もありますが、多くの条文は単独で犯罪を実行する場合（単独正犯）を想定しています（強盗罪等）。ただ、実際には、複数の者が協力しあって犯罪を実行することは少なくありません。強盗も「皆でやれば怖くない」し、複数人で分担すれば成功しやすいからです。このような場合を取り締まるため、総則に共犯に関する規定が設けられています。共犯の類型には、共同正犯（60条）、教唆犯（61条）、幇助犯（62条）という3つがあります（右図）。共同正犯は、単独正犯と同じように、犯罪の一次的責任を負う者（正犯）です。それぞれが実行行為の一部しか分担していなくても、実現された結果全体について「正犯」として責任を負います。たとえば、二人組が強盗を計画し、1人が被害者を殴りつけ、もう1人が財布を奪った場合、それぞれ強盗の一部しか分担していませんが、

↓共犯の3類型

共同正犯 （60条）	教唆犯 （61条）	幇助犯 （62条）
2人以上の者が、お互いに意思を通じ共同して犯罪を実行した場合	犯罪を実行するよう人を唆した場合	犯罪実行を容易にした場合（実行犯を励ます、道具を貸す等）

筆者作成

いずれも、強盗罪の共同正犯として処罰されます。教唆犯や幇助犯は、共同正犯と異なり、犯罪の二次的責任を負うにすぎない者（脇役）です。実務上、教唆犯や幇助犯として処理されるケースは数パーセントで、共犯事件の大部分は共同正犯として処理されています。

2 共犯が処罰されるとき

刑法は法益保護のためにあるので、単独犯と同様、共犯行為も法益侵害結果と因果関係がある（結果を発生させた）場合、処罰の対象になります。たとえば、犯罪に役立つ道具を実行犯に提供し、実際にその道具を使って犯罪が行われた場合、実行犯を介して、提供行為と結果との間に因果関係があるといえます。また、実行犯を激励し、その者が勇気づけられて犯罪を遂行した場合も、激励行為と結果との間には、実行犯の心理を介して因果関係があるといえます（下の図参照）。共犯行為と結果との間に因果関係がある場合、共犯の類型のどれかに該当する可能性があります。互いに意思を通じ、共同して犯罪を実行したといえる場合は、共同正犯にあたります。共同正犯とはいえない場合、教唆犯や幇助犯にあたるのか検討します。これらにあたらない場合は、共犯として処罰されません。上記の道具提供事例・激励事例は、共同して犯罪を実行したわけでもなく、人を教唆したわけでもありませんが、故意で犯罪を容易にしたので、幇助犯が成立します。近年、幇助犯の成否が争われた著名な事例として、ウィニー事件があります。ファイル共有ソフト「ウィニー」が、著作権侵害の道具として悪用され、ソフトの開発者が著作権法違反の幇助犯に問われた事件です。最高裁は、ソフトの提供が犯罪行為を容易にしているが、故意が認められないとして、幇助犯の成立を否定し、無罪判決を言い渡しました（最高裁平成23年12月19日決定）。適法行為にも違法行為にも使える技術の提供行為について、共犯責任が否定された画期的判断といえます。

↓実行犯を手助けする幇助犯

```
実行行為 ──因果関係──> 結果
            ↑
          因果関係
共犯行為
```

筆者作成

↓故意がなく、共犯にならない場合──ウィニー事件

読売新聞2011年12月21日東京朝刊1面

3 共謀共同正犯

共同正犯は、2人以上の者が、互いに意思を通じ、共同して犯罪を実行した場合に成立します。3人が強盗の計画を話し合い、そのうちの2人が計画に基づいて強盗を実行した場合、実行した2人は強盗罪の共同正犯となります（実行共同正犯）。では、強盗の計画の話し合いに参加したものの、実行を担当しなかった残りの1名は、どのような責任を負うのでしょうか（下図参照）。まず、共犯の因果関係について確認してみると、話し合いによる、意思連絡（共謀）を通じた実行犯への心理的働きかけにより、共犯行為と結果との間の因果関係は肯定できます。

共謀のみに参加し、実際の犯行を分担しなかった者も、共同正犯（共謀共同正犯）になるのでしょうか。共謀のみに参加したにすぎないから「実行した」（60条）といえないとして共謀共同正犯を否定するならば、せいぜい、教唆犯・幇助犯にあたるということになります。しかし、共謀共同正犯を一切否定すれば、犯罪の一次的責任（正犯責任）を負うべき重要人物を適切に処罰できないという問題が生じます。判例は、古くから共謀共同正犯を認めており、そこには、犯罪の「黒幕」を正犯として処罰すべきであるという価値判断があるといわれています。現在では、共謀のみに参加した者も共同正犯になりうることを認めたうえで、共謀共同正犯の成立要件を明確にする努力がなされています。実務では、脇役として犯罪に加担したのではなく、自己の犯罪を実現する意思であったといえる場合に、共謀共同正犯になります。具体的には、果たした役割の重要性や動機の積極性等を考慮して判断されます。強盗計画の話し合いに参加した者が、実行担当者に指示・命令して計画をたてた場合や、積極的に打ち合わせに参加して計画を練り上げた場合は、自己の犯罪を実現する意思で関与しているといえるため、共謀共同正犯が認められることになります。

↓共謀のみに参加した者の刑事責任

強盗の計画を話し合う	メンバーの一部が計画に基づいて実行	実行しなかったメンバーも強盗罪の正犯となるか？

筆者作成

★〇✕問題でチェック★

問7　刑法には3つの共犯の類型がある。共同正犯・教唆犯・幇助犯である。
問8　裁判所は、共謀のみに参加し実際の犯行を分担しなかった者は、共同正犯になりえないとする。

15 刑法Ⅲ：刑法各論

Ⅰ 刑法に規定されている主要な犯罪

刑法は法益（法によって保護されるべき利益）を保護するために犯罪を処罰するので、犯罪を禁止する規定が保護する法益を理解することが大切です。法益は❶個人的法益、❷社会的法益、❸国家的法益に分けられます。

❶は生命・身体・自由・名誉・財産といった、私たちひとりひとりが利益を享受する主体となる法益です。生命は法益のなかで最も重要で、被害者が死ぬことに同意していても生命侵害行為は処罰されます（202）。個人的法益のうち、性的自由（性的自己決定権）が保護法益の各種性犯罪に関する2023年の刑法改正は、大きな話題となりました。

財産に対する罪は複雑です。まず、行為者が他人の財産を自分のものにしてしまう行為（これを領得と呼びます）を処罰する領得罪に、窃盗罪（235条）・強盗罪（236条）・詐欺罪（246条）等があります。領得罪以外では、他人の物を損壊する器物損壊罪（261条）があります。窃盗罪と器物損壊罪を比べると、財産侵害の程度は器物損壊罪の方が高いといいうる（盗まれた物は返却して回復できますが、壊された物はそうではありません）のに窃盗罪の方が法定刑が重くなっています。それは、他人の財産を自分のものにしてしまおうとする動機に駆られる人は、壊そうとする人より多いと考えられるため、一般予防（☞ 13-Ⅳ）の必要性が高いからです。

❷社会的法益は、社会の存立と維持のために保護する必要のある法益です。社会を構成する個々人と無関係ではありませんが、個人の集合体としての社会の利益と把握することが適切と考えられます。社会的法益に対する罪も数多くありますが、ここでは108条以下の各種の放火罪を取り上げましょう。火を放つ行為が放火ですが、火は私たちの予想を超えて瞬く間に燃え広がる、コントロールが難しいものです。そのため、放火行為は多くの人の生命・身体・財産を危険に晒します。放火罪は、このような火による公共の危険を防ぐ、つまり不特定または多数の人の生命・身体・財産を保護する犯罪です。もちろん、建物のなかにいる個人を殺す故意で火を放てば殺人罪も成立しえます。しかし、放火罪の特徴は、現に個人が危険に晒されたり生命等を侵害されたりしなかったとしても成立するところにあります（そのため、社会的法益に対する罪と考えられるのです）。

❸国家的法益は国家の存立や国家の作用といった法益です。たとえば収賄罪（197条以下）が挙げられます。公務員が賄賂をもらっていれば公務の公正さが害される可能性がありますし、一般市民は公務の公正さを信頼できなくなります。公正さとそれに対する社会一般の信頼が保護法益です。

↓主要な犯罪の一覧表

保護法益		犯罪の具体例
個人的法益に対する罪	生命	殺人罪（199条）、自殺関与罪・同意殺人罪（202条）、保護責任者遺棄罪（218条）過失致死罪（210条）傷害致死罪（205条）等の各種致死罪
	身体	傷害罪（204条）、暴行罪（208条）過失傷害罪（209条）
	自由	住居侵入罪（130条）不同意わいせつ罪（176条）、不同意性交等罪（177条）、監護者わいせつ・性交等罪（179条）
		逮捕罪・監禁罪（220条）
	名誉	名誉毀損罪（230条）、侮辱罪（231条）
	財産	窃盗罪（235条）、強盗罪（236条）、詐欺罪（246条）、背任罪（247条）、恐喝罪（249条）、横領罪（252条）、遺失物等横領（254条）、器物損壊罪（261条）
社会的法益に対する罪	不特定多数の生命・身体・財産	現住建造物等放火罪（108条）、非現住建造物等放火罪（109条）、建造物等以外放火罪（110条）、失火罪（116条）往来妨害罪（124条）、往来危険罪（125条）
	文書に対する公共の信用	公文書偽造罪（155条）、偽造公文書行使罪（158条）、私文書偽造罪（159条）、偽造私文書行使罪（161条）
国家的法益に対する罪	公務（の執行）	公務執行妨害罪（95条）
	公務の公正とこれに対する社会一般の信頼	単純収賄罪・受託収賄罪（197条）、加重収賄罪（197条の3）、贈賄罪（198条）

筆者作成

↓主要な犯罪の認知件数

	平成30年	令和元年	令和2年	令和3年	令和4年
殺人	915	950	929	874	853
傷害	22523	21188	18963	18145	19514
暴行	31362	30276	27637	26436	27849
強制わいせつ	5340	4900	4154	4283	4708
強制性交等	1307	1405	1332	1388	1655
窃盗	582141	532565	417291	381769	407911
強盗	1787	1511	1397	1138	1148
詐欺	38513	32207	30468	33353	37928
遺失物等横領	18522	15857	14154	11746	12335
器物損壊	78381	71695	64089	56925	54750

警察庁の統計をもとに筆者作成

★ ○×問題でチェック ★

問1　法益とは法によって保護されるべき利益を意味する。
問2　窃盗罪よりも器物損壊罪の方が法益侵害性が高いために法定刑が重い。

Ⅱ　侮辱罪

1　侮辱罪とは

　2022年の刑法改正で、侮辱罪（231条）の法定刑が引き上げられました。報道でも大きく取り上げられて社会的に話題となった犯罪ですから、ここで詳しく取り上げたいと思います。

　侮辱罪は公然と人を侮辱することで成立します。名誉毀損罪（230条）と同様に、保護法益は人に対する社会の評価（社会的名誉）です。両罪は「事実を摘示し」ているかで区別されます。「Aはバカだ」と多くの人にいえばAさんの評判が傷つけられる可能性があるため侮辱罪となりえます。しかし、「1年次に単位を1つも取得できなかった」という事実を付け加えて「バカだ」と言った場合、Aさんの評判はより大きく傷つけられるでしょう。そのため、保護法益は同じでも名誉毀損罪の方が法定刑は重くなっています。

2　改正の背景と改正の内容

　SNSの普及等により、誰でも世界中の人に自らの考え等を伝えられるようになりました。それに伴い、インターネット上の誹謗中傷が社会問題となりました。多くの人がSNSに誹謗中傷の投稿をしたことを苦に自殺する者が出る事件も発生しました。また、構成要件上は事実の摘示の有無で名誉毀損罪と侮辱罪は明確に区別できそうですが、実際にはその判断は相当に微妙な問題となります（1の具体例参照）。

　そこで、法改正により侮辱罪の法定刑を引き上げ、侮辱罪は厳正に対処されるべきとの法的評価を示し、誹謗中傷を抑止することが必要と考えられました。

　改正の内容は3の表の通りです。改正前は拘留・科料という最も低い法定刑でしたが、上限が懲役1年になりました。これにより、公訴時効期間（起訴できる期間）が1年から3年になったことも重要です（刑訴法250条2項6号・7号参照）。なぜなら、誰がSNSで誹謗中傷したかを特定するのに1年近くを要し、捜査しても間に合わないこともあったからです。

　もっとも、構成要件に変化はないため、処罰範囲を広げるものではない（表現の自由を過度に制約するものではない）と考えられています。

3　残された問題

　侮辱罪は「公然と」（＝不特定または多数の人に伝わりうる形で）行われた場合に成立します（だからこそ保護法益は社会的名誉です）。SNSへの投稿は通常「公然と」でしょう。

　しかし、誹謗中傷のダイレクトメッセージを執拗に送信する行為は「公然と」とはいえません。送信先の人しか閲覧できないからです。そのため、このような行為がいくら相手を傷つけようとも、自殺に追い込むものであろうとも侮辱罪では対処できません。侮辱罪が、個人が精神的ダメージ等を受けないことを保護するものではないことに由来する限界といえます。

　そこで、このような残された問題に対処するさらなる法改正をすべきかを考える必要があります。刑法の改正はかつてよりも

活発になりましたが、社会の変化に合わせたアップデートを絶えず検討する必要があります。

↓侮辱罪で処罰された行為の具体例

SNSの配信動画で「何処ですかあ、豚さん何処ですかあ家」、「ブスう、死ね」、「お金はない、体形は豚、顔はブス、体は臭そうってやばいなお前」などと放言したもの
インターネット上の掲示板に「母親が金の亡者だから、稼げ稼げ言ってるらしいよ！育ててやってんだから稼いで金よこせ！って言われてんじゃないかしら？」、「子供達しょっちゅう施設に入ってたらしいよ」などと掲載したもの
インターネットサイトの被害法人に関する口コミ掲示板に、「詐欺不動産」、「対応が最悪の不動産屋。頭の悪い詐欺師みたいな人。」などと掲載したもの
路上において、被害者に対し、大声で「くそばばあが。死ね。」などと言ったもの

法制審議会刑事法（侮辱罪の法定刑関係）部会第1回会議
配布資料3「侮辱罪の事例集」より抜粋

↓侮辱罪改正に関する新聞記事

読売新聞2022年6月14日朝刊32面

↓改正による変更点

	改正前	改正後
構成要件	変化なし	
法定刑	拘留（30日未満）科料（1万円未満）	拘留・科料1年以下の懲役・禁錮30万円以下の罰金
（公訴）時効	1年	3年

筆者作成

III　詐欺罪──特殊詐欺を中心に

1　犯罪の情勢と特殊詐欺

犯罪の情勢を知るには認知件数（犯罪について警察等がその発生を認知した事件の数）に着目することが有用です。発生した犯罪のすべてが認知されるわけではないので認知件数と犯罪の実数にはズレがありますが（これを暗数と呼びます）、認知件数は犯罪情勢を知るための重要なデータです。

↓刑法に規定された犯罪の認知件数の推移

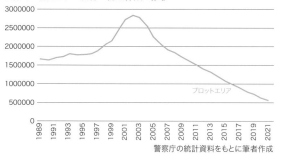

警察庁の統計資料をもとに筆者作成

↓特殊詐欺の認知件数と被害額の推移

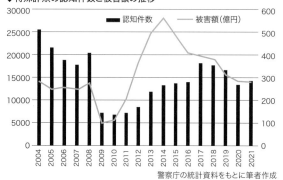

警察庁の統計資料をもとに筆者作成

平成から令和にかけての刑法に規定された犯罪の認知件数をみると、2002年頃にピークを迎えますが、その後は一貫して減少傾向にあります。もし現在の体感治安（治安に対して国民が抱いているイメージ）が悪化していたとしても、それは客観的なデータとは整合しない面があるといえます。

しかし、認知件数の減少にもかかわらず、近年、深刻な社会問題となっているのが特殊詐欺と呼ばれる類型の詐欺事犯です。特殊詐欺には様々な手口・筋書きがありますが（**3**の表を参照）、代表的なものはオレオレ詐欺でしょう。特殊詐欺の認知件数・被害額はともに増減があり、ここ最近は減少傾向にあるとはいえ、2021年でも1万件を超える認知件数・300億円近い被害額が生じています。犯罪全体の認知件数が一貫して減少傾向にあるなかで、特殊詐欺には無視できない存在感があるといえます。

特殊詐欺対策は様々なものが実施されており、私たち一般市民の目に触れるものも多くあります。たとえば、多様な啓発ポスターがつくられたり、NHKの報道番組で「STOP詐欺被害！」というコーナーが設けられて特殊詐欺の手口が紹介されたりしています。みなさんにも見たことがある方がいるかもしれません。

↓特殊詐欺の啓発ポスター

金融庁ウェブサイト

2　詐欺罪の基本

詐欺罪は「人を欺く」行為によって財物や財産上の利益を「交付させた」場合に成立します（246条）。刑法における詐欺とは、単なる嘘ではなく、嘘によって財産を騙し取る行為を指します。詐欺罪は、嘘をつかれない利益ではなく、財産を侵害した場合に成立する財産犯です。

詐欺罪は右図の各構成要件要素がすべて揃い、また故意・不法領得の意思（自分のものにしてしまおうという意思）があることで成立します。図のなかで「〜せいで」などと記載しているのは、❶から❹の要素が因果関係で結ばれていることを示します。たとえば、行為者が1万円を騙し取ろうと騙す行為を行い、被害者は錯誤におちいったものの、被害者は後で嘘に気づいた、しかし被害者は行為者が可哀想だと思って1万円を渡した、という場合、被害者は嘘に気づいていて、つまり錯誤のせいではなく1万円を渡しているので、詐欺罪は成立しません（詐欺未遂罪にはなりえます）。

詐欺罪は、騙された被害者の財産を与える行為（交付行為）によって財産が移転することで成立します。窃盗罪や強盗罪は「勝手に」または「無理やり」財産を持ち去ってしまう犯罪であり、被害者の意思に反して財産を移転させます。詐欺罪はこれらとは異なり、（錯誤があるため完全な意思ではないとはいえ）被害者の意思に基づいて交付行為が行われて財産が移転するところにポイントがあります。

↓詐欺罪の構成要件要素

❶ 騙す行為

　騙されたせいで

❷ 勘違い（錯誤）が生じる

　勘違い（錯誤）のせいで

❸ 財物・財産上の利益を与える行為

　この行為により

❹ 財物・財産上の利益が移転

筆者作成

問5　刑法に規定された犯罪の認知件数は上昇傾向にあり、治安が悪化している。
問6　詐欺罪は財産を保護するための規定であり、騙されない利益を主たる保護法益とするものではない。

3 特殊詐欺の特徴と対策

特殊詐欺とは、被害者に電話をかけるなどして対面することなく騙して、指定した預貯金口座への振込みその他の方法により、不特定多数の者から現金等を騙し取る犯罪の総称です。オレオレ詐欺をはじめ、様々な手口・筋書きがあります。この特殊詐欺には従来の詐欺事犯とは異なる特徴がみられます。

まず、被害者側の特徴として特定のターゲット層が存在することがあります。代表的な手口のオレオレ詐欺では、「事故を起こしたので賠償金がいる」などと述べて家族を救いたいという心理につけ込むことで、顕著に高齢者がターゲットとされました。

犯人側の特徴としては、❶匿名性、❷手口の急速な変化、❸高度の組織性が挙げられます。

特殊詐欺は電話・銀行振込を用いて被害者と対面することなく実行されることが多いために❶匿名性が高く、犯人の顔が見えづらいです。

❷手口の急速な変化も凄まじく、たとえばオレオレ詐欺という手口が市民に浸透して犯人側にとって使いづらくなると、また別の筋書きが登場します。その時々の社会情勢にも機敏に対応します。たとえば、新型コロナウイルス感染症の拡大による社会不安に乗じ、給付金の支給等の種々の支援策やワクチン接種に関連し、行政機関の職員等になりすまして現金等を騙し取ろうとする手口が登場しました。

❸高度の組織性をもって実行される点も特徴的です。被害者を騙す電話をかける者（「かけ子」）、現金等を手に入れる者（振り込ませた現金をATMから引き出す「出し子」やATMを使わずに直接被害者から現金等を受け取る「受け子」など）に分かれ、互いに顔を知らないまま組織だって実行されます。さらに、受け子から中核メンバーに騙し取った現金等が到着するまでに中継者を挟むなどして、犯行グループの人間関係を分断します。分断によってさらに❶匿名性が高まります。

特殊詐欺対策も、このような特徴に合わせたものが必要となり

↓特殊詐欺の手口の例

オレオレ詐欺	親族、警察官、弁護士等を装い、親族が起こした事件・事故に対する示談金等を名目に金銭等を騙し取る（脅し取る）ものをいう
還付金詐欺	税金還付等に必要な手続を装って被害者にATMを操作させ、口座間送金により財産上の不法の利益を得る電子計算機使用詐欺事件または詐欺事件をいう
預貯金詐欺	親族、警察官、銀行協会職員等を装い、「あなたの口座が犯罪に利用されており、キャッシュカードの交換手続が必要である」などの名目で、キャッシュカード、クレジットカード、預貯金通帳等を騙し取る（脅し取る）ものをいう
キャッシュカード詐欺盗	警察官や銀行協会、大手百貨店等の職員を装って被害者に電話をかけ、「キャッシュカードが不正に利用されている」等の名目により、キャッシュカード等を準備させたうえで、隙を見るなどしてキャッシュカード等を窃取するものをいう

令和3年版犯罪白書326頁より抜粋

↓闇バイトとして行われる特殊詐欺

読売新聞2021年8月10日朝刊27面

ます。たとえば、高齢者の方が携帯電話で話しながらATMを操作しているというのは特殊詐欺の標的となっている被害者の特徴です。そこで、銀行側が声をかけるなどして水際対策をすることができます。ほかにも、特殊詐欺に使われている電話番号に電話をかけ続けてこれ以上使われないようにするといった力技的な対策もあります（警察の本気さが伝わってくる気がしますね）。

もちろん、犯罪対策としては犯人を捜査・検挙することが重要です。特殊詐欺メンバーで検挙しやすいのは比較的顔がみえやすい出し子・受け子でしょう。特殊詐欺であると気づいた被害者が警察と協力して騙されたふりを続け、現金等を受け取りに来た受け子を逮捕するといった捜査手法（騙されたふり作戦）が用いられることもあります。

ただし、受け子らの逮捕に成功しても、人間関係が分断されて匿名性が高いという特徴から、中核メンバーまで捜査の手が及ばないことも少なくありません。ここに捜査の難しさがあります。

大学生のみなさんは「闇バイト」に注意してください（上記の新聞記事にもこの言葉があります）。出し子・受け子は「商品受け取りスタッフ」といった名目で募集され、荷物を受け取るだけで高額の報酬が得られるなどの理由から大学生が関与することも少なくありません。出し子・受け子は末端メンバー・使い捨てのアルバイトですが、その担当する役割は財物等の移転（詐欺罪の構成要件要素）にかかわるもので、詐欺罪等の共同正犯として処罰されうる行為です。決してかかわらないでください。

刑法Ⅳ：日常生活のなかの犯罪

Ⅰ 児童虐待

1 児童虐待の実態

　従来、親による児童虐待は、しつけとして広く許容されがちであり、「法は家庭に立ち入らず」という発想と相まって、警察は介入に消極的でした。しかし、近年では、2000年の児童虐待防止法の制定などを契機として、児童の心身の成長や人格の形成に重大な影響を与えるとともに、次の世代に引き継がれることで将来世代の育成にも影響を及ぼす（同法1条参照）、という児童虐待の深刻な問題性が社会に認識されています。

　右グラフは、児童虐待に関する刑事事件（刑法犯として検挙された事件のうち、児童虐待防止法上の児童虐待が認められたもの）での検挙人数の推移を示したものです。2003年には242人だった検挙人数が2020年には2182人となっており、約9倍に激増しています。特に急増しているのが暴行罪での検挙であり、2020年には781人が検挙されていますが、これは2003年の約130倍の数値です。このように、現在では、従来

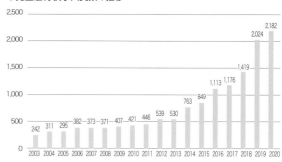

↓児童虐待検挙人員数の推移

令和3年版犯罪白書（4-6-1-1図の基礎データ）より筆者作成

は立件されてこなかった軽微事案も含めて、警察は児童虐待に極めて積極的に介入しています。

2 児童虐待の類型

　児童に対する不当な取扱いは広い意味で児童虐待といえますが、児童虐待防止法は、児童を現に監護する者による4つの行為を児童虐待として定義しています（2条）。すなわち、「児童の身体に外傷が生じ、又は生じるおそれのある暴行」（身体的虐待）、「児童にわいせつな行為をすること又は児童にわいせつな行為をさせること」（性的虐待）、「保護者としての監護を著しく怠ること」（ネグレクト）、「児童に著しい心理的外傷を与える言動」（心理的虐待）です。

↓児童虐待の類型

名称	具体例
身体的虐待	・殴打してあざを生じさせる ・たばこの火を押し付けて火傷を負わせる ・乳児を激しく揺さぶる ・戸外に締め出す
性的虐待	・子どもと性交や性的行為を行う ・子どもに性器や性交を見せる ・子どもをポルノグラフィーの被写体として撮影する
ネグレクト	・重大な病気になっても病院に連れて行かない ・乳幼児を家に残したまま外出する ・子どもの意思に反して学校に登校させない ・適切な食事を与えない ・極端に不潔な環境下で生活させる
心理的虐待	・言葉により脅す ・子どもを無視したり、拒否的な態度を示す ・子どもの自尊心を傷つける言動をする ・他の兄弟姉妹とは著しく差別的な取扱いをする ・子どもの目の前で配偶者等の家族に暴力や暴言を振るう

厚生労働省「子ども虐待対応の手引き（平成25年8月改訂版）」を参考に筆者作成

3 刑法による対応の限界

　現行法上、児童虐待罪という犯罪は存在せず、児童虐待に該当する行為は、暴行罪（刑法208条）や保護責任者遺棄罪（218条）など、既存の犯罪で処罰されています。そのため、心理的虐待等、対応する犯罪がない行為は処罰できません。また、軽微な事案で親を処罰すると、家庭を崩壊させ、かえって児童に悪影響を及ぼす可能性もあります。

　多くの児童虐待は孤立した親が育児の負担に追い詰められた末に生じます。児童虐待を防ぐには、刑法による対応だけでなく、親への充実した支援が重要です。育児からの「退路」を用意することも検討に値します。熊本県慈恵病院が運営する赤ちゃんポストはそうした「退路」の一例といえます。

↓慈恵病院の赤ちゃんポスト「こうのとりのゆりかご」

毎日新聞社／アフロ

★○×問題でチェック★

　　　問1　児童虐待防止法上の児童虐待にあたるのは、児童を現に監護する者の行為だけである。
　　　問2　児童虐待を行うと、児童虐待罪によって処罰される。

II 著作権侵害（違法ダウンロード）

1 違法ダウンロードと著作権法

インターネットの普及によって急増した問題の1つに海賊版の存在があります。海賊版とは、音楽や映像、漫画、イラスト、ゲームなどの著作物（コンテンツ）のうち、著作者に無断で利用できる状態にされたものをいいます。

海賊版が横行すると、著作者や出版社は得られたはずの対価を得られなくなります。近年、海賊版を不特定多数の人が無料で閲覧したり、ダウンロードしたりすることができるようにしたウェブサイトがみられますが、2022年度のオンライン上で流通する日本のコンテンツの被害額は、国内外で約2兆円にものぼると推計されています。また、海賊版がアップロードされた他のウェブサイトへのリンク情報を掲載したウェブサイト（リーチサイト）の存在も、被害の拡大を招く要因の1つと捉えられています。

もっとも、従来の著作権法には、著作物を無断でコピーする行為やアップロードする行為については罰則がありましたが、リーチサイトを運営する行為には罰則はありませんでした。また、違法にアップロードされた著作物をダウンロードする行為についても、音楽や映像については違法として罰則がありましたが、漫画

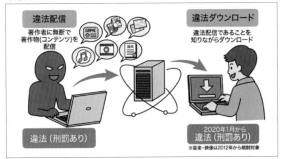

↓違法ダウンロードのしくみ

政府広報オンラインより転載

やイラスト、ゲームなどについては違法とされず、罰則もありませんでした。

そこで、2020年の著作権法改正によって、リーチサイトを運営する行為やリンク情報を提供する行為について罰則が導入され、また、違法ダウンロードの規制対象が、音楽や映像に加えて著作物全般に拡張されることとなりました。

2 著作権侵害罪とダウンロードの限界

現在の著作権法は、違法ダウンロードに対して、民事による差止めと損害賠償を認めるほか、刑事罰の対象ともしています。もっとも、民事の場合と刑事の場合とでは、要件に違いがあります（下図参照）。

民事の差止め・損害賠償の要件は、違法にアップロードされた著作物について（下図❶）、違法にアップロードされたものであることを知りながら（下図❸）ダウンロードすることです。

他方、刑事の著作権侵害罪の要件は、特に悪質な行為に限定するという観点から、民事の要件に加えて、その著作物の正規品が有償で提供されているものであること（下図❷）、ダウンロードが「継続的に又は反復して」なされること（下図❹）が要求されています。

法定刑は2年以下の懲役または200万円以下の罰金とされており、懲役と罰金を同時に科すこと（併科）も可能です。ただし、その著作物の著作者が告訴しなければ、ダウンロードした人が処罰されることはありません（親告罪）。

さて、違法ダウンロードの規制強化は、一方で、国民の正当な情報収集等を萎縮させる懸念があることも指摘されていました。そこで、過度な萎縮効果を避けるため、規制対象から除外される場合が定められています。

↓違法ダウンロードに関する著作権侵害罪の要件

❶ 違法にアップロードされた著作物のうち、
❷ 正規版が有償で提供されているものについて、
❸ それが違法にアップロードされたものであることを知りながら、
❹ 継続的にまたは反復して、ダウンロードすること

筆者作成

↓ダウンロードの限界（「軽微なもの」の場合）

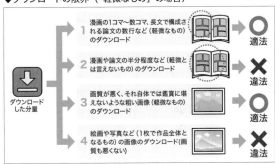

ダウンロードした分量	1 漫画の1コマ〜数コマ、長文で構成される論文の数行など（軽微なもの）のダウンロード	○ 適法
	2 漫画や論文の半分程度など（軽微とは言えないもの）のダウンロード	✕ 違法
	3 画質が悪く、それ自体では鑑賞に堪えないような粗い画像（軽微なもの）のダウンロード	○ 適法
	4 絵画や写真など（1枚で作品全体となるもの）の画像のダウンロード（画質も悪くない）	✕ 違法

政府広報オンラインより転載

その1つが、「軽微なもの」のダウンロードです（上図参照）。「軽微なもの」といえるか否かは、その分量（著作物全体に占める割合）によって判断されます。たとえば、数十ページ以上の漫画の数コマ程度をダウンロードした場合は「軽微なもの」となりますが、漫画全体の半分程度や、1コマ漫画の1コマをダウンロードした場合は、「軽微なもの」にはあたらないと考えられます。また、絵画やイラスト、写真については、分量に加えて画質も判断要素になります。画素数が低く、それ自体では鑑賞に堪えないような画像（サムネイル画像など）であれば「軽微なもの」となりますが、鮮明な画像であれば「軽微なもの」にはあたらないでしょう。

そのほかにも、スクリーンショットをした際に写り込んだ場合や、二次創作・パロディの場合、また「著作権者の利益を不当に害しないと認められる特別な事情がある場合」は、違法ダウンロードの対象から除外されています。

★◯✕問題でチェック★

問3　ダウンロードが違法とされる要件は、民事の場合と刑事の場合で同じである。
問4　1コマ漫画の1コマは「軽微なもの」であるから、ダウンロードしても違法ではない。

III　自動車運転

1　交通犯罪と刑事立法

　自動車運転中に事故を起こした場合、運転手には、民事・行政・刑事責任が問われます。民事責任として損害賠償責任（☞ **3-Ⅳ**）、行政責任として運転免許の停止等が挙げられます。刑事責任として、自動車運転死傷処罰法、道路交通法等により刑罰が科される可能性があります（死亡事故でも殺意を認定できるのは稀なので、殺人罪は通常成立しません）。道路交通法とは、道路交通上のルールを定めた法律です。酒酔い運転や酒気帯び運転、ひき逃げは、道路交通法上の犯罪にあたります。自動車運転死傷処罰法には、危険運転致死傷罪、過失運転致死傷罪等が規定されており、これらの犯罪は2001年以降に新設されたものです。

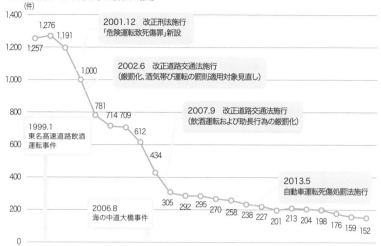

↓飲酒運転による死亡事故件数の推移

（件）

- 2001.12　改正刑法施行「危険運転致死傷罪」新設
- 2002.6　改正道路交通法施行（厳罰化、酒気帯び運転の罰則適用対象見直し）
- 2007.9　改正道路交通法施行（飲酒運転および助長行為の厳罰化）
- 1999.1　東名高速道路飲酒運転事件
- 2006.8　海の中道大橋事件
- 2013.5　自動車運転死傷処罰法施行

1,276　1,191　1,257　1,000　781　714　709　612　434　305　292　295　270　258　238　227　201　213　204　198　176　159　152

1999 2000 2001 2002 2003 2004 2005 2006 2007 2008 2009 2010 2011 2012 2013 2014 2015 2016 2017 2018 2019 2020 2021

警察庁HPをもとに作成

　2001年以前は、交通事故を起こした運転手に対し、道路交通法上の犯罪と刑法上の業務上過失致死傷罪（上限は懲役5年）を適用していましたが、悪質な事案に対して十分に対応できませんでした。1999年、東名高速で乗用車が飲酒運転のトラックに衝突され、幼児2名が死亡するなどした事件（東名高速道路飲酒運転事件）では、運転手が酒酔い運転罪と業務上過失致死傷罪に問われ、懲役4年の刑が確定しました。これでは刑が軽すぎるため、2001年に刑法が改正され、危険運転致死傷罪が新設されました。同罪は、故意に危険な運転行為（酩酊運転等）を行い、その結果人を死傷させた場合に成立します。死亡させた場合は15年以下の懲役、負傷の場合は10年以下の懲役が科され（当時）、同罪が成立しない場合に、業務上過失致死傷罪の成否が問われることになりました。また、刑法改正と同じ時期に、道路交通法でも、酒酔い運転罪等に対する罰則の強化が行われました。

　しかし、2001年の改正後も、飲酒運転による痛ましい事故が発生しました。2006年、福岡市内の橋の上で乗用車が飲酒運転の車に追突され、海上に転落し、幼児3名が死亡するなどしました（海の中道大橋事件。運転手には危険運転致死傷罪が成立）。また、危険運転致死傷罪の適用を逃れようとして、アルコールを抜くために現場から逃走する悪質なケースも現れました。そこで、交通犯罪への対策を強化するために、2007年に刑法・道路交通法の改正が行われました。刑法に自動車運転過失致死傷罪（上限は懲役7年）が新設され、危険運転致死傷罪か自動車運転過失致死傷罪の二択になりました。また、道路交通法の改正により、酒酔い運転罪等が厳罰化され、飲酒運転に協力した人に対する罰則も新設されました。

　2013年には、自動車運転死傷処罰法が制定され、危険運転致死傷罪・自動車運転過失致死傷罪（過失運転致死傷罪に改称）は、同法に移動しました。危険運転類型（同法2条）に通行禁止道路進行類型が追加され、危険運転致死傷罪と過失運転致死傷罪の中間類型（同法3条）が新設されました。近年、飲酒運転による死亡事故件数は、減少傾向が続いています（上のグラフ参照）。交通犯罪の厳罰化が減少傾向の一因と考えられま

す。なお、現在も交通犯罪の法改正は続いています。2020年に自動車運転死傷処罰法に新しい危険運転類型が追加され（新聞記事参照）、道路交通法にあおり運転に対する罰則が創設されました。

↓2020年の法改正についての報道

あおり運転「停車」も処罰

死傷 最高懲役20年

改正法成立

東名一家事故受け

読売新聞2020年6月5日夕刊1面

問5　飲酒運転による死亡事故件数は増加傾向が続いている。
問6　あおり運転は犯罪ではない。

❷ 危険運転致死傷罪

　危険運転とは、重大な死傷事故を発生させる危険性の高い運転をいいます（危険運転の類型は右表の通りです）。故意に危険運転をして人を死傷させた場合、危険運転致死傷罪が成立します。従来適用されていた業務上過失致死傷罪は過失犯の規定ですが、危険運転致死傷罪は、傷害致死罪に類似した故意犯です。そのため、過失犯よりも相当重い刑罰が規定されています。人を負傷させた場合は15年以下の懲役、人を死亡させた場合は20年以下の懲役が科されます（自動車運転死傷処罰法2条）。

　危険運転の代表例が酩酊運転です。なかには重大な交通の危険を生じさせる速度であること（速度要件）を必要とする類型もあります（右表参照）。2020年の法改正で、新たに2類型が追加され、合計8類型になりました。改正のきっかけとなったのは、2017年の東名高速道路あおり運転事件（あおり運転で停止させられた車にトラックが追突して4人が死傷した事故）です。同事件では、①運転手が妨害運転を繰り返し、②被害者の車の直前で停止し（その結果被害者の車が停止）、③被害者に暴行、④直後にトラックが追突して、死傷事故が発生しました。裁判所は、②の停止行為は速度要件を満たさず、妨害運転にはあたらないとしたうえで、①の妨害運転による危険運転致死傷罪の成立を認めました（東京高裁令和元年12月6日

↓自動車運転死傷処罰法上の危険運転行為

危険運転行為の8つの類型		酩酊運転
		制御困難運転
		未熟運転
	速度要件のある類型	妨害運転
		赤信号無視
		通行禁止道路進行
	2020年に追加された類型	走行する車の前で停止するなど著しく接近する行為
		高速道路などで停車するなどの方法で走行中の車を停止または徐行させる行為

筆者作成

判決）。②の停止行為は、妨害運転類型には該当しないとしても、重大な死傷事故につながる危険な行為といえるでしょう。そこで、2020年にそのような行為も、新たに危険運転行為として追加されました。

　なお、自動車運転死傷処罰法の「自動車」には、原動機付自転車も含まれます（電動キックボードも原動機付自転車にあたる場合があります）。飲酒後、電動キックボードに乗って人を死傷させた場合、危険運転致死傷罪として処罰される可能性があります。「飲んだら乗るな、乗るなら飲むな」を心がけましょう。

❸ 交通犯罪を減らすための様々な方策

　❶の図「飲酒運転による死亡事故件数の推移」のように、刑罰も社会現象に対応する手段の1つとして有効ですが、1つの手段にすぎません。刑罰を使わずに（犯罪者を生み出さずに）同じ目的を達成できるのなら、刑罰という厳しい制裁を用いるべきではありません（刑法の謙抑性）。刑罰以外に交通犯罪を減らすための方策として、たとえば、車の通行する部分がドーナツ状の「環状交差点」が挙げられます。環状交差点には左折で入り、時計回りに進行して、目的の場所で交差点を出ます。どの車も左折で交差点に入りますので、右折車と直進車の衝突事故（交差点における典型的な事故）は起こりません。また、入口では、中央の「島」の部分を避けて徐行せざるをえないので、重大な事故を防ぐことができます。環状交差点は、2014年から導入が推進され、2023年3月末時点で155か所設置されています。

　また、免許更新時に、ドライバーの能力をチェックするという対策もとられています。75歳以上のドライバーは、免許更新の

際に、記憶力や判断力を測定する認知機能検査を受けなければなりません（右下の用紙は、検査用紙の一部）。検査により「認知症のおそれがある」場合は、医師の診断を受ける必要があり、診断の結果によっては運転免許の取消し等がなされます。75歳以上で一定の違反歴のあるドライバーは、運転技能検査に合格しなければ、運転免許証の更新を受けることができません。高齢者が自主的に運転免許証を返納した場合、運転経歴証明書（下の写真）の交付を受けることができます。運転経歴証明書は、公的な身分証明書としても使えますし、提示することで、公共交通機関の運賃割引等の特典を受けることができます（2022年の運転経歴証明書交付件数は371,411件）。自主返納しやすい社会をつくることも、交通事故を減らすための大事な取り組みといえるでしょう。

↓環状交差点（ラウンドアバウト）の交通方法

長野県警察HPより転載

↓長野県安曇野市内の環状交差点

筆者撮影

↓運転経歴証明書

警察庁HP

↓認知機能検査検査用紙

回答用紙 4	

以下の質問にお答えください。

質　問	回　答
今年は何年ですか？	年
今月は何月ですか？	月
今日は何日ですか？	日
今日は何曜日ですか？	曜日
今は何時何分ですか？	時　分

警察庁HP

★ ○×問題でチェック ★
問7　故意に危険な運転行為を行い、その結果人を死傷させた場合、危険運転致死傷罪が成立する。
問8　75歳のドライバーの場合、認知機能検査の受検は任意である。

17 刑事訴訟法Ⅰ：警察の捜査

Ⅰ 刑事訴訟法ってなに？

　刑事訴訟法は、刑事手続について定める手続法であり、警察捜査に始まり刑事裁判（公判手続）、刑の執行、裁判のやり直しである再審に至るまで刑事手続全体のしくみ、運用について定めています。犯罪を行った人は処罰されなければならないということに疑問をもつ人はほとんどいないと思いますが、誰がどのような犯罪を行ったのか、また犯罪に対する適正な処罰（刑罰）の内容について、憲法31条は法定の手続を経て決定されなければならないとしています（法定手続保障）。また、刑事訴訟法によれば、犯罪という重大かつ解決すべき事態に対処するために、警察には様々な権限が認められるのですが（逮捕、捜索・差押えなど）、真実の解明のためなら何をやってもよいということにはならず、警察の捜査、検察の起訴対象となってい

る被疑者・被告人の権利・利益が不当に損なわれることのないようにその権利保障に配慮した警察・検察実務が行われなければなりません（1条）。警察・検察の活動は、いきおい被疑者・被告人の有罪獲得のためのものとなりがちですが、無罪の可能性にふたをするような活動は厳に慎まれるべきでしょう。

▼警察捜査の流れ

捜査の端緒
※現行犯、被害申告（被害届・告訴）、通報、告発等

捜査
被疑者の特定、確保（必要な場合は逮捕） 証拠収集保全（捜査・差押え、検証、鑑定等） 取調べ等

警察捜査の終了
逮捕ありの場合　48時間以内

検察官へ事件送致	解放（嫌疑なし・不十分または微罪処分）

筆者作成

▼刑事手続の流れ（本章では網掛け部分を扱う）

捜査の端緒 → 捜査 → 公訴提起 → 公判 → 判決 → 上訴 → 裁判の執行 → 再審

小浦美保作成

Ⅱ 警察

1 警察ってなに？

　警察は、「個人の生命、身体及び財産の保護に任じ、犯罪の予防、鎮圧及び捜査、被疑者の逮捕、交通の取締その他公共の安全と秩序の維持に当」ります（警察法2条）。警察庁の指揮監督のもと、東京都なら警視庁、道府県なら警察本部が置かれ、さらに市区町村のなかにある警察署、交番が警察業務を担います。警察の部門・組織として、生活安全警察、地域警察、刑事警察、交通警察、警備警察、総務・警務警察などがあります。交番は地域警察、犯罪捜査は刑事警察というように、業務に応じて部門が分かれています。

▼警察の組織・部門

生活安全警察	地域警察	刑事警察
交通警察	警備警察	総務・警務警察

警察庁HPより転載

2 警察の活動

　警察の活動は、その対象、内容から、行政警察活動と司法警察活動に分けることができます。行政警察活動とは、警察の活動のうち公共の安全、犯罪抑止などを目的とします。交番、パトロール、交通検問のほか、職務質問という不審者への声かけなどがあり、主に制服警官が担い手となります。司法警察活動とは、犯罪が起こった場合に行われる捜査活動を指し、被疑者（捜査時点で犯人と疑われる者）の発見、確保、裁判で用いるための証拠の収集などがこれにあたります。刑事ドラマの刑事の仕事が司法警察活動となるわけです。

▼行政警察活動と司法警察活動

	行政警察活動	司法警察活動
目的	公共の安全、犯罪防止（交番、パトロール、交通検問、職務質問など）	犯罪捜査（証拠収集、被疑者の発見、逮捕など）
根拠	行政法（警察法、警察官職務執行法など）	刑事訴訟法
コントロール方法	警察比例の原則（内部コントロール）	裁判所（外部コントロール）
裁量	広い（広範な裁量）	狭い（法定要件の範囲）

筆者作成

★○×問題でチェック★

問1　刑事訴訟法は警察捜査だけではなく刑事裁判の運用ルールについても定めている。
問2　警察の仕事は起こった犯罪に対する捜査だけではなく犯罪予防など多岐にわたる。

3 行政警察

　行政警察活動は、犯罪の予防と鎮圧を中心とした警察の活動です。犯罪予防の観点から効果的であるとされる日本独自の制度として交番があります。交番は、警察署の下部組織として全国約1万2500か所に設置されており、警察官が24時間常駐します。交番勤務警察官は、管轄区域内の治安維持のための業務を行っており、管轄地域の地理にも詳しいため警察官が道案内を行う光景を見たことがある人も少なくないでしょう。また、交番勤務警察官は、パトロールを日常的な活動として行っていることから、不審人物に対する職務質問を行うことも多いです。

　警察官は、異常な挙動を行っている者や、周囲の事情から犯罪が疑われる者を停止させて質問することができるとされており（警察官職務執行法2条1項）、捜索に至らない程度であれば対象者の所持品検査が認められることもあります。職務質問から犯罪の痕跡が発見され捜査開始につながることもあることから、行政警察活動の目的である犯罪予防と鎮圧双方にとって有益なことは間違いありませんが、職務質問をめぐっては認められる範囲、特に相手が協力に応じない場合にどの程度の有形力の行使が許されるかという問題があります。拒否する対象者が立ち去ろうとしても一切それを妨害してはならないという考えもありますが、裁判所は警察官が相手の腕に手をかけ停止させること（最高裁昭和29年7月15日決定）、飲酒運転が疑われる者に対して車を発車させようとしたので警察官が車の窓から手を入れエンジンを切り運転を制止させることを適法としました（最高裁昭和53年9月22日決定）。職務質問を拒否する者に対して警察官が何もできないというのは現実的ではなく、具体的事案における職務質問の必要性、緊急性、相当性が考慮され、その可否が判断されることになるでしょう。

　また、警察官が行う自動車検問について、自動車の外観からして不審な場合はともかく、一見問題がないようにみえる場合でも、警察官は自動車検問を行って運転者に違法行為がないかを質問することができるのはなぜでしょう。警察法2条1項が、「交通の取締その他公共の安全と秩序の維持」を警察の責務としていることが根拠であるというのが裁判所の立場です（最高裁昭和55年9月22日決定）。ただし、警察だからといって何でも許されるわけではなく、対象者の権利・利益を不当に損ねることのないようにバランスのとれた活動を行うことが求められることになります（警察比例の原則）。

↓交番

↓交通検問

↓職務質問

　　　　　　　　　　長野県警HP　　　　　　　　　　　　　　　　警察庁HP　　　毎日新聞社／アフロ

4 司法警察

　犯罪捜査など、特定の犯罪についての刑事手続上の活動を司法警察活動といい、その中心は犯罪の訴追準備、とりわけ被疑者の特定、それを裏づける証拠収集です。捜査を行う警察官のことを司法警察職員と呼び、その権限に応じて司法警察員と司法巡査との区別がされます。巡査部長以上の階級の者は司法警察員とされ、そのなかでも都道府県公安委員会指定の警部以上の者（警察署の課長、警察本部の係長）に限り逮捕状請求権限が認められます。これまで行政警察活動と司法警察活動について説明しましたが、その区別は決して容易ではありません。たとえば、職務質問は行政警察活動として位置づけられていますが、不審者に対して行うものであるため質問中に特定の犯罪の疑いが高まることも珍しくありません。その場合、特定の犯罪に対する捜査を開始しなければならないのですが、その適切なタイミングを計るのは非常に困難であるといえます。特に相手に対する逮捕などの強制捜査を行うためには、刑事訴訟法を根拠として裁判所に許可を求める必要があるのですが、職務質問の延長として長時間対象者の身柄が留め置かれるなど、実質的な逮捕行為が行われたのではないかという疑いが生ずる場面もあるのです。

↓司法警察職員としての警察官

福岡県警察採用センター公式Twitterより転載

★○×問題でチェック★

問3　職務質問は犯罪捜査として行われる司法警察活動ではなく犯罪予防を目的とする行政警察活動である。
問4　外観から不審性が判断できない走行中の車に対する交通検問は許されない。

Ⅲ 捜 査

1 捜査ってなに?

何らかのきっかけで犯罪の発生を知った警察は、来たるべき裁判に備えて犯人と疑われる者（被疑者）を発見・確保し、犯罪の証拠を収集することになります。捜査の端緒（きっかけ）として、110番通報、刑事告訴、刑事告発などがあります。捜査は、原則として可能な限り相手の同意を得てから相手に影響の少ないように行う必要があります（任意捜査の原則）。相手の同意を得て行われる証拠物品の任意提出、任意の事情聴取のほか、尾行、張り込み、聞き込みなどがあります。相手の同意を得ていない場合でも、捜査が対象者の重要な権利・利益を損なわない場合には、任意捜査として認められます。任意捜査で捜査目的を達成できない場合には、刑事訴訟法が実施を認める場合に限り例外的に強制捜査を行うことが許されることがあります。逮捕、捜索・差押え、身体検査、鑑定などは、たとえ同意がある場合でも相手に与える影響が大きいため、法の定める条件を満たしているか否かを裁判所が事前に審査し、その実施の可否が判断されます。

↓捜査の種類

捜査の種類	任意捜査	強制捜査
原則・例外	原則として可能な限り相手の同意を得てから相手に影響が少ないように	法が実施を認めかつ要件を定めておりやむをえない場合に初めて例外的に許される

筆者作成

2 捜査のコントロール：強制処分法定主義と令状主義

対象者への影響を考慮し、任意捜査のみで事件解決を行うことができればいいのですが、捜査が対象とする犯罪というものの性質を考えてみると、任意捜査だけでは事案の真相を解明することが困難となる場面が予想されます。そのような場合、法律が特別にその実施を認めている場合に限り強制捜査（強制処分）の実施が認められることがあります（強制処分法定主義、刑事訴訟法197条1項ただし書）。強制処分とは、個人の意思に反してその重要な権利・利益を侵害する警察等捜査機関の行動であると考えられています。

警察が強制捜査を実施する場合には、法の求める要件を満たしていることが必要となりますが、その判断は裁判所（裁判官）が担うことになります。強制捜査に際して警察は裁判所に事前に令状申請を行い、裁判官がこれを許した場合に限り令状が発布されその実施が認められることになるのです（令状主義、憲法33条・35条）。令状の種類として、逮捕状、捜索・差押え許可状、検証令状、身体検査令状、鑑定処分許可状、強制採尿令状などがあります。たとえば逮捕状は、犯罪の嫌疑があることに加えて（逮捕の相当性）、逃亡、罪証隠滅（逮捕の必要性）のおそれがある場合に限り発布されます。令状の内容は、強制捜査が許される対象、日時、場所などをできるだけ具体的に記載されなければなりません。令状審査の目的には、対象者への悪影響をできるだけ軽減させることも含まれているので、令状の効力が及ぶ範囲は可能な限り具体的に限定されなければならないのです。

ただ目の前で犯罪が行われた場合、事前審査を行う余裕がないことも想定されます。この場合、強制捜査を行うことは一切許されないのでしょうか。憲法33条、35条をみると、現行犯である場合には例外的に裁判所の令状がなくとも強制捜査を行えることがある旨書かれています。これは、現行犯（たった今罪を行っている、または罪を行い終わった者）に対してならば、警察が強制捜査の対象を誤ることはないということが理由の1つとして挙げられます。また、明らかに犯人である者が逃亡してしまうこと、隠し持った凶器による逮捕者（警察官）の負傷、証拠が不当に隠滅されることを防ぐことも無令状の逮捕、捜索・差押えが許される理由と考えられています。現行犯逮捕、逮捕に伴う捜索・差押えは、裁判所の審査を経ないことから実施者にはより慎重な姿勢が求められます。また、私人、つまり一般人であるみなさんも現行犯逮捕を行うことができるとされています（刑事訴訟法213条）。誤認逮捕のおそれが少ないことから、法は例外的に私人にも逮捕権限を認めていますが、相手を不当に傷つけてしまった場合、死亡させた場合には、逆に逮捕者の刑事責任が問われることもあるので注意が必要です。

↓令状の例：逮捕状

逮 捕 状 (通常逮捕)				
被疑者	氏 名			年 月 日 生
	年 齢			
	住 居			
	職 業			
罪 名				
被 疑 事 実 の 要 旨	別紙のとおり			
引 致 す べ き 場 所				
有 効 期 間	平 成 年 月 日まで			

有効期間経過後は、この令状により逮捕に着手することができない。この場合には、これを当裁判所に返還しなければならない。
有効期間内であっても、逮捕の必要がなくなったときは、直ちにこれを当裁判所に返還しなければならない。

上記の被疑事実により、被疑者を逮捕することを許可する。

平 成 年 月 日

裁 判 所
裁 判 官

請求者の官公職氏名

逮捕者の官公職氏名

逮捕の年月日時及び場所	平 成 年 月 日午 時 分で逮捕
記 名 押 印	
引致の年月日時	平 成 年 月 日午 時 分
記 名 押 印	
送致する手続をした年月日時	平 成 年 月 日午 時 分
記 名 押 印	
送致を受けた年月日時	平 成 年 月 日午 時 分
記 名 押 印	

裁判所HP

↓強制捜査に対する裁判所による事前審査

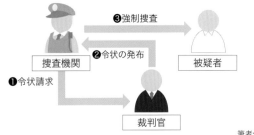

❸強制捜査
捜査機関
❷令状の発布
被疑者
❶令状請求
裁判官

筆者作成

★○✕問題でチェック★

問5　警察の捜査といえば逮捕や捜索・差押えなどの強制捜査が原則である。
問6　強制捜査の実施の可否は警察官自身で判断するのではなく裁判所の仕事である。

3　従来型の捜査

　従来、強制捜査（処分）といえば、逮捕、捜索・差押え、検証、身体検査に加えて、せいぜい人の体液採取に関する処分が含まれるにすぎないという理解が一般的でした。これらの捜査手法は、対象者に対して「目に見える侵害」を与えます。逮捕は人身の自由、捜索と検証はプライバシー、差押えは財産権、身体検査や体液の採取は人の尊厳を侵害する可能性すらあるわけで、強制捜査として裁判所によるコントロール下に置かれることに疑問はありません。近年技術発展に伴い、通信傍受を伴う捜査などが開発され、「目に見えない侵害」を伴う捜査手法に対しても新たに立法が行われた例もあります。技術発展と捜査は切っても切れない関係にあります。

↓捜索差押え

毎日新聞社／アフロ

4　新しい技術を用いた捜査

　新しい技術は新しい捜査方法を生みますが、その適切なコントロールの方法が問題となります。DNA型鑑定は、高確率で個人の特定が可能です。また対象者の映像をAIによる顔画像識別システムで解析することで高精度の人物特定ができ、防犯カメラ映像をネットワークで共有し対象者の行動履歴を把握することもできます。DNAの採取やカメラによる撮影は、従来型の捜査と違い必ずしも直接的な苦痛を伴わないため任意捜査であると考えられてきました。しかしながら、対象者に深刻な「目に見える侵害」を与えていなくとも、生体認証データを対象とする捜査は情報プライバシー（自分の情報をみだりに侵されない）に対する侵害です。近年、GPS発信器を用いた位置情報に対する捜査が強制捜査であるという判決が出さ

↓警察データベースDNA型鑑定記録の抹消
　請求訴訟原告と弁護団

勝訴

毎日新聞社／アフロ

れました（最高裁平成29年3月15日判決）。これを契機に情報プライバシーを対象とする捜査の刑事訴訟法による適切なコントロールが期待されます。

↓GPS捜査のイメージ

位置検索
GPS衛星
位置情報
警備会社　　携帯端末
捜査車両で追跡　　GPS端末
捜査対象車両

時事ドットコムニュース2017年3月15日記事中の図を参考に作成

↓三次元顔画像識別システム

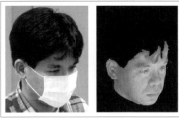

警察庁HP

IV　捜査の終了

　警察の捜査が終了すると、原則として証拠とともに事件が検察官に送致（送検）されます（刑事訴訟法246条）。検察は、犯罪の軽重、被疑者の特性（年齢、境遇、前科前歴の有無等）を考慮し事件の起訴・不起訴を判断します（刑事訴訟法247条・248条）。少額の窃盗、詐欺等では、微罪処分として送検せず警察限りで事件を終結させることもあります。刑罰の個人に与える影響は極めて大きく、犯罪の証拠が十分でも微罪処分、不起訴にする方が対象者だけではなく、社会全体に望ましいことがあるわけです。

↓警察による事件処理の割合
（令和3年）

29%
71%

■微罪処分　　■送検

筆者作成

↓検察による起訴、
　不起訴の割合（令和3年）

6%
31%
63%

■起訴（略式命令請求含む）
■起訴猶予・不起訴　　■その他

筆者作成

★ ○×問題でチェック ★
問7　新しい技術を用いた捜査のコントロール方法はいまだに確立されていない。
問8　被疑者の犯罪の証拠がある場合、必ず送検されなければならない。

18 刑事訴訟法Ⅱ：刑事裁判の手続

↓刑事手続の流れ（本章では白色部分を扱う）

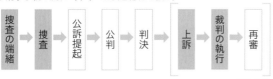

捜査の端緒 → 捜査 → 公訴提起 → 公判 → 判決 → 上訴 → 裁判の執行 → 再審

筆者作成

捜査の後、検察官は公訴提起をするかどうか決定します。ここでは、公訴提起とその後の手続について確認していきます（ここでは扱いませんが、裁判の結果に納得ができない場合は「上訴」をすることができます。また、有罪が確定した場合には、刑罰を科す手続が行われます（「執行」））。

Ⅰ 公訴提起（起訴）

1 公訴提起と検察官の役割

検察官とは、裁判官、弁護士と並ぶ法曹の一員であり、公務員です。検察官は警察官とともに捜査をし、あるいは検察官独自の捜査を行う場合もあります。そして、捜査が終了したら、検察官は公訴提起（起訴）するかどうかを決定します。公訴提起をする権限は、検察官だけに認められています（国家訴追主義、起訴独占主義）。

↓起訴状

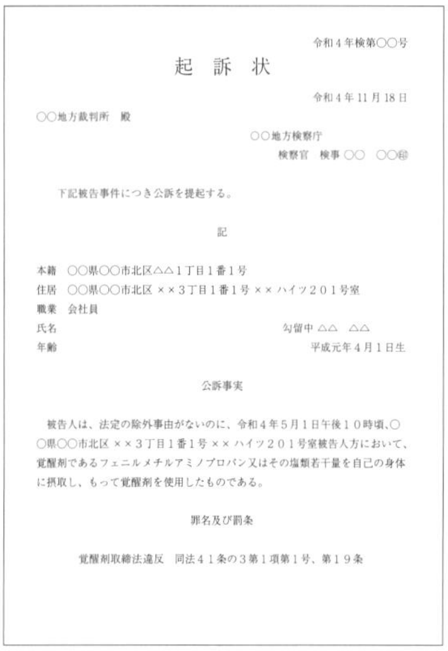

> 令和4年検第○○号
>
> 起 訴 状
>
> 令和4年11月18日
>
> ○○地方裁判所 殿
>
> ○○地方検察庁
> 検察官 検事 ○○ ○○ ㊞
>
> 下記被告事件につき公訴を提起する。
>
> 記
>
> 本籍 ○○県○○市北区△△1丁目1番1号
> 住居 ○○県○○市北区××3丁目1番1号 ××ハイツ201号室
> 職業 会社員
> 氏名 △△ △△ 勾留中 ○○ △△
> 年齢 平成元年4月1日生
>
> 公訴事実
>
> 被告人は、法定の除外事由がないのに、令和4年5月1日午後10時頃、○○県○○市北区××3丁目1番1号 ××ハイツ201号室被告人方において、覚醒剤であるフェニルメチルアミノプロパン又はその塩酸若干量を自己の身体に摂取し、もって覚醒剤を使用したものである。
>
> 罪名及び罰条
>
> 覚醒剤取締法違反 同法41条の3第1項第1号、第19条

筆者作成

ただし、検察官は、捜査をしたすべての事件を公訴提起するわけではありません。事件が犯罪として成立しているか、有罪を得るために十分な証拠があるかなどの観点から、公訴提起するかどうかを判断します。また、公訴提起をすれば有罪となりうるとしても、犯罪の

↓法曹三者

裁判官

検察官　弁護士

法律の専門家のうち、裁判官、検察官（検事）、弁護士を「法曹三者」という。司法試験に合格し、司法修習という研修を受けると、法曹になることができる。

筆者作成

重さや、犯人の境遇等の様々な事情を考慮した結果、公訴提起しないことにメリットがあると判断された場合にも、公訴提起しないことがあります（起訴猶予。 2 も参照）。事件によっては、犯罪者のレッテルを貼ることなく社会生活を送らせ続けたほうが、結果的には社会の利益となる場合もあると考えられることのほか、裁判にかかるコストをより重大な事件に集中させるべきであること等が理由です。

検察官は、公訴提起をする場合、裁判所に起訴状という書面を提出します。公訴提起がなされると、被疑者は被告人と呼ばれるようになります（報道等では「容疑者」・「被告」と呼ばれますが、法律上は「被疑者」・「被告人」といいます）。

起訴状には、誰が裁判の対象（被告人）か、どのような事件について公訴提起をするか（公訴事実）、それはどの法律の何条に違反するか（罪名および罰条）などを記載します。裁判所は、今後、起訴状に記載された公訴事実について、審理をすることになります。そして、被告人やその弁護人は、この公訴事実を対象に防御活動をすることになります。

2 事件処理の状況

右図の左側のグラフは、検察庁が2021年に受理した事件の内訳（犯罪の内容）です。道路交通法違反や過失運転致死傷等の自動車の運転にかかわる犯罪が圧倒的に多いことがわかります。また、グラフのうち、刑法犯（刑法に規定された犯罪）のみに着目すると、窃盗罪が多いことがわかります。

右側のグラフは、検察庁が2021年に処理した事件の内訳（処分の内容）です。通常の裁判を行う公判請求は、わずか9.9%です。略式命令請求は、公訴提起の一種ですが、公判請求よりも簡単な手続で比較的軽い刑罰を科す手続です。全体の半分以上を占めるのは、起訴猶予です（ 1 も参照）。

↓左：検察庁の新規受理人員、右：検察庁の終局処理人員

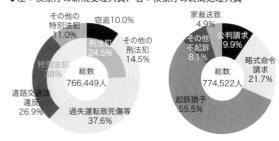

その他の特別法犯 11.0%　窃盗 10.0%
刑法犯 24.5%　その他の刑法犯 14.5%
特別法犯 3.8%
総数 766,449人
道路交通法違反 26.9%
過失運転致死傷等 37.6%

2021年検察統計による

家裁送致 4.9%
公判請求 9.9%
その他不起訴 8.1%
略式命令請求 21.7%
総数 774,522人
起訴猶予 55.5%

2021年検察統計による

筆者作成

問1　公訴提起は、検察官が行う。
問2　捜査の対象となった刑事事件のすべてが公訴提起されるわけではない。

II 公判と判決

1 公判期日の手続（刑事裁判の流れ）

刑事裁判は、公開の法廷で行われ（公開主義）、誰でも自由に傍聴できます。

刑事裁判の主な関与者は、裁判所（裁判官や裁判員）、検察官、そして被告人とその弁護人です。このうち、検察官と被告人のことを当事者と呼びます。弁護人は、原則として弁護士から選任され、被告人（被疑者も）の正当な利益を保護する役割を担います。また、一定の事件については、被害者等（被害者や、被害者が死亡している場合にはその親族）の参加が認められる場合があります（被害者参加制度）。被害者等に対しても、必要に応じて弁護士がつけられます（被害者参加弁護士）。

裁判所は、公平な立場から当事者の主張を審理します。ただし、被告人は、犯罪事実が存在しないことを証明する責任を負わず、無罪と推定されます（「疑わしきは被告人の利益に」）。有罪にするには、検察官による「合理的な疑いを超える証明（確信）」が必要となります。

公判期日の手続は、以下のような流れで進行します。

▼刑事裁判の法廷

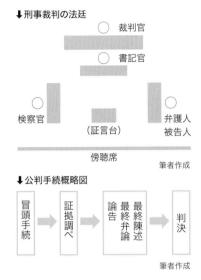

裁判官
書記官
検察官
（証言台）
弁護人
被告人
傍聴席
筆者作成

▼公判手続概略図

冒頭手続 → 証拠調べ → 論告・最終弁論・最終陳述 → 判決
筆者作成

❶冒頭手続　まず、裁判長が、被告人として出廷している者が起訴状の被告人と同一人物かを確認します（人定質問）。次に、検察官が起訴状朗読をします。そして、裁判長が被告人に対して黙秘権等を告知し、被告人と弁護人には事件について意見を述べる機会が与えられます（罪状認否）。

❷証拠調べ　次に、検察官が証拠に基づいて証明しようとする事実を明らかにします（冒頭陳述）。そして、当事者の証拠調べ請求に基づき、裁判所はどれを証拠として採用するか判断し（証拠決定）、採用された証拠を取り調べます（証人の尋問や証拠となる書類の朗読等）。

❸論告・最終弁論・最終陳述　検察官は、証拠調べの後、事実の認定や法律の適用について意見を述べます（論告）。科すべき刑罰やその分量（量刑）についても意見を述べる（求刑）のが慣例です。弁護人や被告人も、意見を述べることができます（最終弁論・最終陳述）。

以上の手続が終わると、審理が終結します（結審）。

❹判決　裁判長は、審理の結果（判決）を言い渡します。「被告人は無罪」・「被告人を死刑に処する」などの「主文」に加え、そのように判断した「理由」を述べます。

▼判決の言渡しの例

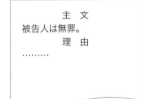

主　文
被告人は無罪。
理　由
………

主　文
被告人を懲役1年6月に処する。この裁判が確定した日から3年間その刑の執行を猶予する。
理　由
（罪となるべき事実）
………

筆者作成

2 裁判員制度

2009年から、裁判員制度が開始されました。裁判員制度は、司法への国民参加を趣旨とするものです。

裁判員裁判は、衆議院議員の選挙権を有する人のなかから（2023年以降は、18歳・19歳の人を含みます）無作為に選ばれた6名の裁判員（欠員が出たときに備えて、補充裁判員が選ばれることもあります）と3名の裁判官によって行われます。裁判員となることができない一定の事由が定められているほか、これにあたらない場合であっても、辞退が認められることがあります（70歳以上の人、学生・生徒、家族の介護や養育、本人の重い病気やけが等）。裁判員には日当や、必要に応じて交通費等が支給されます。

裁判員は、裁判官とともに、公判廷での裁判に出席し、また、評議室での評議（非公開）に臨みます。そして、裁判員と裁判官は、被告人が有罪かどうかを判断し、有罪の場合にはどのような刑罰を科すかについても、法律の範囲内で判断します。

対象となる事件は、殺人、強盗致死、危険運転致死等の故意の犯罪行為で被害者を死亡させた事件等、重大な犯罪ばかりです。裁判員にとって負担の重い場合もあり、たとえば、非常に長期の裁判が予想される場合には制度から除外できるようになるなどの法改正もありました。

選任された裁判員の数は、2022年の時点で8万人を超えています。

▼裁判員候補者名簿に記載されたことを通知する郵便物

裁判所HP

▼裁判員裁判用の法廷

裁判所HP

★〇✕問題でチェック★
問3　刑事裁判には、被害者も参加できることがある。
問4　2023年以降、裁判員の候補となるのは、衆議院議員の選挙権をもつ20歳以上の人である。

Ⅲ 証拠法

1 証拠とは

刑事裁判では、被告人が犯人かどうか、犯人がどのような犯罪を行ったかなどを検察官が明らかにします。その根拠となるものが証拠です（証拠裁判主義）。

書証（証拠書類）、物証（証拠物）、人証（証言を行う人）というように、証拠の種類は様々です。しかし、何でも証拠にしてよいというわけではありません。

何を証拠としてよいかということは厳格に定められており、証拠としてよいという法的資格のことを証拠能力と呼びます。犯罪事実は、証拠能力を備えた証拠を法の定める方法で取り調べることによって、証明されねばなりません。証拠に関するルール全般を、証拠法といいます。証拠法は、刑事訴訟法に規定されるほか、法の規定のないものもあります。

たとえば、単なる意見やうわさは証拠にできません。これらは、そもそもほとんど何も証明することができないからです。また、何かを証明することはできたとしても、予断や偏見を生じさせ、裁判を誤らせる危険があるものも、証拠とすることができません。さらに、以上のような問題はなくても、違法捜査の抑止等の目的に照らして、証拠とすることが好ましくない場合もあります。証拠法のうち、証拠能力をコントロールするものは、以上のような観点に沿って存在しています。

他方で、証拠が特定の事実の存在を推認させることのできる価値のことを、証明力といいます。証拠能力は「有無」の問題ですが、証明力には程度があります。証拠能力が証拠法の制限を受けるのに対して、証明力は、裁判官の自由な判断に委ねられます（自由心証主義）。

↓いろいろな「証拠」

供述調書、実況見分調書、捜査報告書等（書証）

犯罪の痕跡が残る道具等（物証）

被害者、目撃者、鑑定人等の証言を行う人（人証）

筆者作成

↓実況見分調書の例

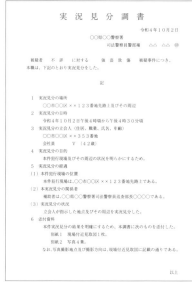

筆者作成

2 自白法則

自白とは、自らの犯罪事実の全部または主要部分を認める被告人の供述のことです。自白は、「証拠の王」などと呼ばれ、黙秘権が保障されているにもかかわらず、自白を得るために追及的な取調べが行われるといった問題が生じてきました。被告人が自ら犯罪をしたことを認める供述は一見価値が高いようにみえますが、その評価は常に正しいわけではありません。

法は、強制、拷問、脅迫等による自白のほか、「その他任意にされたものでない疑のある自白」（任意性のない自白）は証拠としてはならない（証拠能力を認めず、証拠から排除すべき）として、自白法則を規定します。自白法則の意義については、❶そのような自白は虚偽のおそれがあるので排除するという虚偽排除説、❷黙秘権等を保障するために排除するという人権擁護説、❸違法な方法で得られた自白を排除するという違法排除説が対立しています。

いずれの立場にせよ、自白がどのように得られたかということは、自白の証拠能力に影響を及ぼします。取調室は密室であるため、その自白がどのように得られたかについて、当事者の主張が対立する場面が少なくありませんでした。現在では、一定の事件について、取調べを録音・録画することになっています。

↓取調室（録音・録画装置の備わったもの）

警察庁HP掲載の図をもとにキャプションを一部加工

問5　刑事裁判においては、証拠としてよいものに制限はない。
問6　自白は犯人自らが犯行を認める供述であり、常に有罪の決め手となる。

3 違法収集証拠排除法則

　証拠を収集する手続に違法があったとします。その場合であっても、証拠能力を認めてよいでしょうか。最高裁は、証拠能力が否定される場合があるとしています（違法収集証拠排除法則。最高裁昭和53年9月7日判決）。

　最高裁は、この理由について、おおむね以下のように説明します。
　── 証拠の価値は、その収集過程に違法があっても変化しない。それにもかかわらず、収集手続の違法を理由にこれを証拠とできないとすれば、事案の真相究明が困難になる。しかし、証拠の収集には刑事訴訟法が厳格な手続を設けており、憲法は適正な手続を保障している。事案の真相究明も、個人の基本的人権の保障を全うしつつ、適正な手続のもとでなされなければなら

ない。
　そして、どのようなときに証拠能力を否定すべきかについては、以下のように言いました。
　── 証拠物の収集の手続に、「令状主義の精神を没却するような重大な違法」があり、これを証拠として許容することが、「将来における違法な捜査の抑制の見地からして相当でない」と認められる場合には、その証拠能力は否定されるものと解すべきである。

　上記の判例の事案は、職務質問の際の所持品検査において、被告人が所持品を見せることについて不服らしい態度をとっていたところ、警察官が被告人の上着の内ポケットに手を入れて、その中身を取り出したというものでした。このときに発見された覚醒剤等の証拠能力が問題となりましたが、この事例では「重大な違法」にはあたらないとして、証拠能力は否定されませんでした。

　薬物所持等の事例では、所持された薬物がほとんど唯一の証拠です。薬物の証拠能力を否定してしまえば、被告人はおよそ無罪となります。また、薬物使用の事例では、被告人の尿がほとんど唯一の証拠であり、尿（その鑑定書）の証拠能力を否定してしまえば、同様におよそ無罪となります。違法収集証拠排除法則が適用され、薬物等の証拠能力が否定された結果、被告人が無罪となる事例は、少なからずみられます。このことは、一見して不公正に思われるかもしれませんが、違法な捜査を抑制し、適正な手続や司法への信頼を守っていくためには、必要なことと考えられるのです。

↓違法収集証拠排除法則

事案の真相究明　→　基本的人権の保障　適正手続の保障　→　違法捜査の抑制

証拠の収集手続に　重大な違法・排除相当性　が認められると　証拠として使用することを禁止（証拠排除）

筆者作成

↓職務質問・所持品検査

> **職務質問に伴う所持品検査**：職務質問（☞17-II ３）の効果を上げるのに有効な手段として、所持品検査が行われることがある。職務質問や所持品検査は、犯罪の予防等のために必要な活動だが、人権侵害の危険もある。本来令状が必要となるような方法で行うことが許されないのは当然であるし、そうでなくても、一定の制約のもとでしか許されない。

筆者作成

↓薬物犯罪と証拠

薬物の所持罪　──　薬物
薬物の使用罪　──　尿
ほとんど唯一の証拠

筆者作成

IV　再　審

　すでに述べたように、証拠法は、様々な観点から証拠能力を制限します。しかし、いったんは証拠能力が認められ、これに沿って有罪判決が出された後に、冤罪が発覚するケースもあります。足利事件（わいせつ目的誘拐、殺人等事件）では、DNA型鑑定に関する証拠等により被告人が有罪（無期懲役）とされたにもかかわらず、何年もたってから、そのDNA型鑑定の信頼性に問題があることが明らかとなりました。証拠としてよいかどうかを見きわめることは、とても重要だといえます。

　また、証拠をどのように評価するかということも重要です。東電社員事件（強盗殺人事件）では、犯行現場に残されていたDNA型等の証拠によって被告人が有罪（無期懲役）とされたにもかかわらず、何年もたった後に、犯行現場に残さ

れていた他の証拠から、被告人とは別の者が犯人である疑いが強いということが明らかとなりました。当初の裁判では、証拠の見方を誤ってしまっていたのです。

　確定した裁判をやり直す特別な手続を再審といいます。上記のいずれの事件も、再審の結果、無罪となりました。

↓足利事件（再審無罪）　　　　**↓東電社員事件（再審無罪）**

毎日新聞社／アフロ　　　　毎日新聞2012年11月7日夕刊13面

Ⅰ 少年法ってなに？

1 少年法ではこう考える

少年法は少年（20歳未満の者）の立ち直りをめざす法律です。立ち直りが目的ですからたとえば死刑は18歳未満だと無期刑になります（51条1項）。また、たとえば懲役などでも大人とは別のところで受刑することになっています。家庭裁判所では、家庭裁判所裁判官が家庭裁判所調査官などに助けられながら、なぜワルしたか、どうすればまたやらないかをさぐり、少年が自分のやったことと向きあうようにと処分を決めます。

↓考え方の違い

| 悪いことをした人には罰を、という考え方 | ・悪いこと（罪）には、悪いこと（罰）を返そう（目には目を）
・悪いこと（罪）には、同じだけ（あるいは、それより少なく）悪いこと（罰）を返そう |
| 悪いこと（罪）には、同じだけ（あるいは、それより少なく）悪いこと（罰）を返そう | ・悪いこと（罪）より、悪いことをした人に注目！！
・悪いこと（罪）に返すのは、悪いこと（罰）でなくてもよい |

↓留岡幸助

北海道HPより転載

筆者作成

2 少年法のいま

少年法はいまどんどん変わっていますが、ただ厳しく、というだけではありません。たとえば以前は、少年が本当にワルしたかなどをしっかりみられませんでした。そこで2000年に特に重い事件では検察官が参加できたり、ややこしい事件は3人の裁判官で取り組める（それまでは1人）ようになりました。ただ全体的にみて、被害者のことを考え、少年を大人と同じようにという流れです。たとえば2021年に18・19歳について重大な変更（検察官に送る範囲を広げ、名前・住居などの報道を解禁など）がなされました。

↓2000年以降の度重なる改正

2000 年	刑事処分が可能な年齢の引き下げ、原則逆送規定を新たに設けるなど
2007 年	少年院に送ることができる年齢の引き下げなど
2008 年	被害者等の少年審判の傍聴など
2014 年	刑の一部を引き上げなど
2021 年	18 歳以上の少年に関する特例を設けるなど

筆者作成

Ⅱ 少年犯罪はひどくなっている？

1 少年犯罪のいま

少年犯罪には、戦後4つの波があります。第1の波は戦後の混乱期（1951年にピーク）で戦争で親をなくした子などが生きのびるために非行に走りました。第2の波は高度経済成長期（1964年にピーク）で社会への不満の高まりから反抗型の非行が多くみられました。またスリルを求めての万引きなど（遊び型）や薬物など（逃避型）もでてきました。第3の波は豊かな社会が続くなか（1983年前後にピーク）で遊び型や逃避型が増え、中学生や小学生にも非行が広がり、たいへんな家庭だけでなく一般的な家庭でも非行がでるようになりました。そして第4の波は1997年の神戸連続児童殺傷事件に代表される「凶悪化」のそれです。少年犯罪はいまずっと減っています。検挙された少年の数も減っていますし、刑法上の罪を犯した少年の少年人口比も、前は成人と比べて高かったのが、いまは近づいています（図❷）。ところが社会では少年事件は凶悪化し、数も増えていると思われています。このズレをどうやって減らすかが問題です。

↓少年犯罪は減っている!?

❶刑法犯・危険運転致死傷・過失運転致死傷等

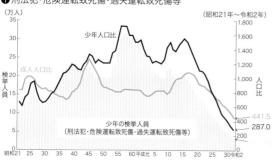

❷刑法犯

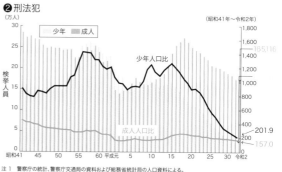

注1 警察庁の統計、警察庁交通局の資料および総務省統計局の人口資料による。
2 犯行時の年齢による。ただし、検挙時に20歳以上であった者は、成人として計上している。
3 触法少年の補導人員を含む。
4 「少年人口比」は、10歳以上の少年10万人当たりの、「成人人口比」は、成人10万人当たりの、それぞれの検挙人員である。ただし、令和2年の人口比は、元年10月1日現在の人口を使用して算出した。
5 ①において、昭和45年以降は、過失運転致死傷等による触法少年を除く。
6 ②において、平成14年から26年は、危険運転致死傷を含む。

令和3年版犯罪白書をもとに作成

★○×問題でチェック★
問1 　17歳で死刑になる罪を犯した少年は死刑にはならない。
問2 　少年（20歳未満）であれば殺人を犯したとしても写真を週刊誌に掲載することは禁止されている。

2 世間をさわがせた少年犯罪

　報道を通じて、ある犯罪を犯した少年が一部で英雄のようにみられるようになってしまうことがあります。ここ2、30年のあいだで世間をひどくさわがせた事件の1つが1997年の神戸連続児童殺傷事件です。この事件の加害者少年（少年A）は、5人の児童を殺傷しました。なかでも1人の被害者の頭部を切り落とし、その口に捜査をかく乱するための「手紙」をくわえさせて中学校の正門の前に置いています。少年Aは、さらに新聞社に挑戦状を送りつけました。この少年Aを崇拝する少年たちがいます。そのなかには自分の事件が報道されることで目立ちたい、世間に認められたいという欲を満たそうとする少年もいます。ちなみに、神戸の事件などの重大な事件の全部の記録を裁判所が捨ててしまったことがわかり、問題になりました。

↓マイクロバスで運ばれる少年A

毎日新聞社／アフロ

III　少年犯罪はこう処理される

　少年犯罪を扱うのは、基本的に家庭裁判所です（犯罪を犯したけれども14歳未満で刑法では罰せられない少年（触法少年）などは児童相談所）。少年法は犯罪を犯した14歳以上20歳未満の少年（犯罪少年）だけでなく、犯罪を犯すおそれのある少年（ぐ犯少年）も保護・教育します。ぐ犯少年も審判をうけ、少年院などに送られることがあります。少年院の一日には、少年法の目的がみえます。生活指導、職業指導など、社会に戻ってよりよく生きられる術を与えようとしています。

↓手続の流れ

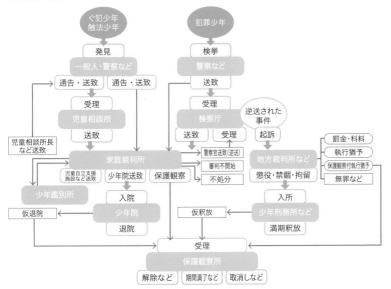

法務省HPをもとに作成

↓少年院の一日（例）

6:30	起床・役割活動
7:40	朝食・自主学習等
8:50	朝礼（コーラス・体操）
9:00	生活指導、職業指導、教科指導等
12:00	昼食・余暇等
13:00	生活指導、職業指導、教科指導等
17:00	夕食・役割活動
18:00	集団討議、教養講座、個別面接等
20:00	余暇等（テレビ視聴等）
21:00	就寝

法務省HP掲載の「少年院のしおり」より筆者作成

IV　少年法のこれから

　時代とともに、少年法も変わります。では、めざすべきは、少年を痛めつけるほうですか、それとも被害者も含めた立ち直りですか。ここで被害者と加害者の対話をご紹介します。この「対話の会」という対話プログラムでは、当事者（被害者または加害者）が自分で申し込みをし、ファシリテーター（仲介者）が被害者・加害者それぞれと話しあい、さらにファシリテーターの司会のもとで当事者が円になって解決の道をさぐります。対話も万能薬ではありません。でも、対話の道をさぐることは、人と人が傷つけあわない社会をめざすことにつながります。

↓対話会の流れ

```
当事者の       ファシリテーター      当事者の対話
申し込み    →  が両当事者と      →
               話し合い
```

筆者作成

↓対話の会のイメージ　↓少年法と社会の未来の姿

NPO法人対話の会HPより

「敵」に牙をむく
社会とその
「少年」法

現実に目を
向け、より悪くない
方向を選ぶ社会
とその少年法

筆者作成

Ⅰ 憲法ってなに？

　もし、私たちの表現活動を政府が全面的に検閲（けんえつ）できるという法律ができたら、私たちはどのように対抗できるでしょうか。

　戦前の日本では、国民（当時の表現では「臣民（しんみん）」）の権利は、あくまで法律の内容に反しない限りで保障されており、このことは、一度法律をつくってしまえば、その内容の正当性が問われることなく権利の制限が可能であったことを意味します。その一例が検閲です。

　写真にあるように、郵便物など、非常にプライベートなものまで含めて、あらゆる表現活動を政府による

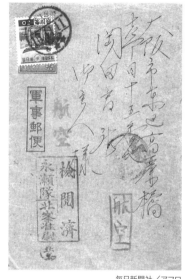

↓検印済の印が押された郵便物

毎日新聞社／アフロ

監視の対象とし、政権や戦争の遂行にとって不都合な表現は、すぐさま規制していたのです。

　こうした戦前の状況への反省から、戦後制定された日本国憲法では「法律の内容に反しない限り」という限定をつけずに、様々な権利を保障しています。これによって、もし今、全面的な検閲を可能にする法律がつくられたとしても、それに対して、「憲法で保障された表現の自由を侵害している」と主張することができ、そのような法律は憲法に違反するものとして効力が否定されることになります。このように、法律によっても侵害されることのない権利を保障しているということが、今日の憲法の大きな特徴です。

↓憲法上の権利を主張する場面のイメージ

全面的な検閲を可能にする法律など

国民が、憲法21条の「表現の自由」を主張することで、この法律を無効にできる。

必要な情報が十分に手に入らないじゃないか！

政府に許されたことしか表現しちゃダメってこと？

国民

筆者作成

Ⅱ 日本国憲法の歴史

1 戦前と戦後の違い

　戦前・戦後の憲法を比較してみると、まず、天皇がどのような意味をもつ存在なのかについて、大きな違いがあります。大日本帝国憲法では、天皇は神聖な神であり、その神聖さを侵してはならないとされていました（3条）。また、日本を統治する権限は、天照大神（あまてらすおおみかみ）から天皇の祖先に与えられたもので、天皇の家系がその統治権を代々引き継ぐのだという考えから、天皇は、国の元首（げんしゅ）（国の長としての立場）として統治権全般を一手に掌握（＝総攬（そうらん））し、主権（国の行く末を最終的に決める力）をもつこととなっていました（4条）。

　他方、日本国憲法では、天皇は純粋な象徴として、すべての政治的な権力を手放し、主権は国民がもつことになりました。そしてこのような象徴としての天皇の地位そのものも、国民の総意に基づくものとなっています（1条）。

　次に、表現活動をする自由を例にとって、法律と憲法上の権利との関係をみてみると、大日本帝国憲法では、国民（臣民）は、「法律ノ範囲内ニ於テ（おい）」のみ権利をもつこととなっており

（29条）、法律の内容に反する表現活動は認められませんでした。他方、日本国憲法では、そのような限定はついていません（21条）。ここから、表現活動をする自由は、法律によっても侵害できないことがわかります。

↓大日本帝国憲法・日本国憲法　条文の対比

	大日本帝国憲法	日本国憲法
天皇の地位	第3条「天皇ハ神聖ニシテ侵スヘカラス」第4条「天皇ハ国ノ元首」	第1条「天皇は、日本国の象徴であり日本国民統合の象徴」
主権の所在	第4条「天皇ハ……統治権ヲ総攬シ」	第1条「天皇……の地位は、主権の存する日本国民の総意に基く」
法律と憲法上の権利の関係	第29条「日本臣民ハ法律ノ範囲内ニ於テ言論著作印行集会及結社ノ自由ヲ有ス」	第21条第1項「集会、結社及び言論、出版その他一切の表現の自由は、これを保障する」

筆者作成

問1　日本国憲法で保障される権利は、法律をつくりさえすれば、限界なく制限できる。
問2　日本国憲法下の天皇は、もはや「元首」ではない。

2 象徴天皇制

終戦直後、ＧＨＱの総司令官ダグラス・マッカーサーが、日本の行く末をめぐる重要な話し合いの相手としたのは、昭和天皇でした。それは、当時、天皇が日本の「元首」だったからです。

他方、日本国憲法1条は「天皇は、日本国の象徴であり日本国民統合の象徴」と規定し、日本国や日本国民の統合を想起させる象徴として、天皇の役割を定めています。また、4条では、天皇は政治的な決定権をもたないことが定められており、今日の天皇には、象徴としての活動のみ認められていることがわかります。天皇制のこのようなあり方を象徴天皇制といいます。

さて、天皇は、具体的にはどのような活動をしているのでしょうか。これについて、憲法は国事行為として、天皇の仕事を定めています（6条・7条）。国事行為には、内閣総理大臣の任命などがありますが、上述のように、あくまで天皇に政治的な決定権はないため、天皇は、国会で指名された人物をそのまま

↓ダグラス・マッカーサーと昭和天皇

近現代PL／アフロ

↓戦役・殉職船員追悼式で供花する天皇と皇后

毎日新聞社／アフロ

任命しなければならないとされています。また、このような国事行為のほか、天皇は多くの公的行為をしています。公的行為とは、写真にある供花や、全国で行われる行事への参加など、国事行為でも私的な活動でもない行為のことです。公的行為は、天皇の象徴としての役割とは矛盾しないものの、憲法には定めがないものであるため、このような活動をどこまで認めるべきなのか議論があります。

III 憲法を守るしくみ

1 憲法の特徴

私たちの社会に存在する「法」は、それぞれの強さ・ランクをもっており、その間には、いわば「上下関係」のような力関係が存在しています。このような法の強さの序列を法秩序と呼びます。法秩序は図にあるようにピラミッド型の構造をとっており、相対的に上位に位置する法（上位法）は、それよりも下位に位置する法（下位法）よりも優越的な地位をもつため、上位法が命じる内容と矛盾・衝突するような下位法は、効力が否定されます。たとえば、全国の各自治体で定められる条例よりも法律は上位に位置するため、法律の内容に矛盾する条例は効力が否定されることになります。

憲法98条1項は、「憲法は、国の最高法規」であると定めており、国内で効力をもつ法のなかで、憲法が最も強い効力をもつ法であること、すなわちピラミッドの最上位に位置する法であることを宣言しています（憲法の最高法規性）。図にあるように、法律、政令、省令、条例など、憲法よりも下位に位置す

↓法秩序のピラミッド

憲法
法律
政令
省令
条例など

筆者作成

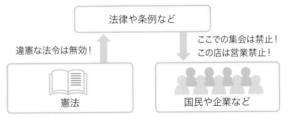

↓憲法による権利保障のイメージ

法律や条例など

違憲な法令は無効！

ここでの集会は禁止！
この店は営業禁止！

憲法

国民や企業など

筆者作成

る各種の法は、上位法である憲法の内容に沿っている必要があり、もし違反することがあればその効力は否定されます（違憲無効）。

憲法の最高法規性を宣言することの狙いは、私たちの憲法上の権利の保障を確実なものとし、それらが法令によって傷つかないようにすることにあります。たとえば、集会活動を制限する法令がある場合には、それが集会の自由を保障している憲法21条に違反していないかどうか審査され、もし憲法と矛盾・衝突する（＝集会の自由を侵害している）と判断された場合には、そのような法令は効力が否定されることになります。

★○×問題でチェック★
問3　今日の天皇は、政治的な決定権を一切もたない。
問4　各種の法の間に優劣関係はない。

2 違憲審査制度

　憲法の最高法規性は、私たちの権利がどの場面でも侵害されないために非常に重要です。しかし、この最高法規性を実現するための具体的な法制度がなければ、憲法による権利保障は絵に描いた餅_{もち}となってしまいます。そこで、多くの国が採用しているのが違憲審査制度です。これは、憲法に違反する法令や行政活動などを無効にするための制度で、大まかには、抽象的違憲審査制、付随的違憲審査制の2種類があります。

　抽象的違憲審査制は、ドイツやフランスなどで採用されている制度で、憲法に関する審査のみを専門的に行う憲法裁判所を設置し、法令や行政活動などによる被害が実際に出ているかどうかとは関係なく、それらが憲法に違反していないか審査するというものです。

　もう一方の付随的違憲審査制は、日本やアメリカなどで採用

されている制度で、民事事件・刑事事件・行政事件が通常の司法裁判所に提起されたとき、その事件の解決に必要な範囲で憲法に関する審査がされます。たとえば、左下の図は、刑事事件の解決のために、被告人にかけられた嫌疑の根拠となっている法令が違憲でないか、裁判官が審査する時のイメージです。

　このような制度のもと、戦後から2023年11月現在までの間に計12件の法令が最高裁によって違憲と判断されています。比較的最近のものとしては、外国に住む日本人に対して、最高裁の裁判官についての国民審査権（15条・79条）を認める規定を欠いているとして、最高裁判所裁判官国民審査法が違憲と判断された判決（最高裁令和4年5月25日判決）があります。

↓付随的違憲審査制のイメージ

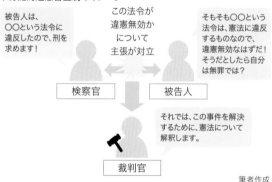

筆者作成

↓在外投票不可に対する違憲判決を得た想田和弘さんと弁護団

毎日新聞社／アフロ

Ⅳ　憲法の未来

1 外国人の人権

　日本に滞在し労働している外国人は年々増加しています。それでは、憲法上の権利の保障と国籍の有無とはどのような関係があるのでしょうか。

　マクリーン事件判決（最高裁昭和53年10月4日判決）は、権利の性質上、日本国民のみを対象とするものは例外として、それ以外の権利の保障は「外国人に対しても等しく及ぶ」としました。これは、権利性質説と呼ばれる考え方で、たとえば、入国の自由については外国人には保障されないと考えられる一方、人身の自

由をはじめとして、国籍による区別が正当化できない権利については、外国人にも等しく保障されるべきであると考えられています。

　2021年、スリランカ国籍のウィシュマさんが、適切な治療を受けられず入国管理施設で亡くなりました。外国人だから手荒に扱ってもよいという論理は成り立つものではなく、あってはならない事件でした。

↓外国人労働者数の推移

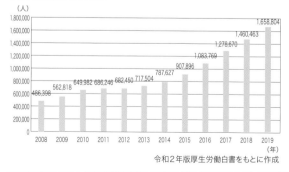

令和2年版厚生労働白書をもとに作成

↓入管施設でウィシュマさんが死亡したことについての遺族による会見

つのだよしお／アフロ

2 憲法改正

　各国の憲法改正状況をみてみると、メキシコやノルウェーなどでは、現行憲法の制定から2019年までの間に、それぞれ240回、155回も改正されています。これと比較すると、日本が1946年に現行憲法を制定して以来、一度も改正をしていないことが目立ちますが、これにはどのような背景があるのでしょうか。以下では改正手続と内容の観点から説明します。

　第1に、日本国憲法が硬性憲法であることが指摘できます。日本では、通常の法律は衆議院・参議院の両院で可決されれば成立しますが、憲法改正のためには、各議院の総議員の3分の2以上の賛成を得たうえで、国民投票で過半数の賛成を得る必要があります。このように、改正のハードルを通常の法律制定よりも高く設定している憲法のことを硬性憲法といい、反対に、両者のハードルが同程度のものを軟性憲法といいます。とはいえ、日本が憲法改正していないことをそのハードルの高さだけから説明することは困難です。イギリスなどの一部の国を除き、ほとんどの国の憲法は硬性憲法で、たとえば、200を優に超える改正を経験しているメキシコでも、憲法改正には連邦議会の出席議員の3分の2以上の賛成を得たうえで、過半数の州の議会による承認を得る必要があります。これと比べると、日本の憲法改正のハードルが他国と比較しても著しく高いものだとはいえないでしょう。

　第2に、日本国憲法は条文数が少なく、内容もあまり詳細でないことが指摘できます。ある法がどのくらい具体的なことをどの程度細かく定めているかを規律密度と呼びますが、憲法に含まれる単語数で比較してみると、メキシコ憲法には5万7087（2019年の時点）もの単語が含まれるのに対し、日本国憲法は4998の単語で構成されており、両者の規律密度には大きな違いがあることがうかがい知れます。このような違いによって、他国では憲法改正が必要な場面でも、日本では、解釈である程度柔軟な対応をしてきたのです。たとえば、2023年8月現在、フランスでは、憲法を改正して、女性が中絶を受ける権利を保障するための個別的な規定を新たに置くことが議論されていますが、日本では、中絶の権利の保障は、主に13条の幸福追求権をめぐる問題として議論されてきました。

　第3に、実は、長い間、日本国憲法を改正するための手続を

↓各国の憲法改正状況

国名	改正の回数	現行憲法を制定した年
メキシコ	240	1917
ノルウェー	155	1814
オーストリア	122[*1]	1920
ドイツ	64	1949
フランス	24	1958
アメリカ	18[*2]	1788
日本	0	1946

＊1 連邦憲法の改正回数
＊2 権利章典にかかわる第1～10修正は1回の改正として計算

　　　　　筆者作成（国立国会図書館「調査と情報」1087号をもとに
　　　　　一部を抜き出して作成（改正回数は2019年当時のもの））

↓憲法改正の大まかな流れ

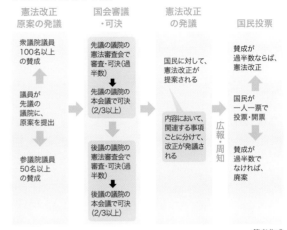

筆者作成

↓国民投票用紙

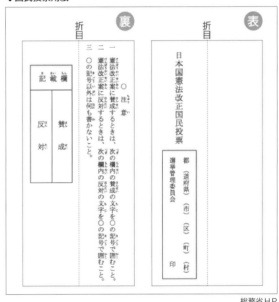

総務省ＨＰ

具体的に定めた法律は存在しておらず、改正をしようと思ってもできなかったことが指摘できます。2007年に「日本国憲法の改正手続に関する法律」が制定され、現在では、この法律に定められた手続（上図を参照）に従えば、改正が可能です。

　どのようなものも、使っているうちに古くなったり、不便に感じたりする部分が出るものです。日本国憲法も、制定からもうすぐ80年が経ます。ものを修理しながら使うことがものを長持ちさせるのと同様、必要な改正をすることが、むしろ憲法を長く大切に守ることにつながるという場合もあります。とはいえ、憲法が、法律によっても侵害できない権利を保障していることを考えれば、一時の感情や利害関係だけで容易に改正されることがあってはなりません。冷静に、様々な人の立場に十分に立ったうえで、その改正が本当に必要なのかを慎重に考えることが必要でしょう。

★○×問題でチェック★
問7　日本国憲法は硬性憲法である。
問8　日本国憲法は、他国の憲法と比べて、条文数も多く、詳細である。

Ⅰ 思想・良心の自由

憲法は、精神活動の自由を保障するための条文として、19条（思想・良心の自由）、20条（信教の自由）、21条（表現の自由）、23条（学問の自由）の4つを定めています。一般に、19条が内面的な精神活動の自由（内心の自由）を、21条が外面的な精神活動の自由をそれぞれ一般法的に保障すると解されます。他方、20条と23条はそれぞれ、宗教と学問という特定のテーマに関する内面・外面双方にわたる精神活動の自由を特別法的に保障するものだと解されます。

思想・良心の自由は、内心の自由のなかでも、最も根本的なものと位置づけられています。日本では、大日本帝国憲法下において、治安維持法の運用にみられるように、特定の思想を反国家的なものとして弾圧するという、内心の自由そのものが侵害される事例が少なくありませんでした。日本国憲法が思想・良心の自由を精神活動の自由に関する諸規定の冒頭に置き、思想・良心の自由を特に保障した意義は、この点にあるといえます。

思想・良心の自由に関しては、まず、19条の思想及び良心という文言について、思想と良心を区別するかが問題となりますが、どちらにあたるかによって法的効果に違いはないため、通説・判例は特に区別する必要がないとしています。この「思想及び良心」とは、世界観や主義などの個人の人格的な内面的精神作用を広く含むものと解されます。

次に、19条の侵してはならないの意味としては、一般に、以下の3つを意味すると考えられています。❶個人がどのような思想をもっていたとしても、それが内心の領域にとどまる限りは絶対的に自由であり、公権力は、内心の思想に基づいて、不利益を課したり、あるいは、特定の思想を抱くことを禁止することができないこと。❷思想の告白を公権力が強制することはできないこと（沈黙の自由）。❸一方的な教え込み等により個人の思想・良心の形成を公権力が直接的に操作することが許されないこと。

↓卒業式で「君が代」を起立斉唱する公立高校の教職員

毎日新聞社／アフロ

思想・良心の自由の侵害が争われた事件として有名なものの1つに「日の丸」・「君が代」訴訟があります。1999年に制定された国旗国歌法を受けて、たとえば東京都では都立学校の教職員は「国旗に向かって起立し、国歌を斉唱する」とする通達が出され、この通達にしたがって、教職員に対して、国旗に向かって起立し、国歌を斉唱するよう職務命令が出されました。このような職務命令は教職員の思想・良心の自由を侵害するため、憲法19条に違反するとして争われたのが「日の丸」・「君が代」訴訟です。一連の「日の丸」・「君が代」訴訟において、最高裁は、職務命令で起立斉唱を課すことは合憲としつつ（最高裁平成23年5月30日判決ほか）、職務命令違反を理由とする懲戒処分の場面では、戒告を超えてより重い減給以上の処分を選択することには「慎重な考慮」が必要であると述べ、思想・良心の自由に一定程度「配慮」する姿勢をみせています（最高裁平成24年1月16日判決ほか）。

↓「君が代」の歴史的な位置づけの変化

「君が代」の由来	「古今和歌集」（905年）において、身近な人の長寿を祈る歌または男女の永遠の結びつきを祈る恋の歌として詠まれる。
「君が代」と学校教育の結びつき	明治26年（1893年）文部省告示（『祝日大祭日歌詞並楽譜』）は、小学校が祝祭日において「君が代」を国歌として歌うよう通知する。「君が代」は明治時代以降、第二次世界大戦終了まで、皇国思想や軍国主義思想の精神的支柱として政治的に利用されてきた。
日本国憲法下における「君が代」	「国旗国歌法」（1999年）の制定により、「君が代」が国歌として法制化される。政府は「国歌君が代の『君』は日本国及び日本国民統合の象徴であり、その地位が主権の存する日本国民の総意に基づく天皇のこと」を指し、君が代とは「日本国民の総意に基づき、天皇を日本国及び日本国民統合の象徴とする我が国のことであり、君が代の歌詞も、そうした我が国の末永い繁栄と平和を祈念したものと解することが適当である」との見解を示す（1999年6月29日衆議院本会議での小渕恵三首相〔当時〕による答弁）。 文部科学省（1989年当時の名称は「文部省」）は「学習指導要領等」（平成元年〔1989年〕告示）以来、学習指導要領のなかで学校の式典における「君が代」の斉唱を「指導するもの」と位置づけてきた。そこに、「国旗国歌法」が施行され、国旗・国歌の根拠が成文法として明確に位置づけられたことによって、文部科学省は学習指導要領に基づき、学校における国歌に関する指導が行われるよう指導を行っている。

筆者作成

問1　治安を守るためであっても、国家は反社会的な思想を抱く個人に、思想の告白を強制できない。

問2　最高裁判決によれば、公立学校の式典等で教職員に国歌斉唱を命じる職務命令は合憲である。

II 信教の自由

1 信教の自由の保障

20条1項前段は、信教の自由を保障しています。信教の自由には、❶宗教を信仰し、または信仰しないこと、信仰する宗教を選択し、または変更することについて、個人が決定する自由（信仰の自由）、❷信仰に関して、個人が1人で、または他者と共同して、祭壇を設け、礼拝や祈禱を行うなど、宗教上の祝典、儀式、行事その他布教等を行う自由（宗教的行為の自由）、❸特定の宗教を宣伝し、または共同で宗教的行為を行うことを目的とする団体を結成する自由（宗教的結社の自由）が含まれます。

信仰の自由は個人の内心における自由であって、絶対に侵すことが許されないのに対し、宗教的行為の自由の規制は行動の自由の規制であるので、必要かつ合理的な規制は許されます。宗教的行為の自由に関する判例の1つである剣道実技拒否事件（最高裁平成平成8年3月8日判決）では、公立の高等専門学校に通っていた学生が、信仰する宗教（エホバの証人）の教義に基づいて、体育の授業で剣道の実技に参加しなかったところ、学校から退学処分を命じられたことが問題となりました。最高裁は、校長が剣道実技以外の代替措置を検討せずに退学処分を命じたことは信仰の否定につながる強制であり、裁量権の逸脱であると判断しました。

↓剣道の試合の様子

イメージマート

↓エホバの証人が剣道実技を受講拒否する聖書上の根拠

> 主は国々の争いを裁き、多くの民を戒められる。
> 彼らは剣を打ち直して鋤とし
> 槍を打ち直して鎌とする。
> 国は国に向かって剣を上げず
> もはや戦うことを学ばない。
>
> （イザヤ書　2章4節 [新共同訳]）
>
> できれば、せめてあなたがたは、すべての人と平和に暮らしなさい。
> （ローマの信徒への手紙　12章18節 [新共同訳]）

筆者作成

2 政教分離原則

20条1項後段と3項、89条には、特定の宗教との過度の結びつきから、国をはじめとする公的機関の宗教的中立性、公平性を守ることをいう政教分離原則が定められています。現代の日本社会ではクリスマスやお盆など宗教に由来をもつイベントもあり、社会生活を送るうえでは宗教ともかかわらざるをえない面があります。このような状況のもと、公的機関やそこに属する公務員にとっては、政教分離原則がどの程度まで宗教とのかかわりあいを許容しているかが問題となります。

政教分離原則違反に対する裁判所の考え方の土台が示されたのは、津地鎮祭事件判決（最高裁昭和52年7月13日判決）でした。最高裁は、「行為の目的が宗教的意義をもち、その効果が宗教に対する援助、助長、促進又は圧迫、干渉等になるような行為」が憲法で禁止された「宗教的活動」（20条3項）に該当するとし、この基準は一般に目的・効果基準と呼ばれています。本件は目的・効果基準に基づき、市長の地鎮祭への公金支出は政教分離原則に違反しないと判断しました。また、愛媛玉串料訴訟判決（最高裁平成9年4月2日判決）は、この目的・効果基準を用いて、愛媛県知事が靖国神社の例大祭に玉串料を公金から支出したことが政教分離原則に違反すると判断しました。

↓ニューヨーク公共図書館メインエントランスのクリスマスツリー

山口フィニート裕朗／アフロ

↓地鎮祭

イメージマート

↓玉串

イメージマート

↓靖国神社を参拝する小泉純一郎首相（当時）

毎日新聞社／アフロ

★○×問題でチェック★
問3　宗教的行為の自由は絶対に制限することが許されない。
問4　政教分離原則は、国家と宗教のかかわりを一切許さない完全な分離を求めるものである。

III 表現の自由

1 表現の自由の意義

　21条1項は、表現の自由を保障しています。ここで保障されるのは、印刷物だけではなく、街頭での署名活動やデモ、インターネット上の活動も含んだ広い意味での人々の表現活動です。

　表現の自由を含む精神的自由は、経済的自由に対して憲法上の優越的地位を占めるとされています。その数ある精神的自由のなかでも、表現の自由が特に重要な人権に位置づけられる理由として以下の2つの価値が一般に挙げられます。最高裁は、猿払事件（最高裁昭和49年11月6日判決）において、「表現の自由は民主主義国家の政治的基盤をなし、国民の基本的人権のうちでもとりわけ重要なもの」であると述べ、以下の2つの価値のうち主に自己統治の価値との関係で表現の自由の重要性を認めています。

　第1は、自己実現の価値です。自己実現とは、個人が独立の人格をもつ自律的な存在として自己を発展させていくことをいいます。この過程では、自ら思考し、その結果を外部に表明することの自由が不可欠です。チラシの裏の落書きなど、他者にとってはそれほど重要なことではないかもしれないけれども自分自身にとっては大切だ、と思う表現が保障されることも意義があります。

　第2は、自己統治の価値です。自己統治とは、民主政において国家権力は国民の意思にそって行使されなければならないことをいいます。人々が政治過程に参加し、強制によらずに人々の共同の意思が形成されるためには、表現の自由は必須の要件といえます。民主政において国民の代表を選ぶ選挙において

は、国民のあいだで議論をし、世論を形成するために、表現の自由は不可欠です。

　もっとも、他者を傷つける表現や営利的表現などのなかには自己実現や自己統治に貢献しないものもあり、こうした表現ならば簡単に規制してもよいかという問いが生じますが、この問いに答えるのが思想の自由市場論です。思想の自由市場とは市民がお互いに議論する空間を経済市場にたとえて表現するものです。思想の自由市場論は、ある思想の正しさは他の思想との自由競争によって確証されるべきであり、どのような思想であっても市場への参入を阻んではならないことを核心としています。

↓衆議院議員総選挙において街頭で有権者の話を聞く候補者

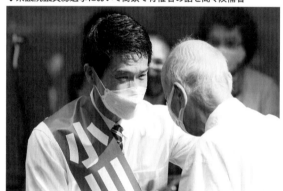

Motoo Naka／アフロ

2 表現の自由の保障範囲

　表現の自由が重要な人権であるとはいえ、表現活動が他者に対して行われる性質をもつ以上、他者の権利や法的利益との関係で制限を受ける可能性があります。表現の自由の限界は、表現の形態、規制の目的・手段等を具体的に検討して決めることになりますが、まず表現行為と規制のタイミングの関係についての区分である事前抑制と事後規制についてみていきましょう。

　事前抑制とは、表現行為がなされる前にそれを規制してしまうことをいいます。これに対し、事後規制とは、表現行為がなされた後にその責任を問うことをいいます。事前抑制は表現制約としては特に強力な手法であるため、原則として許されません。事前抑制の典型例としては検閲があります。21条2項は検閲を絶対的に禁止しています。最高裁は税関検査事件判決（最高裁昭和59年12月12日判決）において、検閲とは、「行政権が主体となって、思想内容等の表現物を対象とし、その全部又は一部の発表の禁止を目的として、対象とされる一定の表現物につき網羅的一般的に、発表前にその内容を審査した上、不適当と認めるものの発表を禁止すること」であるとしています。

　表現の自由に対する各種の制限として、問題となる規制が内容に基づくもの（内容規制）であるか、そうではなく表現行為がなされる時・場所・方法などに着目するもの（内容中立規制）によって分けるべきだとする考え方が学説上は一般的です。

内容規制は、しばしば権力者にとって不都合な表現を狙いうちにして行われるため、自由な表現に重大な悪影響を与えます。これに対し、内容中立規制は、別の時・場所・方法で行うことができるため、自由な表現への悪影響は少ないといえます。内容規制の例としては、後述する名誉毀損的表現やヘイトスピーチに対する制限などがあります。内容中立規制の例としては、一定規模以上の広告物等を設置する場合、自治体が規制を行う屋外広告物条例などがあります。

↓屋外広告物の例

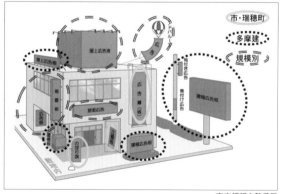

東京都都市整備局

問5　書いた人にとっては大事でも、チラシの裏の落書きは表現として保障される価値がない。
問6　検閲は、絶対的に禁止される。

3 表現の自由が他の保護法益と衝突した場合の調整問題

　表現の自由が他者の権利や法的利益と衝突し、調整が必要となる場面として、ヘイトスピーチを素材に考えてみましょう。

　ヘイトスピーチの定義については様々な見解がありますが、法務省がウェブサイトで挙げている定義によれば、ヘイトスピーチとは特定の国の出身者やその子孫であることのみを理由に、日本社会から追い出そうとしたり危害を加えようとしたりするなどの一方的な内容の言動をいいます。

　ヘイトスピーチに対しては現行の法律で対処できるものもあれば、できないものもあります。他者の名誉を傷つけることを名誉毀損といいますが、日本では名誉毀損は刑事罰の対象となるだけでなく、不法行為として民事上の損害賠償の対象にもなります。ヘイトスピーチが事実を摘示して名誉を毀損する場合には、名誉毀損罪（刑法230条）で処罰が可能です（☞ **15-Ⅱ 1**）。公衆の関心事にかかわる言論の場面では、表現の自由と名誉の保護の調整が必要になるため、刑法230条の2が免責を規定しています。すなわち、名誉毀損は、❶公共の利害に関する事実にかかわること（公共性）、❷公益を図る目的を有すること（公益性）、❸真実の事実に基づくこと（真実性）を証明した場合には処罰されません。事実を摘示せずに他人の社会的評価を低下させた場合は侮辱罪（刑法231条）の適用が可能

です（☞ **15-Ⅱ 1**）。ただし、侮辱にせよ、名誉毀損にせよ、「朝鮮人」など対象が具体的に特定されていない場合には処罰できません。

　なお、2016年には、ヘイトスピーチ解消法が制定されました。この法律は、あることがらに関する基本理念を定め、具体的な罰則については特に規定していない理念法です。このため、全国の自治体には独自に条例を制定する動きがあり、川崎市は2019年に全国初の罰則付きの条例を制定しました。

↓ヘイトスピーチに抗議してプラカードを掲げる市民

毎日新聞社／アフロ

Ⅳ　集会・結社の自由

1 集会の自由

　集会の自由は、表現の自由と密接に関連するものとして、21条1項に規定されています。この集会とは、多数の人々が一定の場所に何らかの目的で集まることを指します。多数の人々が集団で行進するデモも、動く集会として保障されます。表現活動に適した公共の場（パブリック・フォーラム）としては、たとえば、道路や公園などの人々が自由に行き来し集うことのできる場や国家や自治体が設立した集会場など一般の利用に供される施設があります。こうした場における表現活動の自由はできるだけ保障されるべきだとする考え方（パブリック・フォーラム論）が、有力に唱えられています。

↓日本学術会議の会員候補の任命を首相が拒否したことに抗議するデモのようす

　デモは、一般の市民が自分たちの主張を多くの人に伝える手段として簡便ですが、道路を用いたデモのように、道路交通の安全などの利益と調整が必要になることがあります。

毎日新聞社／アフロ

2 結社の自由

　結社の自由は、表現の自由と密接に関連する自由として、21条1項に規定されています。ここでいう結社とは、多数の人々が、様々な共通の目的をもって、継続的に結合することを指します。結社の自由は、団体を結成しそれに加入する自由、その団体が団体として活動する自由だけでなく、団体を結成しない、もしくはそれに加入しない、あるいは加入した団体から脱退する自由をも含んでいます。ただし、弁護士会などのように、専門的技術を要し公共的性格を有する職業の団体については、限定的な条件のもとで、強制設立・強制加入制をとることも許容されると解されています。

↓ PTAが任意加入の団体であることを保護者に周知するよう求める市教育委員会の通知文書

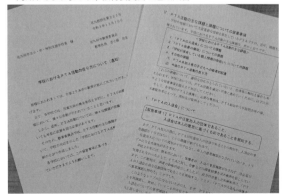

毎日新聞社／アフロ

★○×問題でチェック★
　問7　ヘイトスピーチ解消法には罰則が付されている。
　問8　弁護士会は結社に該当するため、強制加入制をとることは違憲である。

21 憲法Ⅲ：人権②

Ⅰ 経済活動の自由

1 職業の自由

　22条1項の職業「選択」の自由は、一般には職業「遂行（すいこう）」の自由もあわせて保障されていると考えられています。いつ・どこで・どのように行うか（遂行）に自由がないというのでは「選択」の保障は無意味になるからです。しかし、実際には職業の選択も遂行も、法律などによって様々な規制を受けています。たとえば、インターネットでの医薬品の販売に対する規制です。2013年薬事法改正によりネット販売できる一般用医薬品が第1類から第3類に分類され、劇薬のような要指導医薬品のみ対面販売が義務づけられました。こ

れに対しネット販売業者は、対面販売規制は22条1項に反するとし、要指導医薬品をネット販売できる権利ないし地位を有することの確認を求めました。最高裁は、対面販売規制は医薬品の不適切な使用による国民の生命、健康に対する侵害を防止し、保健衛生上の危害の発生および拡大の防止を図ることを目的とするものであり、このような目的が公共の福祉に合致することは明らかであるとし、また、対面以外の方法による情報提供および指導は、理解を確実に確認するという点で、対面に劣るという評価は不合理ではないとし、業者の請求を棄却しました（最高裁令和3年3月18日判決）。

↓ネットで買える薬・販売業者の条件

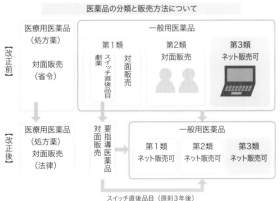

医薬品の分類と販売方法について

厚生労働省の資料を参照して簡素化して作成

↓一般用医薬品のネット販売の概要（店舗での販売）

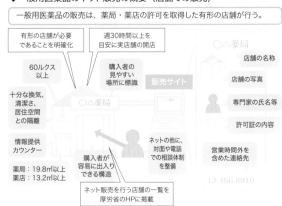

一般用医薬品の販売は、薬局・薬店の許可を取得した有形の店舗が行う。

厚生労働省の資料を参照して簡素化して作成

2 財産権の保障

　29条は財産権を保障しています。「財産権の内容は、公共の福祉に適合するやうに、法律でこれを定める」（29条2項）により、具体的な財産権の内容は法律の個々の条文によって決まりますが、法律で定める内容には限界があります。

　最高裁は、森林の場合、持分価額2分の1以下の共有者は、分割請求できないという規定（森林法旧186条）によって、各共有者はいつでも共有物の分割請求できること（共有物分割請求権）が認められなかったことは、憲法上、財産権の制限に該当し、このような制限を設ける立法は公共の福祉に適合するとしました。しかし、目的を達成するための分割制限という手段は、他の選択肢もある等の理由から、合理性と必要性のいずれも肯定できないとし、違憲判断を下しました（森林法事件判決：最高裁昭和62年4月22日判決）。

　また、法律ではなく、条例によって財産

権を規制することも許されていると解されています。たとえば、従来からため池の堤とう（土手）に農作物を植えていた者が、これを禁止する条例によって起訴された奈良県ため池条例事件で、最高裁は、ため池の破損、決かいの原因となるため池の堤とうの使用行為は、憲法でも、民法でも適法な財産権の行使として保障されていないものであって、憲法、民法の保障する財産権の行使の埒（らち）外にあるとして、この条例を合憲としました（最高裁昭和38年6月26日判決）。

↓森林法事件判決

② 持ち分2分の1以下の共有者は分割請求できない（森林法旧186条）
③ 憲法29条2項に反する
① 民法256条1項に基づき分割請求

筆者作成

↓奈良県ため池条例事件判決

条例：「ため池の堤とうに農作物を設置する行為」を禁止

池　堤ぼう

筆者作成

★〇✕問題でチェック★

問1　憲法22条1項の職業「選択」の自由は、一般的に職業「遂行」の自由も含まれると考えられている。
問2　財産権の内容は法律によって定められ、条例によって財産権が制限されることは許されない。

II　社会権

1　自由権と社会権

　これまで国家が介入しないことを求める権利である自由権（国家からの自由）をみてきましたが、現代の憲法にはその他の性格をもつ権利もあります。国家が積極的に国民の生存に対し配慮することを求める権利です。この権利は、資本主義社会における経済的・社会的弱者に対し、国家が金銭の給付や法令の整備等の形で介入することによって、最低限の生活を営むように保障しようとするものです。この思想を初めて条文に取り入れたのは、ドイツのワイマール憲法です。学説では、25条から28条を「社会権（国家による自由）」と呼んでいます。25条は1項で「すべて国民は、健康で文化的な最低限度の生活を営む

権利を有する」と規定しています。25条の保障する権利は「生存権」と呼ばれ、社会権全体の総則的規定だとされています。

↓自由権と社会権

筆者作成。写真は 上アフロ 下Fujifotos／アフロ

教育を受ける権利（学校教育）

生存権（年越し派遣村）

↓国民劇場の前に立つ
　シラーとゲーテ像

筆者撮影

↓生存権を規定したワイマール憲法

Die Verfaſſung des Deutſchen Reichs
Vom 11. Auguſt 1919

(Abgeändert durch die Geſetze vom 6. Auguſt 1920, R.G.Bl. G. 1565/66, 27. November 1920, R.G.Bl. G. 1987, und 24. März 1921, R.G.Bl. G. 440)

第151条① 経済生活の秩序は、すべての人に、人に値する生存を保障することを目指す正義の諸原則に適合するものでなければならない。各人の経済的自由は、この限界内においてこれを確保するものとする。

第153条①所有権は、憲法によって保障される。その内容及び限界は、諸法律に基づいてこれを明らかにする。
③所有権は、義務を伴う。その行使は、同時に公共の善に役立つものであるべきである。

写真（左）はドイツ連邦議会HPより。訳（右）については
高田敏＝初宿正典編訳『ドイツ憲法集〔第8版〕』（信山社・2020年）参照

2　「健康で文化的な最低限度の生活」

↓現在もらえる生活扶助費、世帯ごとのモデルケース（2021年、札幌市の場合）

		単身（38歳）	高齢2人（夫72歳、妻68歳）	母子3人（母32歳、子9歳、4歳）		備　考
生活扶助	第1類・第2類合計	73,720		115,890	140,710	第1類は個人ごと、第2類は世帯の人員数別に設定される
	加算				母子加算 23,600	加算については、一定の条件に当てはまる方について、別途計上される
					児童養育加算 20,380	
		冬季加算 12,780	冬季加算	18,140	冬季加算 20,620	冬季加算は10月から翌年の4月まで計上される
	計 夏季	73,720		115,890	184,690	※夏季　5〜9月
	冬季	86,500		134,030	205,310	※冬季　10〜翌年4月
教育扶助					3,680	教材費、給食費、クラブ活動費は実費を別途計上
住宅扶助		36,000		43,000	46,000	以下の世帯の人員数別の上限に応じて実費が支給される 1人：36,000円（床面積が15㎡超） 2人：43,000円 3〜5人：46,000円　6人：50,000円　7人以上：56,000円
総計	夏季	109,720		158,890	234,370	無収入の場合の5〜9月の月額
	冬季	122,500		177,030	254,990	無収入の場合の10〜翌年4月の月額

※収入がある場合は、総計から収入額（必要経費等の控除あり）を差し引いた額が支給されます。　　　　　　　　　　　　　　　札幌市HP

　憲法25条で定められている生存権は、国家に対して何を具体的に要請することができるのか、明らかにしていません。そのため、生活のセーフティーネットである社会保障（☞Appendix 3）をどのような制度にするのかは、国会や行政の裁量に大きく委ねられることになり、生存権侵害として違憲と判断されるのは、そうした裁量権を濫用・逸脱する場合に限られます。肺結核を患い入院していた朝日茂氏が、厚生大臣（当時）が定めた生活扶助基準である月額600円では不十分であり、生存権を侵害していると訴訟を起こした朝日訴訟においても、最高裁は、何が健康で文化的な最低限度の生活であるかの認定基準について広い

行政裁量を認め、この生活扶助基準は適法であると述べています（最高裁昭和42年5月24日判決）。

↓当時の生活扶助費

		年間数量	月額（円）
被服費	衣類・パンツ	1枚	10
	肌着	2年1着	16.6
	タオル	2枚	11.66
	下駄	1足	5.83
保健衛生費	石けん	洗顔12個、洗濯24個	70
	理髪料	12回	60
雑費	はがき、切手	24枚、12枚	20

斎藤一久＝堀口悟郎編『図録 日本国憲法〔第2版〕』（弘文堂・2021年）55頁の表を簡略化して作成

★○×問題でチェック★
　問3　自由権とは、自由を保障するために国家が介入するよう求める権利である。
　問4　朝日訴訟では、厚生大臣の行政裁量に対する司法審査の可能性が認められた。

Ⅲ　新しい人権

1　幸福追求権の保障範囲

　憲法は14条以下で具体的な人権について規定していますが、すべての人権が列挙されているわけではありません。社会状況の変化に応じて、憲法制定当時は想定されなかった人権も保障できる規定として、憲法13条で幸福追求権が保障されています。幸福追求権は、人間が幸福に生きることができるようにするために包括的な人権を保障します。幸福追求権が保障する自由には考え方に違いがあります。大きくは、個人が生活上あらゆる行為を行う自由を保障するとする考え方（一般的行為自由説）と個人の人格的生存に不可欠な権利を保障するという考え方（人格的利益説）です。個人の趣味やライフスタイルの選択（たとえば、茶髪・喫煙・飲酒）にかかわる権利は幸福追求権に含まれるのかは、どちらの学説をとるかによって異なります。

↓東京都　禁煙特定区域の看板

ここは
禁煙特定区域
NO SMOKING AREA

罰則　¥1,000
PENALTY

吉川信之／アフロ

2　幸福追求権から導かれる権利①──プライバシー権

　プライバシー権は、「宴のあと」事件判決（東京地裁昭和39年9月28日判決）で、「私生活をみだりに公開されない法的保障ないし権利」とされました。しかし、やがてプライバシー権という言葉は、高度情報化社会の進展により、さらに広い意味で使われるようになり、「自分自身の情報をコントロールする権利」が登場しました。

　警察による学生のデモ行進の写真撮影が問題となった京都府学連事件（最高裁昭和44年12月24日判決）において最高裁は、「みだりに容ぼう等を撮影されない自由」があることを認め、警察官が正当な理由もないのに個人の容ぼう等を撮影することは13条の趣旨に反し、許されないとしました。また、最高裁は、在留外国人の指紋押捺制度の合憲性が争われた事件で指紋押捺を強制されない自由が憲法13条によって保障されるとしました（最高裁平成7年12月15日判決）。最近では監視カメラの問題として、道路上にカメラを設置し通行車両すべての前方部を撮影し、自動車登録番号のみ記録する（いわゆるNシステム）について、裁判所（東京高裁平成21年1月29日判決）が違法性を否定しました。

↓京都府学連事件判決

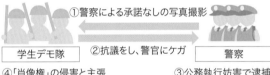

①警察による承諾なしの写真撮影

学生デモ隊　②抗議をし、警官にケガ　警察

④「肖像権」の侵害と主張　③公務執行妨害で逮捕

筆者作成

↓Nシステム

↓外国人指紋登録（指紋押捺拒否事件）

イメージマート　　　ロイター／アフロ

3　幸福追求権から導かれる権利②──自己決定権

　幸福追求権のなかには自己決定権も含まれると学説では解されています。例として、自己の生命の処分にかかわる権利や出産・避妊・中絶の自由等（リプロダクティブ・ライツ）が挙げられます。判例上も、性同一性障害特例法違憲決定（最高裁令和5年10月25日決定）は「自己の意思に反して身体への侵襲を受けない自由」を認めています。日本では妊娠中絶について、堕胎の罪（刑法212条・213条）が定められていますが、母体保護法14条で、医師の認知による人工妊娠中絶を認め、一定の場合（身体的・経済的理由等）に限り許容しています。アメリカの連邦最高裁は、2022年に中絶を憲法で認められた女性の権利とする49年前の判例を変更しました。その結果、中絶を規制するかどうかは各州の政治的判断に任せられることになり、規制する州が増えました。

↓全米の中絶規制

■最高裁判例より厳しい規制（テキサス・ミシシッピ州以外は裁判所が施行差止め）
最高裁判所に沿った規制
規制なし

読売新聞オンライン2021年10月19日を参考に作成

↓日本の中絶：人工中絶に対する同意書（母体保護法14条）

日本産婦人科医師会

★○×問題でチェック★

問5　憲法13条は「新しい人権」の根拠条文になる。
問6　最高裁は、「みだりに容ぼう等を撮影されない自由」は憲法13条で保障されているとした。

Ⅳ 法の下の平等

1 法の下の平等の意義

14条1項は、「すべて国民は、法の下に平等であつて、人種、信条、性別、社会的身分又は門地（家柄）により、政治的、経済的又は社会的関係において、差別されない」と規定しています。これは、いついかなる場合においても、すべての者を等しく扱うべきであるという考え方（絶対的平等）を保障したものではありません。絶対的平等は事実的・実質的な差異を考慮しないため、場合によっては過酷な結果をもたらす可能性もあります。そのため、平等とは、事実的・実質的な差異を前提にし、その差異に応じた法的取り扱いを認める考え方（相対的平等）を意味するとされています。14条1項に挙げられている5つ（人種、信条、性別、社会的身分または門地）は、歴史上、とりわけ不当な差別の理由となったものであり、14条1項後段列挙事由と呼ばれています。区別する

理由が、この5つのいずれかに当てはまる場合は、憲法に違反していないかを特に慎重に審査する必要があるとすると通説は解しています。

性差別に関しては、憲法は14条以外にも24条や44条で繰り返し規定しています。女性差別は、政治・経済・教育等の場面において多くの制約があり、歴史的にも世界的にも根深い問題です。戦後、性別に基づく形式的差別は徐々に解消されていきました。1999年に男女共同参画社会基本法が、国に積極的改善措置を総合的に策定、実施する責務を課しています。最高裁は、民法が女性のみに離婚後6か月間の再婚の禁止を定めていたことについて、100日超過部分が違憲であるとしました。（最高裁平成27年12月16日判決）その結果、民法改正により、2024年4月から、100日間再婚禁止規定は廃止となります。

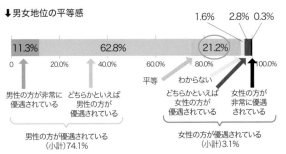

↓男女地位の平等感

11.3%　62.8%　1.6%　21.2%　2.8%　0.3%

0　20.0%　40.0%　60.0%　80.0%　100.0%

男性の方が非常に優遇されている　どちらかといえば男性の方が優遇されている　平等　わからない　どちらかといえば女性の方が優遇されている　女性の方が非常に優遇されている

男性の方が優遇されている（小計）74.1%　　女性の方が優遇されている（小計）3.1%

内閣府「令和元年男女共同参画社会に関する世論調査」をもとに作成

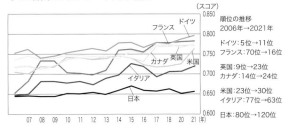

↓G7各国のジェンダーギャップ指数

（スコア）
フランス　ドイツ
カナダ　英国　米国
イタリア
日本

07 08 09 10 11 12 13 14 15 16 17 18 19 20 21（年）

順位の推移
2006年→2021年
ドイツ：5位→11位
フランス：70位→16位
英国：9位→23位
カナダ：14位→24位
米国：23位→30位
イタリア：77位→63位
日本：80位→120位

男女共同参画局HPをもとに作成

2 夫婦同氏制合憲判決

民法750条は、夫婦はどちらかの氏に統一することを求めています。夫婦が同氏でも別氏でも結婚できる制度（選択的夫婦別氏）はまだ実現されていません。実際は96%のケースが夫の氏に妻が合わせています。そのため、男女平等違反の疑いもあります。氏は自己のアイデンティティと直結しているため、人格権の侵害の可能性もあります。最高裁は三度合憲判断を下していますが（最高裁平成27年12月16日判決、最高裁令和3年6月23日決定、最高裁令和4年3月22日決定）法改正のニーズは高まっています。

3 同性婚訴訟

現代社会では家族のあり方が多様な形態に変わっています。その一例が同性婚です。日本の現在の法律では、同性婚は認められていません。しかし、条例で同性パートナーシップ制度（各自治体が同性のカップルを婚姻に相当する関係と認め証明書を発行する制度）を設ける自治体もあります。その数は、2023年現在少なくとも300を超えています。また同性婚をめぐって、2019年から憲法訴訟も起きています。2023年6月現在、全国5つの地方裁判所で判決が下され、5つのうち1つが「合憲」（大阪地裁令和4年6月20日判決）、2つが「違憲状態」であると指摘しましたが結論は「合憲」（東京地裁令和4年11月30日判決、福岡地裁令和5年6月8日判決）とし、2つが「違憲」（札幌地裁令和3年3月17日判決、名古屋地裁令和5年5月30日判決）と判断しました。

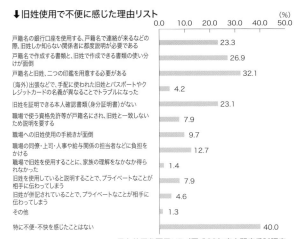

↓旧姓使用で不便に感じた理由リスト

(%)
0.0　10.0　20.0　30.0　40.0　50.0

戸籍名の銀行口座を使用する、戸籍名で連絡が来るなどの際、旧姓しか知らない関係者に都度説明が必要である　23.3
戸籍名で作成する書類と、旧姓で作成できる書類の使い分けが面倒　26.9
戸籍名と旧姓、二つの印鑑を用意する必要がある　32.1
（海外）出張などで、手配に使われた旧姓とパスポートやクレジットカードの名義が異なることでトラブルになった　4.2
旧姓を証明できる本人確認証類（身分証明書）がない　23.1
職場で使う資格免許等が戸籍名にされ、旧姓と一致しないため説明を要する　7.9
職場への旧姓使用の手続きが面倒　9.7
職場の同僚・上司・人事や給与関係の担当者などに負担をかける　12.7
職場で旧姓を使用することに、家族の理解をなかなか得られなかった　1.4
旧姓を使用していると説明することで、プライベートなことが相手に伝わってしまう　7.9
旧姓が併記されていることで、プライベートなことが相手に伝わってしまう　4.6
その他　1.3
特に不便・不快を感じたことはない　40.0

男女共同参画局HP（平成28年度内閣府委託調査「旧姓使用の状況に関する調査報告書」）をもとに作成

↓法律婚・事実婚・同性カップルの比較

	法律婚	事実婚（異性間）	同性カップル
婚姻届	○	―	×
戸籍	同じ戸籍	別の戸籍	別の戸籍
住民票の記載	妻/夫	妻（未届）/夫（未届）	特になし
夫婦としての社会的認知	○	△	×
同居・協力・扶助義務	○	○	？
法定相続権・遺留分	○	×	×
婚姻費用分担義務	○	○	？
関係解消時の財産分与請求	○	○	否定した裁判例あり
貞操義務（浮気された場合の損害賠償）	○	○	認められた裁判例あり（最高裁が上告棄却し確定）
配偶者控除（所得税）	○	×	×

「公益社団法人 Marriage for all Japan -結婚の自由をすべての人に」HP（2023年）をもとに作成

★○×問題でチェック★
問7　民法750条によれば、夫婦はどちらかの氏に統一しなくても婚姻できる。
問8　日本では、同性婚は法律で認められている。

Ⅰ　統治総論

1　専制からの脱却

　専制からの脱却は、近代以降、世界的に共有された問題です。清教徒革命で敗れて処刑されたイギリス・ステュアート朝のチャールズ1世は、絶対王政を敷いていました。そこで問題となったのは、民衆のことを考えずに気ままに振る舞う支配者の姿でした。フランス革命で処刑されたフランス王室も同様です。人々はこの経験から、法律をつくって王の権力を縛ることはできないか、と考えるようになりました。そこで登場したのが、法の支配の考え方です。法をつくる議会を民衆が構成し、王や君主の権力を法の下に収めることで、統制しようとしたのです。イギリスの権利章典は、人々の権利保障について法の支配を及ぼし、立憲君主制をかたちづくる画期的なものでした。しかし、これだけでは権力の暴走を止めることはできなかったため、人々は共和制や民主制の国家をつくり、自らの手に権力を治めることをめざしました。共和制とは君主がいない統治形態を、民主制とは国民の意思によって政治が決まる統治形態をいいます（共和制かつ民主制の国家も多くあります）。民主制を採用する国

のうち、主権者たる国民の意志により権力をコントロールすることができる憲法をもつ国家の体制を、立憲民主制といいます。しかし、立憲民主制のもとでもルールを悪用し、1人または少人数で権力を掌握しようとする動きが登場しました。民主制下の独裁です。ナチス・ドイツのヒトラーは、立憲民主制のもとで生まれた独裁者であるといわれます。ヒトラーの独裁は、とても悲惨な結果を生みました。民主制のもとで権力を握るためには、選挙に勝って当選することが必要です。そこでナチスは、一方で自分を熱狂的に支援する人たちを生み出し、他方では自分を応援しない人たちを選挙から排除する手段として、人種差別に基づくユダヤ人等の迫害を徹底的に行いました。その結果、アウシュヴィッツ強制収容所では多くの市民が殺されることになったのです。私たちは専制から脱却するために、様々な手段を試してきました。現在もその試みは続いていますが、そのなかで一定の効果がある手段として、憲法による統治（立憲主義）が確立してきたといえます。

↓歴史上「独裁者」とされるヒトラー
（右）とムッソリーニ（左）　↓アウシュビッツ強制収容所の様子

Universal Images
Group／アフロ

Soviet documentary of the liberation of Auschwitz／
ロイター／アフロ

↓絶対王政を敷いたチャールズ1世の処刑（1649年）
を描いた絵画

akg-images／アフロ

2　権力分立

　「誰かに権力が集中すると、暴走することがある」という専制の時代における経験から、現在では多くの国が、権力分立を採用しています。権力分立とは、国家がもつ権力をいくつかに分け、それぞれの権力を異なった機関がもつことです。日本国憲法では、法律をつくる権力は国会（41条）、法律を使って事件を解決する権力は裁判所（76条参照）、法律で決まったことを進めるなど国会・裁判所がもつもの以外の権力は内閣（73条・65条参照）と分けられています。しかし、ただ権力が分けられているだけでは、どこか1つの機関が暴走したとき、止められないかもしれません。日本でも、第二次世界大戦の際には、内閣のもとにある軍隊が暴走してしまいました。そこで3つの機関は、権力の暴走が起きないよう、お互いを見張りあうしくみを採用しています。このしくみを、権力の抑制と均衡といいます。

↓『あたらしい憲法のはなし』
（1947年）に掲載された
三権分立の図

『あたらしい憲法のはなし』61頁より転載

★○×問題でチェック★

問1　歴史上、立憲主義は、民主制のもとでしか成立しなかった。
問2　日本国憲法における権力分立は、国家権力がお互いに、抑制と均衡を保つしくみを含む。

1　民主主義と選挙

　法律をつくる権力をもつ国会のメンバーは、国会議員です。国会議員はどのように選ばれているのでしょうか。日本国憲法は15条1項で選挙権を「国民固有の権利」とし、15条3項で「成年者による普通選挙」を定めています。そのため、18歳以上の日本国民が選挙によって、国会議員を決めることになります。選挙権があることは、当たり前のことではありません。マリ共和国では、1960年のフランスからの独立後、クーデターが繰り返されるなかで1992年に憲法が成立しましたが、その後も騒乱が続き、選挙がストップするなどの状況が続きました。2013年の大統領選挙は、実に11年ぶりだったのです。幸運にも日本では、1947年の日本国憲法施行の後、憲法で定められた国会議員の任期（衆議院議員は4年（45条）、参議院議員は6年（3年ごとに半数改選、46条））および衆議院の解散（69条、7条3号）に基づく選挙が、もれなく行われています。では、なぜ憲法は、日本国民に選挙権がある、と定めているのでしょうか。それは日本が民主主義国家として、憲法において国民主権を採用しているからです（前文、1条）。国会がつくる法律は、社会全体のために私たちの権利を制限し、義務を課すことができる、強いパワーをもっています。国民が選挙を通じて選んだ人たちが法律をつくっていることは、私たちがその強いパワーに従わなければならない根拠となるのです（民主的正統性）。

↓世界人権宣言にのっとったマリ共和国での大統領選挙投票の様子（2013年）

ロイター／アフロ

↓投票とその結果のイメージ

衆議院

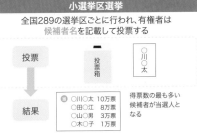

小選挙区選挙
全国289の選挙区ごとに行われ、有権者は候補者名を記載して投票する

比例代表選挙
全国11の選挙区（ブロック）ごとに行われ、有権者は政党名を記載して投票する

参議院

選挙区選挙
原則、都道府県の区域（鳥取・島根、徳島・高知はそれぞれ2県の区域）で行われ、有権者は候補者名を記載して投票する

各選挙区の定数に合わせて、得票数の最も多い候補者から順次当選人が決まる

比例代表選挙
全国を単位に行われ、有権者は候補者名を記載して投票する。候補者名に代えて政党名を記載して投票することもできる

政党の総得票数に基づいてドント式により各政党の当選人の数が決まり、特定枠に記載されている候補者を名簿記載の順位のとおりに当選人とし、その他の名簿登載者についてその得票数の最も多い者から順次当選人となる

総務省HPをもとに作成

2　法律の制定過程

　国民が選挙を通じて選んだ国会議員は、法律をつくるために、国会で何をしているのでしょうか。答えは、議論です。この法律は本当に必要か、必要だとしたらその法律がめざす目的を達成するためにどんな条文があるといいのか、といったことを話し合います。ただし議論をするためには、どんな法律について話し合うのか、ある程度決まっていないと困ります。そのため日本では、内閣または国会議員から提出された法案（法律をつくるための種になるアイデア）は、委員会という小さなグループで話し合われてから、衆議院・参議院における全体の会議（本会議）に進むこととなっています。委員会のメンバーも、も

ちろん国会議員です。本会議での議論の後、決議（投票）を行い、総議員の3分の1以上の出席のもと、過半数が賛成したら、その議院での審議は終了です（56条）。原則、衆議院・参議院の両方が賛成したら、法律が成立します。

↓法案審議の流れ

内閣or議員　提出　→　議長　付託　→　委員会　上程　→　衆議院本会議　送付　→　参議院本会議　成立　→　奏上・公布

衆議院HPをもとに簡略化して筆者作成

★○✕問題でチェック★
問3　憲法15条3項は、成年者による普通選挙を定めている。
問4　提出された法案は、すぐに衆議院または参議院の本会議で審議される。

Ⅲ　内　閣

1　内閣総理大臣と国務大臣の選ばれ方と仕事

　法律で決まったことを進めるなど国会・裁判所がもつもの以外の権力を、行政権といいます。行政権をもつのは、内閣です（65条）。内閣は、トップである内閣総理大臣と、メンバーである国務大臣で構成されます。内閣総理大臣と国務大臣は、どのように選ばれるのでしょうか。内閣総理大臣は国会の議決で指名され（67条1項）、国務大臣は内閣総理大臣が任命します（68条1項本文）。また、内閣総理大臣は国会議員でなければいけませんが（67条1項）、国務大臣は「その過半数」が国会議員であればよいとされています（68条1項ただし書）。すなわ

ち、内閣総理大臣と国務大臣は、選ぶ人と選ばれるための資格が違う、といえます。この違いは、内閣総理大臣が行政権のトップとして、私たちの代表である国会と強く結びついていなければいけないことと、国務大臣の仕事に関係しています。国務大臣は、内閣総理大臣とともに会議をする（この会議を閣議といいます）だけでなく、**2**でとりあげる行政機関のトップとしての仕事もしなければならず、各省庁の仕事に関する専門知識が必要です。しかし、選挙で決められる国会議員のなかに、その分野について詳しい人がいるとは限らないため、憲法は国会議員でない国務大臣の存在も想定しているのです。

↓内閣官房長官と内閣総理大臣をともに務めた菅義偉氏

ロイター／アフロ

↓閣議のようす

毎日新聞社／アフロ

2　行政機関

　行政権は、いくつもの省庁に分かれて、様々な仕事をしています。たとえば、国の安全に関する仕事（防衛省）、学校のルールをまとめる仕事（文部科学省）、道路をつくる仕事（国土交通省）、災害からの復興の仕事（復興庁）などです。また国の行政機関のほかに、市町村にある市役所・町村役場や都道府県庁も、それぞれのまちで私たちが豊かに暮らすことができるように活動している行政機関です。ただ、行政機関が暴走しないためには、国会や裁判所が見張る以外にも、様々なルールが必要です。行政機関は幅広い仕事を、法律に裏づけられた強い権限をもって行っているからです。行政機関に課せられたルールには、たとえば私たちを平等に扱うこと（平等原則）や、仕事の内容を私たちにきちんと説明しなければならないこと（説明責任）などがあります。

↓道路工事も行政活動の一環

毎日新聞社／アフロ

↓行政機関の組織図（一部抜粋）

内閣官房HPを参考に筆者作成

★○×問題でチェック★

問5　国務大臣は、その全員が国会議員でなければならない。
問6　道路をつくる仕事も、行政権の仕事の1つである。

Ⅳ　裁判所

1　司法権

　法律を使って事件を解決する権力を、司法権といいます。司法権を有する機関は、裁判所です（76条1項）。法律を使って事件を解決するためには、「具体的争訟について法律を適用（あてはめ）し、裁定（判断）する」必要があります。「あの人が私を好きかどうか」といった問題は、法律を適用することができないので、裁判所で扱うことができません。また、一見法律が適用できそうなのに、裁判所が扱うことができない問題もあります。「板まんだら」事件で、裁判所は、「信仰の対象の価値又は宗教上の教義に関する判断」が事件の核心にあるとして、「法令の適用による終局的な解決の不可能なもの」だと判断しました（最高裁昭和56年4月7日判決）。さらに、たとえば高度に政治的な行為であることを理由に、裁判所が判断を避けることもあります（統治行為論）。

　裁判所は、その性質上、他の権力よりも政治的な圧力を受けやすいため、他の権力からの司法権の独立と、裁判所内外での裁判官の独立（76条3項）が、手厚く保障されています。大津事件は、大審院長が政治的圧力から司法権の独立を守ろうした事件ですが、そのために他の裁判官の独立を脅かしたのではないかという指摘もあります。

↓大津事件を描いた挿絵（1891年3月30日のLe petit Journal誌掲載、Henry Meyer 作）

↓板まんだらの一例

Heritage Image／アフロ　　　　蕨市歴史民俗資料館提供

2　最高裁判所の役割

　裁判所には、最高裁判所と、法律の定めるところにより設置する下級裁判所（高等裁判所・地方裁判所・家庭裁判所など）があります（76条1項）。日本の裁判は、三審制を原則としているので、納得がいく判断が出なければ、さらに上級の裁判所に訴えることができます。私たちの訴えが最後に行きつく先が、最高裁判所です。最高裁判所は、最上級審として裁判を行うだけでなく、裁判に関するルールを決めたり（77条）、下級裁判所の裁判官を指名したりします（80条1項）。そして、最高裁判所の最も重要な役割は、「一切の法律、命令、規則又は処分が憲法に適合するかしないかを決定する権限を有する終審裁判所」としての役割です（81条）。憲法に違反している法令や処分は、無効になります（98条1項）。法令や処分が憲法に適合するかしないかを決定する審査を憲法適合性審査といい、この強力な権限をもっている最高裁判所は、「憲法の番人」といわれます。しかし、最高裁判所が「番人」としての役割を十分に果たしているかどうかは、チェックが必要です。実際に法令に書かれた条文そのものが最高裁判所によって憲法違反（法令違憲）と判断された事例は、日本国憲法が施行された1947年から2023年までの間に、わずか12件です。なお、最高裁判所の裁判官は、内閣で指名（長たる裁判官、6条2項）・任命（長以外の裁判官、79条）されます。

↓最高裁判所が法令違憲の判断を下した事件一覧

No.	2023年12月までに法令違憲と判断された規定	判断の根拠となった憲法の条文	裁判年月日	法令違憲判決を受けた改正法が公布された日
1	刑法における尊属殺重罰規定	14条1項	昭和48(1973)年4月4日	平成7(1995)年5月12日
2	薬事法	22条1項	昭和50(1975)年4月30日	昭和50(1975)年6月13日
3	公職選挙法	14条1項、15条1項・3項、44条ただし書	昭和51(1976)年4月14日	昭和50(1975)年7月15日(判決前に改正)
4	公職選挙法	14条1項	昭和60(1985)年7月17日	昭和61(1986)年5月23日
5	森林法における分割請求禁止規定	29条2項	昭和62(1987)年4月22日	昭和62(1987)年5月27日
6	郵便法	17条	平成14(2002)年9月11日	平成14(2002)年12月4日
7	公職選挙法における在外国民の選挙に関する規定	15条1項・3項、43条1項、44条ただし書	平成17(2005)年9月14日	平成18(2006)年6月14日
8	国籍法	14条1項	平成20(2008)年6月4日	平成20(2008)年12月5日
9	民法における婚外子の法定相続分に関する規定	14条1項	平成25(2013)年9月4日	平成25(2013)年12月5日
10	民法における再婚禁止期間規定	14条1項、24条2項	平成27(2015)年12月16日	平成28(2016)年6月7日
11	最高裁判所裁判官国民審査法における在外国民の審査に関する規定	15条1項、79条2項・3項	令和4(2022)年5月25日	令和4(2022)年11月18日
12	性同一性障害者の性別の取扱いの特例に関する法律	13条	令和5(2023)年10月25日	未定

斎藤一久＝堀口悟郎編『図録日本国憲法〔第2版〕』（弘文堂・2021年）104頁を参考に筆者作成

★〇×問題でチェック★
問7　高度に政治的な行為であることを理由に、裁判所が事件の判断を避けた例がある。
問8　最高裁が、法令を憲法違反と判断した例は、戦後1件もない。

23 行政法Ⅰ：行政作用法

Ⅰ 行政法ってなに？

1 こんなところにも行政法

行政法という言葉を聞いて、みなさんはどういうものだと考えるでしょうか。「そういう名前の法律があって、行政に関係する法律を扱う分野だろう」と考えるかと思います。ここで、行政が扱う物事を具体的に考えてみましょう。みなさんが朝に顔を洗おうとして蛇口をひねると水が出てくるのは、水道法に基づいてみなさんと水道事業者（通常は市町村です）とが契約を結

んでいるからです。みなさんが安心してお店で食事ができるのは、食品衛生法に基づいて、行政による許可を得た事業者だけが飲食店を経営することができるからです。このように行政は、大げさにいえば森羅万象に関係しているので、行政に関係する法律を「行政法」という1つの法律で定めることは行われていません。憲法や民法をはじめとする六法がその名の通りの法律をもっているのとは異なっています。大学の図書館で現行法規総覧を探してみれば、行政に関係している法律が非常にたくさんあることがわかるでしょう。

↓現行法規総覧

筆者撮影

↓こんなところにも行政法

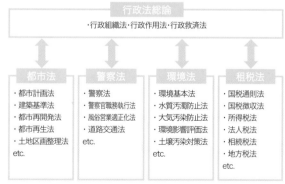

筆者作成

2 様々な参照領域との目線の往復

では、行政法はそういった水道法や食品衛生法のような法律（こうしたものを個別法と呼びます）をひとつひとつ勉強する分野なのでしょうか。学問としての行政法（総論）は、行政活動全体に関係する原理や、分野横断的な法律を中心的に学ぶ分野です。行政法は、行政組織の原理を扱う行政組織法や行政活動の原理を扱う行政作用法、違法な行政活動からの救済を扱う行政救済法に分けられることが多いです。

これに対して、個別法をある程度の領域ごとにまとめて行政法各論とかつて呼んでいました。行政法各論においては、行政法で一般的に育まれた原理が、それぞれの領域ではどのような適用を受けるか、ときにはどのように修正を受けるかという問題が生じます。また、それぞれの領域に固有の問題だと思われていたものが、一般的な原理にも組み込まれるべき重要性があると認識されることもあります。こうして、かつての行政法各論に相当するものが、近時は参照領域と呼ばれ、行政法研究にとっての重要性が再認識されるに至っています。環境法や租税法、情報法のように独自の重要性を獲得するに至り、この本の目次

を見ていただくとわかるように独立して扱われるようになった参照領域もあります。こうして、行政法学と参照領域とは相互に影響しあって発展していくことが期待されます。みなさんもぜひ、お気に入りの参照領域や個別法を見つけてみてください。

↓各種参照領域と行政法総論

行政法総論
・行政組織法・行政作用法・行政救済法

都市法	警察法	環境法	租税法
・都市計画法 ・建築基準法 ・都市再開発法 ・都市再生法 ・土地区画整理法 etc.	・警察法 ・警察官職務執行法 ・風俗営業適正化法 ・道路交通法 etc.	・環境基本法 ・水質汚濁防止法 ・大気汚染防止法 ・環境影響評価法 ・土壌汚染対策法 etc.	・国税通則法 ・国税徴収法 ・所得税法 ・法人税法 ・相続税法 ・地方税法 etc.

原田大樹『行政法学と主要参照領域』（東京大学出版会・2015年）
x頁をもとに筆者作成

問1　日本には、「民法」や「刑法」と同様に、「行政法」という名の法律がある。
問2　行政法総論を勉強すれば、参照領域となる分野の法律を具体的に見る必要はない。

Ⅱ　法律による行政の原理

1　行政法における各種の規範

　個別法の各規定を眺めてみると、行政に対する法規範は、大きく3つに分かれていることに気づきます。1つは、組織規範といわれるもので、行政組織を編成し、その組織の任務を示す規定です。たとえば警察法2条は、警察組織に対する一般的な任務を規定しています（この規定をめぐっては、組織規範以上の意義があるという議論もあります）。そうして編成され任務の与えられた行政のうち、誰が国民に対して、どのような場合にどのような権限を行使するかの根拠を与える規範があります。これを根拠規範といいます。そして、行政の活動に対して、限界づけを与えたり、履践すべき手続を定めたりする規制規範も存在します。

↓警察法分野における各種規範

組織規範	警察法2条： 警察の責務として、犯罪の予防、鎮圧および捜査、被疑者の逮捕、交通の取締その他公共の安全と秩序の維持を規定
根拠規範	警察官職務執行法2条1項： 不審事由のある者に対する警察官の職務質問権限
規制規範	警察官職務執行法2条3項： 職務質問者に対する刑訴法の規定によらない身柄拘束の禁止

筆者作成

2　法律による行政の原理の内容

　このように行政法における各規定を分類すると、行政法における最も重要な原則である「法律による行政の原理」をより具体的に理解することができます。この原則は、「行政は法律に従って行われなければならない」と要約されますが、より詳しくは、3つの内容に分けられるとされます。

　第1には、「法律の優位」と呼ばれるもので、行政活動は、法律に違反してはならない、というものです。これは当然のことで、行政活動全般が、このルールに服します。第2には、法律の法規創造力というもので、行政は独自に、国民に対し拘束力のある一般的定めをつくることはできないというものです。このことは、国会を唯一の立法機関とする憲法41条のもとでは当然のことではあります。第3のものが最も重要なのですが、「法律の留保」とされるルールで、行政活動のうち、一定の範囲のものは、根拠規範がなければ行うことができないというものです。

↓法律による行政の原理の内容

法律の法規創造力	国民に拘束力のある一般的・抽象的規範は法律の形式による
法律の優位	すべての行政活動は法律に違反してはならない
法律の留保	一定の行政活動には根拠規範が必要である

筆者作成

3　法律の留保に服する行政活動はどの範囲？

　根拠規範が必要な行政活動はどの範囲かについて、様々な議論がなされてきました。今日でも判例や行政実務が従っているのは侵害留保説というものです。これは、行政活動のうち、国民の自由や財産を侵害する活動については、法律の根拠を必要とするという説です。これは上記のような活動をする行政権を議会が制限するという、自由主義に支えられたものでした。

　しかし、民主主義のもとでは、行政の活動のうちには、国民の自由や財産の侵害に限らず、議会の決めた法律に従うべきものがあるといえそうです。行政活動の本質的な事項については議会が法律を定めるべきという重要事項留保説（本質性理論）が今日では有力に唱えられています。

　これらの議論は、様々な行政活動に意味をもちえます。たとえば自動車検問のうち一斉検問とされるものは、不審な点の有無

↓交通検問の様子

警察庁HPより

にかかわりなく車を停止させて質問するものです。このため、不審事由のある場合に限り職務質問を認める警察官職務執行法2条1項はこの活動の根拠規範とはいえません。仮に一斉検問が根拠規範なく行われているとすれば（判例の理解は☞ 17-Ⅱ 3 も参照）、侵害留保説からは、一斉検問は強制力を伴わない形で行われなければならないと説明することになるでしょう。

　また、近時、元首相の国葬儀をめぐり、根拠規範の要否が議論されました。侵害留保説からは根拠規範は不要であると思われますが、重要事項留保説からは別論の余地があります。

↓安倍晋三元首相の国葬儀の様子

代表撮影／ロイター／アフロ

★〇✕問題でチェック★
問3　行政は、根拠規範を必要としない行為については、法律に従わなくてもよい。
問4　侵害留保説からは、国民に行政が補助金を給付するには、根拠規範を必要としない。

23 行政法Ⅰ：行政作用法　**105**

III 行政の様々な手法

1 様々な行政の手法と一般的制度

多くの個別法において行政は、一般的なルールに基づいて個別的な措置を行い、この措置の実効性を確保する、という流れで目的を達成します。その際に様々な手法を有しています。

まず、一般的なルールをみてみましょう。すでにみてきたように、行政活動は法律に基づいて行われます。しかし、国会がすべての物事を法律で詳細に定めることはできません。そこで法律自体が「詳しくは行政で決めてくれ」と命じていたり、行政自身が「案件を処理するためにもっと詳しい基準を定めよう」と考えたりすることにより、行政がルールを定めることがあります。法律に命じられて行政が定めるルールを法規命令、自分で定めるものを行政規則といいます。また、行政が、目標を定めて、その達成手段や関係者の役割を定めることがあり、これを行政計画といいます（ただし、様々な性質の計画があります）。

続いて、個別的な措置の段階です。行政は根拠規範にそうする権限を与えられれば、個別の国民に対して、その権利や義務を一方的に左右する措置を行うことができます。これが行政行為と呼ばれるもので、行政法総論の体系において最も重要なものです。しかし、行政の手法はこれにとどまりません。行政契約のように、民事的な手法に基づいて行政活動を行ったり、行政指導のように相手方に任意に協力を求めたりすることによって目的を達成することもあります。

さらに、法律や行政行為によって義務を課せられた私人が、その義務を果たさない場合には、行政は行政上の強制執行を行ったり、違反したとして行政罰を科したりすることによって義務が実現されるようにしています。また、行政上の強制執行によく似たものに、義務を課さずに直接に行政が実力を行使して目的を達成する即時強制も行われることがあります。

最後に、それぞれの行為を行うために行政は情報を収集する必要があり、行政調査が行われます。

図には、いま自治体の現場で最も重要な法律の1つである、空家等対策特別措置法（空家法）の概略を紹介しています（2023年改正施行前のもの。以下の本文も同様）。すべてがここで紹介した手法に分類しきれるわけではありませんが、様々な手法を有していることが見て取れるでしょう。

↓行政活動のモデル図

一般的なルール	個別的な措置	実効性確保手段
法律	**行政行為≒行政処分**	**行政上の強制執行**
法規命令	行政契約	行政罰
行政規則	行政指導	その他の実効性確保手段
行政計画（様々な性質のものがある）		（即時強制）

筆者作成

↓空家法の概略

国	都道府県
・空家施策の総合的かつ計画的推進のための基本指針の作成 ・空家対策のための財政・税制上の措置	・市町村に対する情報提供・助言 ・市町村相互間の調整 ・空家対策のための財政・税制上の措置

市町村

・国の基本指針に即した空家等対策計画の策定
・協議会の設置
・空家等への立ち入り調査権限
・固定資産税情報の内部利用権限
・データベースの構築
・所有者等に対する適切な管理のための助言の提供
・空家等に関する必要な助言の提供

特定空家等（2条2項）
助言・指導
↓
勧告
↓
命令
↓
代執行／略式代執行

総務省作成資料に基づき筆者作成

2 様々な手法を駆使した行政目的の実現──野洲市の老朽化マンションの除却を題材に

空家法を題材に、詳しくみてみましょう。この法律は、一定の要件を満たす危険な空家を「特定空家等」として、所有者に対処させる権限を、市町村長に付与しています。市町村長は、特定空家等の所有者に修繕や除却をするよう指導（行政指導）をし、指導に従わない場合には勧告をし、勧告に従わないときは命令（行政行為）をします。命令にも従わないときには、市町村長は、行政上の強制執行として、所有者に代わって修繕や除却などの対処を行うことができます（代執行。所有者の行方が知れないときは略式代執行）。

具体例に、野洲市の老朽化マンションに対する代執行をみてみましょう。マンションは1人でも住民が残っていると空家に該当しないのですが、この事例では長らく住民が誰もいなくなっていました。アスベストの検出によりマンションを除却する必要が出てきましたが、その費用負担は非常に重いものでした。しかし、市が粘り強く、判明している所有者らに除却の必要性を行政指導段階から丁寧に説明したことにより、費用負担をもある程度念頭に置いた強制執行を行うことができました。

↓廃墟化したマンション

野洲市作成資料より

問5　行政は私人と同様に契約を締結して、物を購入することができる。
問6　空家等対策特別措置法では、特定空家等の所有者に対して市長が修繕や除却をするように命令をする前に、行政指導をすることとなっている。

Ⅳ 行政裁量──行政行為を念頭に

　行政は、議会に比して専門的な知見を有しているうえに、現場で柔軟に対応する必要があります。このため、議会が法律を厳格なルールとせず、適切な範囲で行政が判断する余地を与えることがあります。このような行政の判断余地を<u>行政裁量</u>といいます。行政がある行為をするための法律上の条件（要件）を満たしているかどうかについての判断余地のことを<u>要件裁量</u>、要件を満たしているときに法律上認められた選択肢のうちどれをとるかを判断する余地のことを<u>効果裁量</u>といいます。

　問題は、このような行政裁量について裁判所はどのように審査することができるかということです。裁判所が、行政の判断に対して、「私ならこう考える」といって介入してしまうと、せっかく議会が行政に判断余地を与えた趣旨を没却してしまいます。他方で、まったくこの行政裁量に対して裁判所が口出しできないとすれば、議会が行政に与えた判断余地は、あくまで適切な範囲で行使されるべきものだったということを損ねてしまいます。そこで近年の裁判所は、行政が判断を行った過程をなぞりながら、与えられた裁量の範囲を超えていないかチェックします。

　図は、学校の教職員組合が、日曜日に教育研究集会を行うために学校施設の使用を申し出たところ、校長に不許可とされたとして争った<u>呉市学校施設目的外使用事件</u>（最高裁平成18年2月7日判決）の構造です。行政が不許可をするにあたり、どのような事項をどのように考慮したかについて、裁判所がひとつひとつチェックしているのが見て取れるでしょう。

↓呉市学校施設目的外使用事件における裁量審査

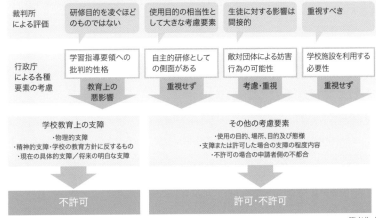

筆者作成

Ⅴ 行政と私人の役割分担の見直し

　行政法において行政活動の主体となるのは基本的に国や市町村ではありますが、今日では、行政活動の担い手としての私人の重要性も高まっています。行政と私人とが適切に役割分担をしながら協力しながら行政活動を行う現象を<u>公私協働</u>といいます。このような公私協働が進んだ分野として、行政の保有している財産を私人に活用してもらう事例をいくつか紹介しましょう。

　<u>公の施設</u>と呼ばれる、地方公共団体が住民の利用のために提供する施設があります。2003年の地方自治法改正で導入された<u>指定管理者制度</u>によって、この公の施設の管理を、行政行為によって指定された民間事業者に委ねることができるようになりました。この際に委ねられる権限には、行政行為をする権限も含まれています。指定管理者制度が利用されている例としては、図書館の管理を、書店などの事業者やNPOなどに委ねているものがみられます。ほかに、<u>PFI</u>（Private Finance Initiative）と呼ばれる、民間資金を活用して公共施設をつくるところから始めて、民間事業者が管理を行うというものもあります。

　新しい試みとして、Park-PFIと呼ばれる制度をみてみましょう。この制度のもとでは、民間事業者は公園のなかにカフェのような収益施設を設置して、この収益を公園全体の整備・管理費用の一部に充てます。このことにより、収益施設の設置・運営について、法律上有利な地位を事業者は得ることができます。

　これらの手法については、民間の力による合理的な経営が期待される一方で、行政による継続的な監督によりサービスの質を維持することも必要です。

↓指定管理者制度を利用した図書館（武雄市）

北九州市立大学田代ゼミ撮影

Park-PFIのしくみ

	カフェ等の施設	広場等の公共部分	
従前	民間資金	公的資金	
Park-PFI	民間資金	民間資金	公的資金

国土交通省資料に基づき筆者作成

24 行政法Ⅱ：行政救済法

Ⅰ 行政救済法とは

　行政も万能ではありません。ときには、行政活動によって私人の権利利益が侵害されてしまうこともあります。当然、被害者は何らかの救済を求めます。これが行政救済法の分野です。行政救済法は、違法な行政活動の是正を求める行政争訟法と金銭填補を求める国家補償法に大別されます。さらに、行政争訟法は誰に是正を求めるかによって行政上の不服申立てと行政訴訟に分かれ、国家補償法は原因となった行政活動が違法か適法かによって国家賠償と損失補償に分かれます。

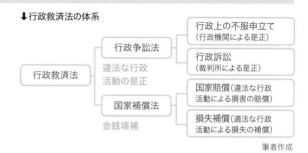

↓行政救済法の体系

```
行政救済法 ─┬─ 行政争訟法 ─┬─ 行政上の不服申立て
            │  違法な行政    │  （行政機関による是正）
            │  活動の是正    └─ 行政訴訟
            │                   （裁判所による是正）
            └─ 国家補償法 ─┬─ 国家賠償（違法な行政
               金銭填補     │  活動による損害の賠償）
                            └─ 損失補償（適法な行政
                               活動による損失の補償）
```
筆者作成

Ⅱ 行政上の不服申立て

　行政処分に不服がある者には、2つの是正手段があります。1つが行政機関に是正を求める行政上の不服申立て、もう1つが裁判所に是正を求める行政訴訟です。どちらを利用するかは、私人が自由に選択できます（自由選択主義）。ただし、個別の法律で、不服申立てを経なければ訴訟を提起できないと定めている場合もあります（不服申立前置主義）。

　行政上の不服申立てについて定めた行政不服審査法は、審査請求を柱にしています。審査請求とは、処分をした行政庁（処分庁）のいわば最上位の上司である最上級行政庁（大臣、知事、市長など）に不服を申し立てる手続です。審査請求が認容されれば、処分は取り消されるか変更されます。審理は裁判よりも簡易迅速で、手数料もかかりません。また、行政機関が審理することから、違法な処分はもちろん、違法とまではいえない

不当な処分まで審査できる一方、中立性の確保が課題になります。そこで行政不服審査法は、第三者機関の関与など、公正さを高めるしくみを置いています。

↓飲食店の営業許可が取り消された場合の争い方

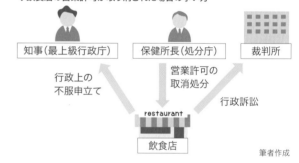

筆者作成

Ⅲ 行政訴訟

1 行政訴訟と民事訴訟の関係

　行政訴訟について定めた行政事件訴訟法は、「行政庁の公権力の行使に関する不服の訴訟」として抗告訴訟を置いています。この抗告訴訟の典型が、取消訴訟です。その名の通り、処分の取消しを求める訴訟です。

　抗告訴訟の定義からして、「公権力の行使」を民事訴訟

↓処分の取消訴訟

```
都道府県              都道府県
公安委員会            公安委員会        ③取消訴訟
   │  ②取消訴訟          │  ①営業許可
①営業│  営業停止       ①営業許可│  の申請
停止処分│ 処分は違法    の申請  │②営業
   ↓                      ↓  許可処分   営業許可
pachinko              pachinko         処分は違法
パチンコ店            パチンコ店    周辺住民
```
筆者作成

↓大阪国際空港を離陸する航空機。空港と民家が隣接するあまり、航空機が民家の間から飛び立つように見える

毎日新聞社／アフロ

で争うことはできません。大阪国際空港事件判決（最高裁昭和56年12月16日判決）は、騒音被害を理由に国営空港の夜間使用の差止めを求めた周辺住民の請求につき、運輸大臣の航空行政権の行使に影響を及ぼすものであるから、行政訴訟はともかく民事訴訟を利用することはできないと判断しました。

★○×問題でチェック★

問1　行政処分に不服がある場合、行政訴訟を提起するしかない。
問2　国営空港の夜間使用の差止めを請求する場合、民事訴訟は利用できない。

2 訴訟要件

　取消訴訟で原告が勝訴するには、要件審理と本案審理を突破しなければなりません。本案審理では、取消しを求める処分が違法であるかが問われます。いわば訴訟の本丸です。この本丸の前に、要件審理という関門が立ちはだかります。要件審理では、原告の請求が訴訟要件を満たしているかが問われます。訴訟要件とは、裁判所が請求の当否を判断するために必要な条件です。訴訟要件を1つでも欠くと、処分が違法かを判断することなく、請求は門前払いされてしまいます。

　取消訴訟の訴訟要件は、処分性、原告適格、（狭義の）訴えの利益、被告適格、管轄裁判所、出訴期間、不服申立前置

の7つです。このうち、特に問題となるのが処分性、原告適格、訴えの利益です。まず、取消訴訟の対象は「処分」と定められているので、処分としての性質（処分性）を有しないもの、たとえば法律の取消訴訟は提起できません。また、取消訴訟を提起するには原告に適した資格（原告適格）が必要になります。どれだけ処分に不服でも、無関係な者は取消訴訟を提起できません。最後に、訴えの利益とは処分を取り消す実益のことです。たとえば、営業停止期間の経過後に営業停止処分の取消訴訟を提起することは原則できません。営業を再開できる以上、処分を取り消す実益がないからです。

↓取消訴訟の審理の流れ

筆者作成

↓取消訴訟の訴訟要件

処分性	取り消したい対象は「処分」か
原告適格	取消訴訟を提起できる資格はあるか
(狭義の)訴えの利益	処分を取り消す実益はあるか
被告適格	被告の選択を誤っていないか
管轄裁判所	管轄権を有する裁判所に出訴しているか
出訴期間	取消訴訟を提起できる期間を経過していないか
不服申立前置	行政上の不服申立てを経ているか（不服申立前置主義が採られている場合のみ）

筆者作成

3 多彩な救済メニュー

　行政事件訴訟法は、取消訴訟ではカバーできない事態に備えて多彩な救済メニューを用意しています。まず、取消訴訟には出訴期間の制限があります。原則として、処分があったことを知った日から6か月または処分があった日から1年を過ぎれば取消訴訟は提起できません。この場合、出訴期間の制限がない無効等確認訴訟を提起し、処分が無効であることの確認を求めることができます。また、営業許可などの申請に行政が何の応答もしない状況（不作為）には、取消訴訟では対応できません。この場合、不作為が違法であることの確認を求めて不作為の違法確認訴訟を提起できます。

　さらに、2004年に義務付け訴訟と差止訴訟が新設されました。義務付け訴訟とは行政が一定の処分をすることの義務づけを求める訴訟で、申請型と非申請型があります。申請が拒否または放置された場合、従来は取消訴訟や不作為の違法確認訴訟が活用されていました。しかし、取消訴訟で勝訴しても別の理由で再び拒否処分がされるかもしれませんし、不作為の違法確認訴訟で勝訴しても不作為が違法とされるだけなので、申請が拒否されるかもしれません。一方、申請型義務付け訴訟で勝訴すれば行政は認容処分を義務づけられるため、確実な救済が得られます。申請を前提としない場

合は、非申請型義務付け訴訟で行政に処分（たとえば、違法行為を働く事業者に対する監督処分）の発令を求めることができます。最後に、取消訴訟では違法な処分を予防できません。違法な処分がされようとしている場合は、差止訴訟で処分の差止めを求めることができます。

↓取消訴訟の限界

- ・出訴期間を過ぎれば提起できない ⇒ 無効等確認訴訟
- ・不作為を争えない ⇒ 不作為の違法確認訴訟／義務付け訴訟
- ・違法な処分を予防できない ⇒ 差止訴訟

筆者作成

↓取消訴訟以外の抗告訴訟

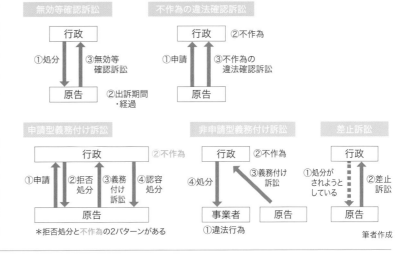

筆者作成

★○×問題でチェック★
問3　取消訴訟の訴訟要件を満たしていなくても、処分が違法であれば、原告は勝訴できる。
問4　取消訴訟の出訴期間を過ぎても、無効等確認訴訟で処分の無効を争うことができる。

24 行政法Ⅱ：行政救済法　**109**

IV 国家賠償

1 総 説

国家賠償とは、違法な行政活動によって生じた損害を金銭賠償することです。不法行為（☞ 3-I）の国・地方公共団体バージョンといえるでしょう。国家賠償法は、1条で人の行為に関する責任、2条で物の欠陥に関する責任を定めています。たとえば、パトカーに轢かれたり、道路が陥没して負傷した場合、被害者は国家賠償請求訴訟を提起できます。

国家賠償法1条の責任を問うには、加害行為が「公権力の行使」でなければなりません。国家賠償法にいう「公権力の行使」には公立学校での教育活動など非権力的なものも含まれ、語感より広い意味で理解されています（広義説）。そして、国または公共団体の公務員が、職務を行うについて（職務関連性）、故意または過失によって違法に他人に損害を加えたとき、国家賠償責任が成立します。この場合、加害公務員に損害賠償を請求することは判例上認められていません。個人責任を認めることで公務員が萎縮しかねないからです。

国家賠償法2条の責任が成立するには、公の営造物の設置・管理に瑕疵がなければなりません。公の営造物には、道路や公園のほか、自然公物や動産も含まれます。設置・管理の瑕疵は「通常有すべき安全性」の欠如と定義され、営造物の用法や利用状況など様々な事情を考慮して判断されます。

↓国家賠償請求訴訟の類型

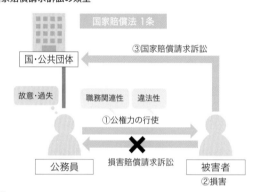

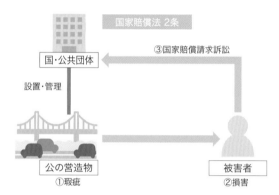

筆者作成

2 規制権限の不行使

国家賠償法1条の「公権力の行使」には、公権力の不行使も含まれます。たとえば、ある事業者が有害物質を排出して周辺住民に健康被害が生じた場合、当然悪いのは事業者ですが、事業者を取り締まる権限（規制権限）を行使しなかった行政にも責任があるといえます。このように行政が直接の加害者でない場合も、損害賠償を請求することができます。

しかし、規制権限を行使するかしないかの判断は行政の広い裁量に委ねられています。そうすると、権限を行使するもしないも行政の自由だから、不行使が違法になることはないという話になりかねません（行政便宜主義）。そこで最高裁は、規制権限の不行使が著しく合理性を欠くときは違法になるという考え方（裁量権消極的濫用論）を採用しています。

建設アスベスト訴訟（最高裁令和3年5月17日判決）では、アスベストによる健康被害を受けた元建設労働者が損害賠償を請求しました。最高裁は、国がアスベスト対策の必要性を認識した1975年からアスベストの製造・使用が禁止された2004年までの間、防じんマスクの着用を義務づけるように規制権限を行使しなかったことは著しく合理性を欠き違法であると判断しました。この判決を受けて、アスベスト被害者を救済するための給付金制度が創設されました（☞ 11-II）。

↓規制権限の不行使が問題となる場面

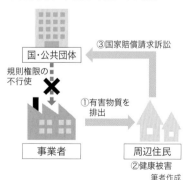

筆者作成

↓アスベストを説明する国土交通省のパンフレット

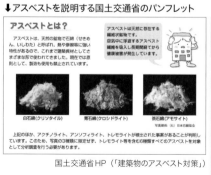

国土交通省HP「建築物のアスベスト対策」

↓建設アスベスト給付金制度のリーフレット

厚生労働省HP

★○×問題でチェック★

問5 違法な行政活動の被害者は、国・公共団体のほか、加害公務員にも損害賠償を請求できる。
問6 規制権限の行使は行政の裁量に委ねられているから、不行使が違法になることはない。

3 水害訴訟

国家賠償法2条の「公の営造物」には、河川のような自然公物も含まれます（☞**1**）。そのため、豪雨で河川が氾濫した場合、被災者は、河川管理の瑕疵を主張して国や地方公共団体に損害賠償を請求できます。いわゆる水害訴訟です。

初期の裁判例は、安全な状態で公共の用に供される道路と同水準の安全性を河川にも求めました。その結果、水害が発生すれば通常有すべき安全性を欠いていたとして河川管理の瑕疵が認められ、国家賠償請求が認容されていました。

この流れを一変させたのが、大東水害訴訟（最高裁昭和59年1月26日判決）です。最高裁は、❶河川はもともと災害発生の危険性を内包しており、❷その安全性は治水事業によって確保されるが、❸治水事業には財政的制約（莫大な費用がかかる）、技術的制約（原則として下流から行う必要がある）、社会的制約（治水のための用地取得が難しい）があるため、❹あらゆる水害を防止する安全性を備えるには相応の期間が必要であるから、❺河川の安全性としては治水事業の過程に対応する過渡的な安全性をもって足りる、と述べて水害訴訟固有の考え方を示しました。そして最高裁は、改修中の河川については、特段の事由がない限り、改修計画が格別不合理でなければ瑕疵は認められないという厳格な基準を立て、河川管理の瑕疵を否定しました。これ以降、水害訴訟で原告が勝訴することはほぼなくなりました。

↓大東水害訴訟の判断基準

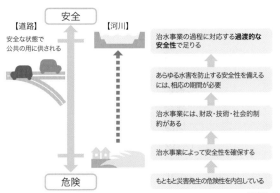

筆者作成

↓2015年9月の関東・東北豪雨で氾濫した鬼怒川

読売新聞／アフロ

Ⅴ　損失補償

道路建設などの公共事業のために、私有地を収用することがあります。これは、土地収用法に基づく適法な行政活動です。もちろん、土地という財産を強制的に取り上げる以上、タダというわけにはいきません。憲法29条3項は「私有財産は、正当な補償の下に、これを公共のために用ひることができる」と定めていますから、土地所有者には「正当な補償」として地価相当額を支払わなければなりません。このように、適法な行政活動によって生じた損失を金銭補償することを損失補償と呼びます。最近では、コロナ禍での営業自粛要請に関連して、「自粛と補償はセットか」が議論されました。

適法な行政活動によって財産権を侵害されても、必ず補償がされるわけではありません。その損失が、公平負担の観点から「特別の犠牲」にあたらなければなりません。みんなのために特別の犠牲を払ったからこそ、みんなから集めた税金で補償をするのです。特別の犠牲にあたるかは、2つの基準で判断されます。1つが、侵害行為が少数特定の者に対する個別的なものか、不特定多数に対する一般的なものかという形式的基準です。個別的であるほど補償が要請されます。

もう1つが、侵害行為が財産権の本質的内容を侵すかという実質的基準です。実質的基準では、規制の目的（公共の安全・秩序を維持するための消極目的の規制か、公益を増進するための積極目的の規制か）、強度（強度か、軽度か）、態様（現状変更か、現状固定か）などが考慮されます。それぞれ、積極目的であれば、強度であれば、現状を変更するのであれば、補償の必要性が高まります。奈良県ため池条例事件（最高裁昭和38年6月26日判決☞**21-1 2**）では、ため池の堤とうでの耕作禁止に補償は必要かが争われました。最高裁は、災害防止という消極目的の規制である点を重視して補償不要と判断しました。

↓休業補償を訴えるポスター（2020年4月）

日本共産党HP

↓補償の要否の判断基準

		必要 ⟷	不要
形式的基準		個別的 ⟷	一般的
実質的基準	規制の目的	積極目的	消極目的
	規制の強度	強度	軽度
	規制の態様	現状変更	現状固定

筆者作成

★○×問題でチェック★

問7　最高裁によれば、河川の安全性は、治水事業の過程に対応する過渡的な安全性で足りる。
問8　消極目的の規制による財産権の侵害には、損失補償をしなければならない。

25 地方自治法

I 地方自治法ってなに？

地方自治法とは、様々な判例や時事ネタを絡めながら、主に次の3つのことを学習する科目です。1つめは、地方公共団体内部のしくみです。都道府県と市町村では、住民が長と議員の両方を選ぶ二元代表制が採用されています。最近では長と議会が激しく対立する地方公共団体も多く、双方の意見をどのように調整するかが大きな問題となっています。この科目では、こうした長と議会の関係をはじめとして、地方公共団体内部の様々な機関の役割を学びます。2つめは、地方公共団体と住民の関係です。地方自治の主役である住民には、長の解職請求や議会の解散請求など、様々な政治参加のしくみが用意されています。「民主主義の学校」ともいわれる地方自治において、住民にどのような役割が期待されているかを詳しく学習することも、この科目の重要な目的です。3つめは、国と地方公共団体の関係です。両者の関係はあくまで対等というのが建前ですが、実際には地方公共団体の政策に国が口を出してくることも少なくありません。そこで、こうした国による関与がどのような場合に、またいかなる形で認められるのか、そしてその関与が原因で両者がもめた場合、どのように解決を図るのか、ということが問題となります。以上の学習を進めながら、地方自治の大原則である地

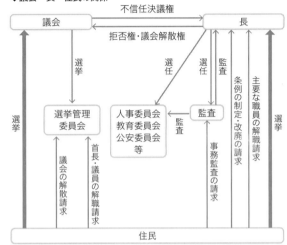

↓議会・長・住民の関係

帝国書院『高等学校　公共』（帝国書院・2022年）101頁をもとに一部改変して筆者作成

方自治の本旨（憲法92条）が具体的に何を指すかをあれこれ考えることが、地方自治法という科目の醍醐味といえるでしょう。

II 変化する地方自治の「かたち」

地方自治の骨格を定める地方自治法は、普通地方公共団体と特別地方公共団体という2種類の団体に関する規定を置いています。そして、このうち前者に該当するのが、市町村と都道府県です（後者の例としては、東京23区のような特別区が挙げられます）。市町村は基礎的な地方公共団体として、社会保険や上下水道の整備、小中学校の管理など、区域内の様々な事務を担当します。これに対して都道府県は、広域にわたる事務のほか、国－市町村間または市町村相互間の連絡調整等に関する事務、その他市町村には適さない規模の事務を担っています。

市町村については、基礎的自治体として必要な規模や能力を確保すべく、市町村合併が何度も行われてきました。特に、1999年頃から国主導で進められた平成の大合併では、1999年には約3200あった市町村が、2010年には約1800まで減少しています。これに対して都道府県については、現在の47都道府県を10前後の道と州に再編する道州制が、何度も議論されてきました。もっとも、道州制については、最近だと2000年代に議論が盛り上がったものの、区域のあり方や国・市町村との役割分担など検討すべき課題も多く、現在はあまり検討が進んでいません。代わりに近年注目されるのが、複数の地方公共

団体が連携して特定の事務の処理を行う、広域連携のしくみです。たとえば関西広域連合は、8つの府県と4つの市から構成される団体であり、防災や医療、産業振興といった様々な事務を行っています。市県を跨いで存在する政策課題をより効率的に達成するためには、こうした市や県の区画を越えた連携が、今後さらに求められるでしょう。

↓広域行政の一例、関西広域連合

関西広域連合HP

★○×問題でチェック★

問1　憲法は、「地方自治の本旨」を地方自治の大原則として定めている。
問2　都道府県そのものを再編する政策を広域連携という。

1　事　務

　従来、地方公共団体が行う事務は、その地方公共団体に固有の事務（公共事務、団体委任事務、行政事務）と機関委任事務に区別されていました。このうち機関委任事務とは、法令によって地方公共団体に委任された国の事務であり、地方公共団体は「国の機関」として、この事務を担っていました。しかしながら、この機関委任事務については、地方公共団体をいわば国の下部組織と位置づけるものであり、地方自治の理念と整合しないのではないか、ということが疑問視されてきました。こうした批判を受け、1999年に制定された地方分権一括法によって地方自治法が改正され、機関委任事務は廃止されました。現在では右図の通り、地方公共団体の事務は自治事務と法定受託事務の2種類であり、機関委任事務の一部は後者へと再編されています。法定受託事務は、自治事務に比べ国の強い関与が認められてはいるものの、あくまで地方公共団体の事務である点で、機関委任事務とは異なります。

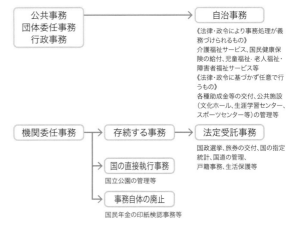

↓地方公共団体の事務

総務省資料を参考に筆者作成

2　財　源

　地方公共団体の財源は、国や民間からの借入金である地方債を除けば、国からの交付金（国庫支出金、地方交付税交付金）と、地方公共団体独自の税収等（地方税）に大別されます。地方財税制改革により、国の負担を減らし、地方公共団体独自の財源を増やす試みがなされていますが、地方公共団体の財政状況は必ずしも解消していないのが現状です。

　近年では、財政破綻を起こした地方公共団体も少なくありません。約353億円もの負債を抱えていた北海道夕張市は、2007年に財政再建団体（現在は財政再生団体）に指定されました。その後は右図の通り、財政再生をめざし、様々な取組みを行っています。市の観光事業の目玉であった映画祭も、市からの補助金が打ち切られ、一時は存続が危ぶまれました。現在はNPO法人が主催者となって、民間企業や市民からの協力を受けながら、映画祭存続のために奮闘しています。

↓夕張市財政再生計画書で示された財政再生の基本方針

(1)歳入の確保
・税率、公共施設の使用料・手数料の見直し
・税、使用料等の徴収対策、滞納整理
・私有財産の有効活用、売却の促進
(2)歳出の削減
・人件費の削減
・事務事業の限定（市民生活に真に必要なもののみ）
・公共施設等の統廃合、指定管理者制度の活用
(3)まちづくりの推進および高齢者・子育て・教育への配慮
・公共施設の市中心部への集約
・高齢者の住環境の整備、医療・福祉の確保
・教育条件の整備、教育環境の確保
・郷土資料の保全・保護

夕張市財政再生計画書をもとに筆者作成

↓歳入決算額の内訳（令和2年度決算）

総務省HPをもとに作成

↓夕張市財政破綻後も続く映画祭

ゆうばり国際ファンタスティック映画祭HP

Ⅳ　条例の制定

　地方公共団体が制定する条例には、法律の委任に基づいて制定される委任条例と、法律の委任に基づかずに制定される自主条例の2つが存在します。自主条例には地域の事情や特性を反映した特徴的なものも多く、2012年に京都府京都市で制定された「京都市清酒の普及の促進に関する条例」のような、宴会時に地域の特産品であるお酒等で乾杯することを奨励する「乾杯条例」もその一例です。

　条例は、あくまで法律の範囲内でのみ、制定することが認められています。したがって、地方公共団体が条例を制定する際は、その条例の内容が法律に違反していないか、常に気を付ける必要があります。徳島市公安条例事件（最高裁昭和50年9月10日判決）によれば、法律と条例それぞれの趣旨や目的、内容、効果を比較し、両者の間に矛盾抵触があるかどうかが、検討されなければいけません。また、条例を制定するうえでは、その内容が住民の権利を不当に制約していないか、ということも問題となります。2020年に香川県で制定された「香川県ネット・ゲーム依存症対策条例」は、コンピューターゲームの利用は1日当たり60分（休日は90分）まで、義務教育修了の子どもであればスマートフォン等の使用は午後9時まで（それ以外の子どもは10時まで）を目安としたルールを作るよう保護者に求めており、子どもの自己決定権やプライバシー権等を侵害し

ているのではないか、ということが話題となりました。高松地裁令和4年8月30日判決は、同条例がゲームやスマートフォン等の利用を直接制限しているわけではないこと等を根拠として、同条例が憲法に違反しないと結論づけています。

↓京都市清酒の普及の促進に関する条例普及記念短冊

伏見醸造組合HP

↓香川県が公表した「ゲーム条例」のパンフレット

香川県HP

Ⅴ　住民によるアクション

1　住民投票

　地方自治法は、長や議員の選挙制度のほか、住民の意見を地方公共団体の運営に反映させるためのしくみとして、長の解職請求や議会の解散請求といった直接請求制度を定めています。そしてこれらに加えて、住民が地方公共団体に対して直接意見を示すための方法として注目されるのが、住民投票です。日本ではこれまで、多くの地方公共団体で、原子力発電所の設置や産業廃棄物処理施設の建設、市庁舎の整備、さらには米軍の基地問題といった論争的な政策の是非をめぐって、住民投票が実施されてきました。最近だと、大阪都構想や普天間基地の辺野古移設について住民投票が行われ、話題となったことを覚えている方も多いでしょう。

　地方公共団体が条例で住民投票を制度化する際、問題となるのが、投票結果の法的拘束力です。住民投票条例では通常、長や議会等が投票の結果を「尊重」して行動すべき、といった規定が置かれます。しかしながら、こうした規定に基づけば、仮に地方公共団体の長が投票結果に従わなかったとしても、その行動は直ちに違法と評価されるわけではないことになります。実際に沖縄県名護市では、ヘリポート基地の建設をめぐる住民投票で反対多数の結果が出たにもかかわらず、市長は建設の受け入れを決定しました。とはいえ、仮に住民投票に法的拘束力を認めるとすれば、選挙で選ばれた長や議会の活動をその分制限することになり、今度はⅠで述べた二元代表制と整合しな

↓主な住民投票とその結果

自治体	実施年	争点	投票結果とその後
新潟県巻町	1996	原子力発電所の建設	反対多数 建設計画撤回
沖縄県	1996	米軍基地の整理縮小と日米地位協定の見直し	賛成多数 一定の整理縮小も辺野古移設が決定。地位協定は改定されず
沖縄県名護市	1997	米軍普天間基地飛行場の返還に伴う海上ヘリポート建設	反対多数 市長が建設受け入れを表明し、辞任
新潟県刈羽村	2001	柏崎刈羽原発でのプルサーマル計画	賛成　43% 反対　53% 保留　4% 反対多数 県などが事前了解取り消しを決定
大阪市	2015	大阪都構想	反対多数 橋下徹大阪市長が政界引退

朝日新聞デジタル2019年2月13日記事中の表を参考に作成

いのではないか、という問題が発生してしまいます。

　また最近では、一定の要件を満たした外国人に住民投票の参加資格を認めるべきか否かが、多くの地方公共団体で議論されています。今後住民投票のあり方を考えるうえでは、投票結果の法的拘束力の問題とあわせて、「誰に投票資格を認めるか」という問題にもまた、目を向ける必要があるでしょう。

★○×問題でチェック★

問5　地方公共団体は、法律の範囲内でのみ、条例を制定することができる。
問6　住民投票には当然に法的拘束力が認められる、というのが通説の立場である。

2 住民監査請求・住民訴訟

　地方自治法はさらに、住民が地方公共団体に対して直接アクションを起こすためのしくみとして、住民監査請求と住民訴訟という2つの制度を用意しています。両者とも、請求の対象は地方公共団体の財務会計上の行為（「財産の管理を怠ったこと」のような不作為も含まれます）のみであり、地方公共団体のあらゆる行為に対して請求できるわけではありません。他方、その地方公共団体の住民であれば年齢・国籍を問わず誰でも両者を請求することができます。その点で両制度は、住民がいわば「公益の代表者」として、地方公共団体の財務会計行為の適正性を求めるためのしくみだといえるでしょう。

　たとえば、県議会の議員と職員が他県で行われた野球大会に出場するための宿泊費として、県のお金が支出されたとしましょう。この場合、住民は両制度を使って、議員らに対し、旅費として支給された分のお金を県に返還するよう求めることができます。具体的には、まず県の監査委員に住民監査請求を行い、公金支出が違法または不当であることを主張します。こうした主張が認められると、監査委員会は県に対し、期間を示して必要な措置（今回であれば議員らに対する旅費の返還請求）をとるよう勧告しなければいけません。主張が認められなかった場合、あるいは地方公共団体が講じた措置に納得できなかった場合、住民は裁判所に対して住民訴訟を提起し、公金支出の違法性を争うことができます（住民監査請求を飛ばしていきなり

住民訴訟を提起することはできません）。ここで仮に住民の請求が認められると、県は判決によって、議員らに対する旅費の返還請求が義務づけられます。

↓住民監査請求・住民訴訟の流れ

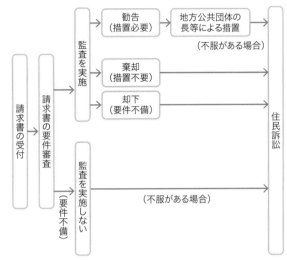

飯塚市HPを参考に筆者作成

Ⅵ 国vs地方？

　地方自治を実現するためには、地方公共団体に対する国の口出しはなるべく少なく、また厳格なルールに基づいてなされることが不可欠です。そこで地方分権一括法により、国による地方公共団体への関与のしくみが大幅に廃止・削減されるとともに、地方自治法に国の関与に関する一般的なルールが新たに定められました。具体的には、関与は法律またはこれに基づく政令に基づいてなされるべきこと、目的達成のために必要最小限度であること、公正性・透明性が担保されるような手続によってなされるべきこと、が挙げられます。

　もっとも、こうした関与が発端となって、地方自治法と国との間に紛争が生じることも少なくありません。国一地方間で紛争

が発生した場合、その処理はまず国地方係争処理委員会に委ねられます。同委員会は、地方公共団体による申出に基づいて審査を行います。その結果、関与が違法または不当と認められる場合は、国に対し必要な措置をとるよう勧告することができます。勧告に法的拘束力はありませんが、国がこれに従わない場合は、地方公共団体は訴訟を提起することができます（違法性または不当性が認められなかった場合も同様です）。最近では、ふるさと納税の返礼品でAmazonギフト券等を配布し、多額の寄付金を得ていた大阪府泉佐野市が、ふるさと納税の対象から除外され、問題となりました。また、沖縄県名護市では、宜野湾市普天間飛行場の代替施設建設のために進められている辺野古地区海岸の埋立てをめぐり、国と県の対立が続いています。

↓辺野古新基地の建設断念を求める署名

Rodrigo Reyes Marin／アフロ

↓大阪府泉佐野市のふるさと納税特設サイト

PR Timesより転載

★○✕問題でチェック★
問7　住民は、地方公共団体のあらゆる活動に対して、住民訴訟を提起することができる。
問8　国地方係争処理委員会の勧告には法的拘束力があるため、国はその内容に従わなければならない。

25 地方自治法　**115**

26 教育法

I 教育法ってなに？

教育法とは、教育に関する法令（教育法規）や、それらの法令に関する判例・学説のことです。

教育法の世界には様々な登場人物がいますが、なかでも「主人公」というべき存在は子ども（児童生徒）です。すべての教育法規は、究極的には、子どもの教育を受ける権利（憲法26条1項）を実現するために存在しています。そのほかの主要な登場人物としては、子どもに家庭教育を行う保護者、学校教育を行う教員、教育行政を担う教育委員会（地方自治体）や文部科学省（国）などが挙げられます。

主な教育法規を右の図にまとめましたが、教育法規はこれらに限られず、ここにはとても書き切れないほど数多く存在します。そのなかでも最重要というべきものが、教育を受ける権利等を定めた憲法（☞ **19 〜 22**）と、教育の基本原則等を定めた教育基本法です。教育基本法は、「教育の憲法」とも呼ばれる法律で、すべての教育法規（法律より上位にある憲法や条約を除く）は教育基本法に適合的に解釈・適用されなければならないと解されています。

↓主な教育法規

憲法
教育基本法

学校教育法
私立学校法
学校保健安全法

文部科学省

公民館

社会教育法

学習指導要領
教科書検定基準

教育公務員特例法
教育職員免許法

地方自治体

地教行法

こども基本法
子どもの権利条約

児童福祉法
児童虐待防止法

筆者作成

II 教育を受ける権利

憲法26条1項は、「すべて国民は、法律の定めるところにより、その能力に応じて、ひとしく教育を受ける権利を有する」と定めています。この教育を受ける権利は、特に成長発達の過程にある子どもに手厚く保障されます。

同項に「その能力に応じて」と書かれているのは、すべての子どもがその能力発達上のニーズに応じた教育を保障されるという趣旨です。この保障を具体化すべく、通常の学校に通えない「不登校」の子ども

↓川崎就学訴訟原告の光菅和希氏

「就学訴訟の波紋（上）苦渋の転居で希望かなう」
カナロコ（神奈川新聞2020年6月10日）より引用

↓岐阜市立草潤中学校（学びの多様化学校）の図書室

岐阜市立草潤中学校HP

に対しては、その実態に配慮した特別の教育課程を提供する学びの多様化学校が設置されているうえ、フリースクールなど学校以外の場で学ぶことも認められています（教育機会確保法）。また、障害のある子どもに対しては、専門的な支援を行う特別支援学校が設けられています（学校教育法第8章）。ただし、子ども本人や保護者が通常の学校を希望する場合には、原則として、通常の学校で他の子どもたちと共に学ぶこと（インクルーシブ教育）としたうえ、障害に応じた合理的配慮を提供するものとされています（障害者権利条約24条、障害者基本法16条、障害者差別解消法3章）。しかし、障害の程度等によっては、本人や保護者の意に反して特別支援学校への就学が指定されることもあり、紛争化しています。川崎就学訴訟（東京高裁令和5年3月24日判決）では、医療的ケアが日常的に必要な「医療的ケア児」とその保護者が、特別支援学校への就学指定は違法だとして争いましたが、敗訴しました。

★○×問題でチェック★

問1 教育法規の数は少なく、憲法のほかには教育基本法と学校教育法が存在するのみである。
問2 障害のある子どもは、原則として特別支援学校に就学することとされている。

III 学校生活のルール

1 校則

　近年は、不合理な校則が「ブラック校則」と呼ばれ、社会問題化しています。その大きなきっかけとなった事件が、大阪黒染め訴訟（大阪高裁令和3年10月28日判決）です。この事件では、大阪府立高校の生徒であった原告が、頭髪指導として髪を黒く染めることを何度も強要されたことにより不登校となり、その後も教室から自身の机や椅子を撤去されるなどの措置をとられたため、精神的苦痛を受けたとして、大阪府に対して国家賠償を求める訴訟を提起しました。この訴訟は国内外で注目され、「ブラック校則をなくそう！」プロジェクトが始動したり、全国各地の学校・教育委員会が校則の見直しに乗り出したりと、ブラック校則の是正に向けた取組みにつながりました。また、生徒指導に関する基本書である生徒指導提要も2022年12月に改訂され、校則の見直しに関する記述が充実しました。

　もっとも、判例は、学校に児童生徒を規律する「包括的権能」を認めており、校則について、①その目的が学校教育に関連しており、②その内容が社会通念に照らして合理的である限りは適法だと解しています。大阪黒染め訴訟でも、この緩やかな基準が適用された結果、「黒染め校則」は適法と判断されました（ただし、机や椅子を撤去するなどの措置は違法とされ、国家賠償請求の一部が認容されました）。

↓大阪黒染め訴訟に関する海外の報道

A teenager in Japan is suing her school for forcing her to dye her natural brown hair black

QUARTZ HP

↓「ブラック校則をなくそう！」プロジェクト

「ブラック校則をなくそう！」プロジェクトHP

↓ブラック校則の例

<髪型>
・髪は黒色とする（地毛証明書を提出しない限り、地毛が何色でも黒染めしなければならない）
・眉毛を整えてはならない
・ツーブロックは禁止
<服装>
・下着は白色の無地とする
・スカートの長さは膝より下でなければならない
・体操服の下に肌着を着てはならない
<その他>
・教員の許可なしに水を飲んではならない
・必ず部活に入らなければならない
・校内恋愛は禁止

筆者作成

2 懲戒と体罰

　学校教育法11条は、「校長及び教員は、教育上必要があると認めるときは、文部科学大臣の定めるところ〔＝学校教育法施行規則26条〕により、児童、生徒及び学生に懲戒を加えることができる。ただし、体罰を加えることはできない」と定めています。この懲戒は、退学や停学などの法的効果を有する「法律上の懲戒」と、叱責や作業命令などの法的効果を有しない「事実上の懲戒」に分けられます。事実上の懲戒がいきすぎて、児童生徒に肉体的苦痛を与えた場合には、違法な体罰となります。特に部活動では体罰が後を絶ちません。2012年には、大阪市立桜宮高校において、バスケットボール部の主将であった生徒が顧問からの体罰に苦しんで自殺するという痛ましい事件が生じました。

↓桜宮高校体罰事件で生徒が自殺の4日前に顧問宛に書いた手紙

島沢優子『桜宮高校バスケット部体罰事件の真実』（朝日新聞出版・2014年）49頁

★○×問題でチェック★
問3　大阪黒染め訴訟では、「黒染め校則」が適法と判断された。
問4　教員は、教育上必要な場合には、生徒に対して体罰を加えることができる。

Ⅳ　学校生活の安全

1　いじめ

　いじめは絶対にしてはいけない——これは常識であるはずですが、今も学校ではいじめが数多く生じています。2011年には、大津市の中学校において、生徒が同級生からのいじめを苦にして自殺する事件が発生しました。この事件では、複数の教員がいじめを認識していたにもかかわらず、学校として組織的に対応できなかったことや、事件後に実施された全校生徒へのアンケートにおいて、被害者が自殺の練習をさせられていた等の回答が得られたにもかかわらず、教育委員会がいじめと自殺の因果関係は不明として早期に調査を打ち切ったことなどについて、厳しい批判が浴びせられました。

　この「大津いじめ自殺事件」が大きなきっかけとなって、

↓大津いじめ自殺事件

朝日新聞2012年7月11日大阪本社版朝刊35面

　2013年にいじめ防止対策推進法が制定されました。同法は、「いじめ」を「児童等に対して、当該児童等が在籍する学校に在籍している等当該児童等と一定の人的関係にある他の児童等が行う心理的又は物理的な影響を与える行為（インターネットを通じて行われるものを含む。）であって、当該行為の対象となった児童等が心身の苦痛を感じているもの」と定義したうえ（2条1項）、いじめ防止等の対策を「国、地方公共団体、学校、地域住民、家庭その他の関係者の連携」（3条3項）のもとで行うため、各関係者の義務等を定めています。また、いじめが原因となって、児童等の生命・身体・財産に重大な被害が生じた疑いや、児童等が相当の期間学校を欠席することを余儀なくされている疑いが認められる場合を「重大事態」とし、これが生じた場合には調査組織を設置して事実関係の調査を行うものとしています（同法第5章）。

↓いじめ防止対策推進法が定める各関係者の主な役割

国	□いじめ防止等の対策を総合的に策定・実施（5条） ◎いじめ防止基本方針の策定（11条）
地方公共団体	□地域の状況に応じた施策の策定・実施（6条） ◎地方いじめ防止基本方針の策定（12条） △いじめ問題対策連絡協議会の設置（14条1項）
学校設置者	□いじめ防止等のために必要な措置の実施（7条） △いじめ防止等の対策に係る附属機関の設置（14条3項） ◎学校に対する支援、調査等の実施（24条）
学校・教職員	□学校全体でのいじめ防止、早期発見、対処（8条） ◎学校いじめ防止基本方針の策定（13条） ◎学校いじめ対策組織の設置（22条） ◎いじめに対する措置（23条）
保護者	□子の教育についての第一義的責任（9条1項） ○児童等への指導（9条1項） ◎いじめを受けた児童等の保護（9条2項） ○いじめ防止等のための措置に対する協力（9条3項）

◎：義務　　○：努力義務　　□：責務　　△：望ましい

教職員支援機構Webをもとに筆者作成

2　学校事故

　授業中の事故、部活動中の事故、校外活動中の事故、学校給食による事故、学校施設の欠陥による事故など、学校の管理下で生じた事故を学校事故と呼びます。体育祭の組体操で「10段ピラミッド」等の危険な大技に挑戦させ、それに失敗した生徒らが重傷を負うという例は、学校事故の典型です。

　学校事故が発生した場合、私立学校ならば民法（☞**3**）、公立学校ならば国家賠償法（☞**24-Ⅳ**）に基づいて、被害者である児童生徒や保護者に対する損害賠償責任が生じます。また、学校の管理下で生じた災害について、故意・過失の有無を問わず保護者に一定額の給付を行う、日本スポーツ振興センター災害共済給付制度も設けられています（独立行政法人日本スポーツ振興センター法）。この制度は、通学中の事故や給食による食中毒等を含めて学校事故を広くカバーしていますが、その給付金は損害賠償に比べると低額です。

↓組体操の「10段ピラミッド」

YouTube

★〇✕問題でチェック★

問5　いじめ防止対策推進法は、学校や教職員のみならず、保護者の役割についても規定している。
問6　学校事故が生じた場合、学校側に故意・過失がなくとも、保護者は一定額の給付金を受けとれる。

1　教育の自由

　教育内容を決定する権限のことを教育権といいます。日本では、戦前に国が軍国主義教育を行ったことなどへの反省から、国の教育権が限定されており、具体的な教育内容の決定は教師の教育の自由（憲法23条）に委ねられています（また、家庭教育については親に教育の自由が保障されています）。国家が教育内容を詳細に定めたり、特定の意見のみを教えるよう強制したりすることは、教師の教育の自由を保障した憲法23条に違反するとともに、教育に対する「不当な支配」を禁止した教育基本法16条1項にも違反します。七生養護学校事件（東京高裁平成23年9月16日判決）では、東京都議会の議員が養護学校（現・特別支援学校）における性教育の内容を一方的に批判・非難した行為について、「不当な支配」にあたり違法だと判断されました。

↓教育権の所在に関する判例法理

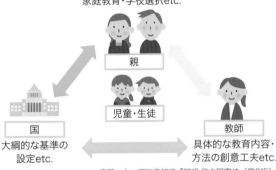

斎藤一久＝堀口悟郎編『図録 日本国憲法〔第2版〕』
（弘文堂・2021年）59頁

↓七生養護学校の性教育教材

児玉勇二『性教育裁判』（岩波書店・2009年）7頁

2　教員の労働環境

　近年、教員の多忙化が深刻な状況です。労働時間は原則として週40時間が上限とされており（労働基準法32条）、それを超えた時間外労働が月80時間に達することは「過労死ライン」と呼ばれていますが、2016年度の教員勤務実態調査では、過労死ラインを超えて時間外労働をしている教員が公立小学校で3割以上、公立中学校では6割近くも存在するという驚愕の事実が判明しました。その後は労働時間を抑制するために様々な取組みが行われていますが、2022年度の教員勤務実態調査でも大きな改善はみられませんでした。

　こうした教員多忙化問題の大きな原因となっているのが、給特法という法律です。この法律は、公立学校教員に対して、給料月額の4%に相当する「教職調整額」を支給する代わりに、どれだけ長時間働こうとも、時間外勤務手当や休日勤務手当は一切支給しないと定めています。そのため、時間外労働に歯止めがかからない状態になっているのです。埼玉教員超勤訴訟（東京高裁令和4年8月25日判決）では、公立小学校の教員であった原告が労働基準法32条違反を理由として国家賠償を請求しましたが、敗訴しています。

↓公立中学校教諭の1週間の在校等時間

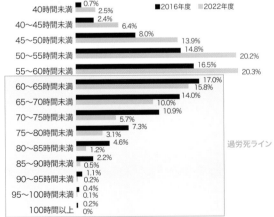

※このほかに持ち帰り仕事あり（2016年度平均4時間、2022年度平均4時間18分）
文部科学省「令和4年度教員勤務実態調査（速報値）」をもとに筆者作成

↓中学校教師の一日

5:00	起床
5:00～7:15	朝食
7:15～7:30	出勤
7:30～8:10	部活の朝練
8:10～8:30	職員の打ち合わせ
8:30～8:40	教室で朝の読書指導
8:40～8:50	朝の会
8:50～12:45	授業（ない時間は見回りなど）
12:45～13:20	教室で給食
13:20～15:30	授業
15:30～15:55	清掃
15:55～16:10	帰りの会
16:10～18:00	部活・生活指導・会議など
18:00～21:15	授業準備・提出物の点検など
21:15～21:30	帰宅
21:30～22:30	夕食・風呂・家事
23:00	就寝

政府広報オンライン

★○×問題でチェック★
　問7　教育内容を決定する権限は国が独占しており、教師には国の指示通りに教育を行う義務がある。
　問8　公立学校教員は、いくら時間外労働をしても、時間外勤務手当がまったく支給されない。

27 環境法

Ⅰ 総　論

1 環境法ってなに？

　環境法とは、環境保全に関する法の総称です。環境法が対象とする「環境」の範囲は時代とともに拡大してきました。環境法はまず、事業活動に伴い工場等から汚染物質が大気中や海洋・河川へ大量に排出されることで生じた公害に対処するための公害法として生成されました。その後、都市への人口集中や新たな環境リスクの把握等によって、環境法は自然環境保全、廃棄物処理、景観保護などもその対象に含め、さらには地球温暖化などの地球環境問題にも対処すべく様々な法律が制定されてきました。環境法の基本原則のうち持続可能な発展は、環境資源が有限であると認識したうえ

▼水俣病の「公害病」認定について報じる新聞記事

水俣病と阿賀野川水銀中毒事件
政府「公害病」と正式認定
汚染源は工場の廃液
15年ぶり やっと結論

毎日新聞1968年9月27日

で、将来世代（将来生まれてくる人々）の利益を損なわない範囲で現在世代（今生きている人々）の社会を発展させる考え方で、現代の環境法の究極目標とされます。また法政策・解釈の指針になりうる基本原則としては、環境対策の実施に関する予防原則、費用負担に関する汚染者負担原則があるほか、環境権を憲法上の権利として認める国が増加しています。

▼環境法の基本原則

持続可能な発展	将来の世代のニーズを満たしつつ，現在の世代のニーズも満たすような発展のこと。環境と発展は相反せず共存しうるとし、環境保全のもとで節度ある発展が重要であるという考え方
予防原則	深刻または不可逆的な損害が生じるおそれがある場合には、科学的不確実性が存在していても、環境の悪化を予防すべきという考え方
汚染者負担原則	環境負荷を与える活動によって生じる汚染防止等の費用は、その原因行為者が負担すべきという考え方
環境権	良好な環境を享受する権利であり、基本原則と密接に関連する。私権（民事差止請求権）としての環境権や、手続的権利（環境に関する政策決定への参加権）としての環境権など様々な形で主張される

筆者作成

2 環境保全の手法

　環境保全の手法の中心は規制的手法です。これは汚染物質に関する排出基準を守らせたり、事業活動について許可取得や届出を求め、その違反に対する行政処分や刑事罰のしくみをもって規制内容を実現するものです。経済的手法とは、環境保全のための新技術の開発に補助金を与えたり、汚染物質の排出に税や賦課金を課すことによって、事業者等が環境負荷を低減するように誘導するものです。排出枠取引制度もこれに含まれ、汚染物質の排出枠（許容排出総量）に対して排出量に余裕のある企業は、排出量が排出枠を上回る他の企業に対して排出枠の一部を売却することができます。情報的手法とは、エコマーク等により環境負荷の少ない製品等の情報を示すことで、事業者が環境負荷の少ない製品・サービスの購入を優先する消費者への影響を考慮して環境に配慮した事業活動を行うように促すものです。合意的手法としては、企業と行政機関との間で公害防止協定を結び、企業が法令以上の汚染物質排出量の抑制等に合意することが挙げられます。

▼環境保全の手法の種類

規制的手法	事業者に一定の行為（汚染物質に係る基準の遵守等）を義務づけ、違反を監督・処罰する手法
経済的手法	事業者や市民に環境負荷を低減する経済的インセンティブ（金銭的な誘因・動機づけ）を与えて、環境配慮活動を促す手法
情報的手法	行政が保有する一定の情報（事業活動や製品・サービスの環境負荷について情報等）を市場（消費者等）に提供し、事業者の環境配慮活動を促す手法
合意的手法	国・地方公共団体と事業者との合意に基づいて、事業者の自主的な環境配慮を実現する手法

筆者作成

▼排出枠取引制度

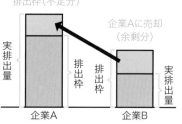

企業Bから購入した排出枠（不足分）
企業Aに売却（余剰分）
実排出量　排出枠　排出枠　実排出量
企業A　　企業B

環境省資料をもとに筆者作成

▼エコマーク

環境省HP

★○×問題でチェック★

問1　環境法の基本原則は、現在世代の利益を何よりも優先すべきとする。

問2　環境保全の手法には強制的な規制だけでなく金銭や情報による誘導を用いるものがある。

Ⅱ 各 論

1 環境影響評価

　環境影響を未然に防ぐ手法として、環境影響評価（環境アセスメント）があります。環境影響評価とは、道路・鉄道建設や海の埋立てなど環境に影響を及ぼしうる事業等の実施に際して、事業者等が事前にその環境影響を調査、予測、評価し、意思決定に反映するものです。環境影響評価法に基づく手続の流れは、①配慮書手続として主に既存資料（過去の同種事例等）を用いた検討を行い、②方法書手続として評価の対象項目や調査方法を決定します。たとえば、同じ道路建設でも都市部の道路の場合には大気汚染や騒音に焦点を当て、山間部の道路の場合には生態系への影響に焦点を当てるなど評価項目に違いが出ま

す。③実際の調査後、予想される環境影響やそれを緩和する措置等を記載した準備書を公開し、④準備書に対する市民や関係自治体等からの意見を踏まえて最終的に評価書が作成されます。⑤事業着手後、不確実性を伴う事柄については事後調査（報告書手続）が実施されます。合理的な意思決定のために代替案の検討は重要であり、たとえば鞆の浦港湾事業では、交通渋滞解消のために高い文化的・歴史的価値を有する港湾を埋め立てて架橋する公共事業について環境影響評価が実施され、その代替案として山間部にトンネルを掘ってバイパス道路にする案が比較検討されました（のちに埋立架橋計画は中止）。

↓環境影響評価手続の流れ

1.配慮書の手続	2.方法書の手続	3.準備書の手続	4.評価書の手続	5.報告書の手続

配慮書の作成 ─ 一般からの意見 ─ 都道府県等の意見 ─ 主務大臣意見 ─ 環境大臣意見 → 対象事業に係る計画策定 ─ 第二種事業の判定（スクリーニング） → 方法書の作成 ─ 説明会 ─ 環境保全の見地から意見を有する者からの意見 ─ 都道府県知事の意見 ─ 主務大臣意見 ─ 環境大臣意見 → アセスメント（調査・予測・評価）の実施 → 準備書の作成 ─ 説明会 ─ 環境保全の見地から意見を有する者からの意見 ─ 都道府県知事等の意見 → 評価書の作成 ─ 免許等を行う者等の意見 ─ 環境大臣の意見・助言等 → 補正評価書の作成 → 許認可等での審査・事業 → 報告書の作成 ─ 免許等を行う者等の意見 ─ 環境大臣の意見

※配慮書の手続については、第2種事業では事業者が任意に実施する。
環境省HPをもとに作成

↓代替案のイメージ（例：鞆の浦港湾事業）

読売新聞オンライン
2022年12月13日

2 汚染防止・対策

　大気や水への汚染物質の排出に対して、大気汚染防止法および水質汚濁防止法は、汚染物質の排出施設に届出義務を課し、汚染物質ごとに排出基準を定め、その違反に対して行政処分（汚染物質の処理方法の改善命令等）や刑事罰の規定を設けています。排出基準とは、工場・事業場に設置される施設の排出口から排出される汚染物資の量や濃度の許容限度であり、その多くは環境基準の達成を目標として設定されます。環境基準とは、大気、水、土壌等について環境汚染をどの程度に抑えるかの行政上の努力目標であり、個々の排出源に対して法的拘束力を有する基準ではありません。ただし環境基準は、民事上の損害賠償または差止訴訟において加害行為の違法性（受忍限度）を判断する要素とされます。上記のほか、大気汚染防止法は自動車からの汚染物質排出に対しても自動車の構造規制（排出ガスの量の許容限度を達成できるように車両保安基準を設定）を課し、

水質汚濁防止法は有害物質による地下水汚染にも規制を定めています。大気汚染や水質汚濁は汚染が拡散・希釈されるため排出規制によって改善されますが、土壌汚染は蓄積される汚染であって浄化しない限り汚染が永続する性質を有するため、人が汚染にさらされるのを防ぐ対策が規定されています。土壌汚染対策法は、土地所有者等に調査を課し、土壌汚染が判明した場合には区域指定がされ一定の措置（掘削除去や盛土・舗装等）の実施または土地の状態を変更する際の届出を義務づけています。

↓排出基準と環境基準の違い

環境基準	排出基準
生活環境や健康を維持することを目的に、望ましいとされる基準	排出口で廃液や排ガスに含まれる濃度を規制
地下水	排ガス NOxなど
環境中で薄まる	廃液 ベンゼンなど
目標値を超えても罰則なし	規制値を超えると指導や罰則

日本経済新聞2017年3月31日

↓汚染防止・対策の概要

水質汚濁防止法	大気汚染防止法	土壌汚染対策法
・公共用水域（河川・海等）への排水規制	・工場・事業場からの排出規制	・汚染調査と区域指定
・地下水への浸透規制	・自動車排気ガス規制	・汚染除去措置の実施
		・区域外への搬出規制

筆者作成

★○✕問題でチェック★
問3　環境影響評価は、開発事業の実施後にその環境影響を調査するものである。
問4　環境基準は、個々の工場等に対して課せられる汚染物質の排出許容限度の基準である。

3 廃棄物処理

何が廃棄物に該当するかは実務上重要です。廃棄物処理法は廃棄物を「不要物」と定義しており、その該当性は物の性状等（客観的要素）と占有者の意思（主観的要素）を総合して判断されます（総合判断説）。しかし豊島事件では、自動車破砕くずがリサイクルのための有価物であるという業者（占有者）の主張を県が認めた結果、大量の不法投棄が放置されました。その後、最高裁平成11年3月10日決定（おから決定）は、処理業者が豆腐製造業者からおからを無償でまたは料金を徴収して引き取っていた事案において、総合判断説をとりつつ取引価値の有無等も含めて客観的要素を重視して判断し、おからが産業廃棄物にあたるとしました。廃棄物は一般廃棄物（主に家庭ごみ）と産業廃棄物（事業ごみ）に大別され、一般廃棄物は市町村が処理責任を負い、産業廃棄物は排出事業者が処理責任を負います。廃棄物処理法は、処理業と処理施設設置について許可制を設け、不適正処理や不法投棄に対しては措置命令（廃棄物の撤去等）のしくみを定めます。産業廃棄物の最終処分場（埋立場）は、廃棄物のリスクに応じて安定型（土中で変化・溶出しない廃棄物を受入れ）、管理型（遮水工を備え安定型・遮断型以外の廃棄物を受入れ）、遮断型（コンクリート製で有害物質を含む廃棄物を受入れ）に分類されます。

↓撤去作業中の豊島の産廃不法投棄現場

毎日新聞社／アフロ

↓最終処分場の分類

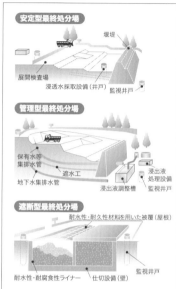

国立環境研究所HPより転載

4 自然保護

自然保護について基本原則を定める生物多様性基本法は、人類存続の基盤である生物多様性（様々な生態系、種、遺伝子が存在すること）を保全し、その恵沢を将来にわたって享受できる社会の実現を目的とします。種の多様性については、種の保存法が絶滅のおそれがある動植物種を指定し、その捕獲・採取、輸出入等を規制するほか、その生息地を保護区に指定して保護しています。また自然公園法は、優れた自然の風景地を国立公園、国定公園（それぞれ国、都道府県が公園事業を行う）として指定して保護・利用するしくみを定めます。国立公園、国定公園内はさらに区分され、「特別地域」では工作物の設置、木竹の伐採、土石の採取等を許可なく行うことが禁止され、そのうち特に自然的価値の高い「特別保護地区」に指定されれば、区域内でのほとんどの人為的行為が許可制の対象となります。特別地域のまわりには公園区域外からの影響を和らげるための「普通地域」が置かれます。自然保護活動を推進するしくみとして風景地保護協定制度があり、土地所有者が自ら公園内の管理を行えない場合に、公園管理団体として指定されたNPO法人等が土地所有者と協定を締結し、代わりに管理の担い手となることができます。

↓知床国立公園

環境省HPより転載

↓国立公園の保護規制の考え方

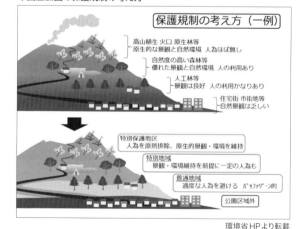

環境省HPより転載

問5　廃棄物に該当するか否かの判断において占有者の意思は考慮されない。
問6　国立公園は、特定の区域を指定して区域内での人間の活動を規制するしくみである。

5 景観

　戦後、建築規制の緩さを背景に美しい街並みや田園風景が失われたことに対処すべく、まず先進的な自治体で景観条例が制定され、2004年には景観法が制定されました。景観法に基づき、都道府県や政令指定都市等の景観行政団体は景観計画を策定し、対象区域内における良好な景観形成のための行為制限を定め、建築物の建築時に届出を課し、設計変更等を勧告することができます。市町村は都市計画に景観地区を定めることで、建築物の形態意匠（色彩やデザイン）の制限等を定め、建築物の建築時に市町村長の認定を必要とすることができます。景観保全は景観法・景観条例のみではなく、まちづくりに関する都市計画法や建築物の安全性に関する建築基準法、各自治体の歴史的建造物保護や屋外広告物（看板等）規制に関する条例と組み合わせて保護が図られます。

↓京都市の平安神宮前のコンビニ店（景観に配慮し瓦屋根になっている）

アフロ

6 気候変動

　気候変動（地球温暖化）とは、人間活動に伴う温室効果ガス（二酸化炭素、メタン等）排出量の増大によって地球の気温が上昇することであり、海面上昇、自然災害の増大、農作物の質の低下等のリスクが指摘されています。国際的な取組みとしては、1992年に国連気候変動枠組条約が採択されました。同条約は、温暖化防止はすべての締約国の責務としつつ、これまで温暖化の原因となってきたことを踏まえて先進国により重い責任を負わせています（共通だが差異ある責任）。1997年には京都議定書が採択され、先進締約国は温室効果ガスの排出削減について法的拘束力のある数値目標を負うことになりました。しかし主要排出国のうちアメリカは議定書から離脱し、中国やインド等の発展途上国は数値目標が課せられませんでした。2015年にはパリ協定が締結され、産業革命以前からの地球の平均気温上昇を2度（努力目標1.5度）以下に抑えるため、主要排出国を含むすべての国が温室効果ガスの削減目標を5年ごとに提出・更新し実施状況を確認することになりました。また気候変動の「緩和」（温暖化の抑止）だけでなく、「適応」（温暖化による悪影響への備え）についても各国の目標設定に含められました。国内の取組みとして、地球温暖化対策推進法は、温室効果ガスを多量に排出する事業者に対して排出量の算定・報告を義務づけ、行政が報告されたデータを集計・公表するという温室効果ガス排出量算定・報告・公表制度を設けています。このほか、発電時に温室効果ガスの放出を伴わない再生可能エネルギー（太陽光発電、風力発電等）の普及促進の方策として、電気事業者に対して再生可能エネルギー発電による電気の固定価格での買取りを義務づける固定価格買取制度（FIT）等が導入されています。

↓気候変動対策における「緩和」と「適応」

国立環境研究所HPより転載

↓世界のエネルギー起源CO₂の国別排出量（2020年）

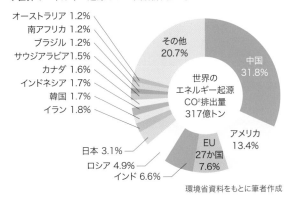

- オーストラリア 1.2%
- 南アフリカ 1.2%
- ブラジル 1.2%
- サウジアラビア 1.5%
- カナダ 1.6%
- インドネシア 1.7%
- 韓国 1.7%
- イラン 1.8%
- 日本 3.1%
- ロシア 4.9%
- インド 6.6%
- その他 20.7%
- 中国 31.8%
- アメリカ 13.4%
- EU 27か国 7.6%

世界のエネルギー起源CO²排出量 317億トン

環境省資料をもとに筆者作成

↓沖縄県宮古島の太陽光・風力発電施設

上西重行／アフロ

Ⅰ　情報法ってなに？

情報法は法令の名称ではなく、法学における1つのジャンル名です。具体的には、情報の生産・処理・流通にかかわる様々な法や法理論を分析する法分野を指して、この語が用いられます。法と情報がかかわるトピックの例を挙げると、憲法だと表現の自由や通信の自由が、刑法だと名誉毀損があります。情報という

視点から各法分野のトピックを横断的に眺めるのが情報法の特徴です。情報法という法分野を他の法分野から独立に設ける意義はどこにあるでしょうか。第1の理解は、上述のように、各法分野の一部分にすぎないトピックを情報の生産・処理・流通という視点から眺めることにより、各分野に分散している理論や事例を整理・分析することで新たな発見につなげることです。第2の理解は、さらに進んで、情報法に固有の理念や価値があり、そこから1つの法体系・法理論を構築することです。提案されている理念や価値は多様ですが、共通了解があるものとして下図のような3つの基本原理があります。

↓情報法がかかわる法分野

筆者作成

↓情報法の3つの基本原理とその関係

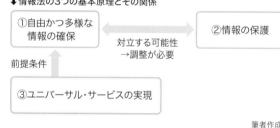

筆者作成

Ⅱ　情報法の基本概念

1　表現と通信の区別

表現とは不特定多数者への情報発信を意味し（例：演説、出版）、憲法21条1項により保障されています（☞ 20-Ⅲ）。他方、通信とは特定者間での情報のやり取りを意味し（例：手紙、電話、電子メール）、憲法21条2項後段がその秘密を保障し、かつその自由も同様に保障しているとされます。インターネットの登場により、電気「通信」を用いて不特定多数に情報を発信する「表現」がなされるようになりました。これを把握するため、公然性を有する通信という概念が提唱されたり、両者の相対化を受け入れつつ情報流通の手段ごとにその性質を考えようとする立場も登場したりしています。

↓情報と通信の区別

筆者作成

2　違法情報と有害情報

違法情報とは文字通り法令に違反する情報のことであり、特定人の権利を侵害する権利侵害情報と、権利侵害はないものの違法とされるその他違法情報に分けられます。有害情報とは法令上は適法だが、特定の集団や社会全体にとって有害となる可能性があるため、取扱いに注意を要したり、何らかの対策が必要になる情報です。これらの区別は法令上にもあります。たとえば、発信者情報開示制度（☞ Ⅴ 2）は権利侵害情報に関してのみ利用することができます。

↓違法情報と有害情報の例

【違法情報の例】

《権利侵害情報》
・名誉毀損表現
・プライバシー侵害表現
・著作権侵害コンテンツ

《その他違法情報》
・わいせつ表現
・一部の誇大広告

【有害情報の例】
・ヘイトスピーチなどの差別的表現
・（わいせつ表現に至らない）性的描写が露骨な表現
・青少年の健全な育成を阻害する暴力表現・性表現
・虚偽の情報

筆者作成

★○×問題でチェック★

問1　情報法は「情報法」という名称の法律にかかわる理論や事例を学ぶ法分野である。
問2　わいせつ表現には至らないが性的描写が露骨な表現は違法情報にあたる。

III　情報の公開と保護

1　情報公開法制

国や地方公共団体が保有する情報を私人の請求に基づいて開示する制度が情報公開法制です。日本では、地方公共団体の一部が国に先行してこの制度を設けた沿革から、現在でも国は法律で、地方公共団体は各条例でこの制度を定めています。ここでは国の行政機関を対象とする行政機関情報公開法を説明します。なお、実効的な情報公開法制のためには、行政が取り扱う情報が適切に保管されていることが必要です。そのため、国レベルでは公文書管理法が制定されていますが、依然として管理の不十分さを露呈する事件が発生しています。

開示の対象となるのは行政文書であり、行政機関が組織的に用いるものとして保有する文書やデータ等と定義されます（行政機関情報公開法2条2項）。組織的に用いていないという理由で職員の個人メモ等は開示対象外ですが、できるだけ開示対象を広げるため、その範囲は狭く考えるべきとされます。行政文書の開示請求権者に限定はなく、誰でも開示請求を行えます（3条）。また、開示請求を受けた行政文書は原則として開示しなければなりません（5条柱書）。例外的に、不開示としてよい行政文書が図の6種類定められています（同条各号）。❶は文字通り個人に関する情報です。❷は企業の営業秘密のように開示されてしまうと当該企業の業務に支障を及ぼすようなものです。❸・❹は一定の国家機密や、まだ公開できない外国との交渉

内容、犯罪捜査や刑事裁判等に支障を及ぼすおそれのある情報です。❺は行政内部で現在立案中の政策等で、開示すると国民の間で不当な混乱を招くおそれがあるものです。❻はこれから実施する職員採用の試験問題のように、開示すると行政機関の業務に支障を及ぼすものです。不開示決定に対しては、行政不服審査法に基づき、行政機関に対して審査請求という形で再検討を要求することができます。審査請求時には原則として情報公開・個人情報保護審査会という第三者機関に諮問がなされます。さらに、その審査請求でも判断が覆らなければ、裁判所に行政訴訟を提起することができます。

↓不開示となりうる情報

❶ 特定の個人を識別できる情報
❷ 法人の正当な利益を害する情報
❸ 国の安全、諸外国との信頼関係等を害する情報
❹ 公共の安全、秩序維持に支障を及ぼす情報
❺ 審議・検討等に関する情報で、意志決定の中立性等を不当に害する、不当に国民の間に混乱を生じさせるおそれがある情報
❻ 行政機関の事務・事業の適正な遂行に支障を及ぼす情報

総務省HPを参考に筆者作成

2　個人情報保護法制

個人情報の収集・管理等について規律する法律として個人情報保護法があります。同法は民間部門と公的部門（国や地方公共団体）を分け、それぞれに異なる規律を及ぼしています。ここでは民間部門に対する規律を説明します。まず、個人情報は、情報に含まれる氏名や生年月日等の記述により特定の個人を識別できるもの、または個人識別符号が含まれるものを意味します（個人情報保護法2条1項）。個人識別符号とはデータ管理のために各個人に割り当てられた番号などを指します（同条2項）。また、個人情報のなかでも、人種や信条など本人に対する不当な差別・偏見等が生じうるものとして特に配慮が必要な情報は、要配慮個人情報（同条3項）として取扱いルールが厳格化されています。さらに、同法の監督機関として個人情報保護委員会が設置されています。

次に、個人情報をデータベース化するなどして事業に用いる者を個人情報取扱事業者（16条2項、以下本項中「事業者」）と呼びます。事業者には企業等があてはまり、図のように様々な義務や責任が課せられています。第1に、事業者は個人情報を利用する目的をできる限り特定する義務を負い（17条1項）、この目的の範囲を超えて個人情報を取り扱うことが原則禁止されます（18条1項）。利用目的は公表または本人に通知しなければなりません（21条1項）。第2に、事業者は個人情報を安全に管理するために、セキュリティ対策や従業員・委託先の監督を行う義務があります（23条〜25条）。第3に、事業者は保

有する個人情報を本人の同意なく第三者に提供することが原則できません（27条1項柱書）。また、第三者に提供をしたり、第三者から提供を受けたりする過程で、個人情報の不正な取扱いがなされることを防止するため、一定の事項を記録しなければなりません（29条・30条）。第4に、各人は自己の個人情報について、事業者に対して開示・訂正等・利用停止等を請求する権利を有し（33条〜35条）、事業者はそれに応える義務があります。訂正等とは事実でない個人情報の訂正・追加・削除を求めること、利用停止等とは個人情報の一定の不正な取扱いに対してその利用の停止や消去を求めることです。

↓個人情報・データ取扱いの基本的ルール

政府広報オンラインより転載

IV 放送

1 放送に対する規制

放送とは「公衆によって直接受信されることを目的とする電気通信……の送信」（放送法2条1号）です。放送番組には編集の自由がありますが（3条）、地上波テレビやラジオ等は国から割り当てられた電波を利用した基幹放送（2条2号）を行う放送事業者（同条26号）として、特別の規制を受けます。代表的なのは図の番組編集準則（4条1項）です。特別の規制の根拠として、有限の電波を利用していること、社会的影響力の大きさ、多様な情報の流通の確保、などが主張されています。番組編集準則の法的な性格についても、抽象的な法的義務を課しており、違反した場合は放送法に基づく制裁が課されるとする法的義務説（現在の政府見解）と、放送事業者が自主的なルール・基準を策定する際の指針にとどまるとする倫理規定説（通説、かつての政府見解）とが対立しています。さらに、インターネットによる情報流通の進展により、こうした規制はもはや不要との主張もあります（☞**3**）。

↓番組編集準則

番組編集準則
①公安及び善良な風俗を害しないこと
②政治的に公平であること
③報道は事実をまげないですること
④意見が対立している問題については、できるだけ多くの角度から論点を明らかにすること

筆者作成

2 自主的な取組み

放送事業者は事実に基づく公平な番組制作・放送のために、主体的に問題発見・改善に取り組んでいます。各放送事業者に設置される放送番組審議機関（放送法6条）による放送番組の適正性審議はその一例でしょう。また、NHKと日本民間放送連盟が共同で設立した第三者機関である放送倫理・番組向上機構（BPO）があります。BPOは主に、有識者によって構成された図の3つの委員会に分かれており、それぞれ番組の取材・制作方法や番組内容の問題、放送での人権侵害の有無、青少年に対する放送としての適切性等を審議し、放送事業者に勧告したり見解の表明をしたりします。放送人権委員会には、一般人からの申立ても可能です。このようにして、放送事業者全体で一種の自浄作用を働かせることにより、公権力から番組制作に圧力・介入がなされる隙をなくしながら、放送の質の向上が図られています。

↓BPOの組織図

BPO ウェブサイトより転載

3 放送と通信の融合

近時、放送と通信の融合というトピックが盛んに議論されています。このトピック自体は数十年前からありましたが、現下の議論はインターネットによる情報流通の急拡大に伴う放送制度の再検討です。地上波テレビを例に考えてみます。放送法はテレビ番組等のコンテンツを制作する事業者（ソフト面）と、放送設備を有する事業者（ハード面）とを別に規定しています。しかし、現在の地上波テレビ局はどれも両方の業務を行っており（特定地上基幹放送事業者、放送法2条22号）、基本的には都道府県を単位に活動しています。自ら制作した番組を自らの放送エリアにオンエアすることが標準とされているのです。ところが、インターネットの登場はこうした枠組みに変容を迫ります。いまや多くの人々がスマートフォンを有しており、番組コンテンツを放送電波に乗せて限られたエリアにオンエアせずとも、インターネットを利用して世界に発信することができます。実際、NHKも民放各局も地上波で放送した番組の見逃しネット配信や、地上波放送のネット同時配信を行っています。

こうした状況により、従来の放送制度は再考を迫られています。たとえば、放送事業者に対する特別の規制が現在も必要かどうかです。かつて大衆に情報を発信する最も効果的な方法は電波を用いたラジオ・テレビ放送でしたが、いまやインターネットがそれらに取って代わりつつあります。ネットオリジナルのコンテンツには番組編集準則のような規制はないにもかかわらず、放送事業者に依然としてこうした規制をする理由は残っているでしょうか。電波の有限性や社会的影響力といった根拠はいまや薄弱に思えます。他方、多種多様な情報が乱れ飛ぶ現在だからこそ、事実に基づく公平な放送を義務づけられた放送事業者の役割が増しているという指摘にも一定の説得力があります。放送業界全体が自主的な取組みを通じて、番組制作・放送内容の問題を洗い出し、改善するプロセスを整備してきたことも踏まえれば、一定の質を備えたコンテンツ制作・発信にとって現在の放送のしくみはなお有効にも思えるのです。放送制度の未来がどうなるか注視する必要があります。

↓放送局の機能と情報発信手段

筆者作成

★ ○×問題でチェック ★

問5 番組編集準則について通説は倫理規定説に立つ。
問6 放送倫理・番組向上機構は放送法によって設立された機関である。

V インターネット

1 忘れられる権利（Google検索結果削除請求事件／旧Twitterツイート削除請求事件）

忘れられる権利とは、インターネット上にある公開から一定期間経過した自己に関する情報の削除を請求する権利で、前科などが想定されています。EU等では法定されている権利ですが、日本では明文では認められておらず、また最高裁判例も承認していません。ただし、プライバシー権等の既存の法的権利を用いて前科情報をインターネット上から削除する可能性は認められています。ここでは、Google検索結果削除請求事件（最高裁平成29年1月31日決定）と旧Twitterツイート削除請求事件（最高裁令和4年6月24日判決）を比較します。Google事件決定では、検索結果の提供がGoogleによる表現行為とされました。さらに、インターネット上における検索サービスが現代社会の情報流通の基盤（きばん）として大きな役割を果たすとも判示されました。検索結果の削除命令はこうした表現行為や基盤サービスに対する制約と捉えられたのです。そのため、前科というプライバシー情報を保護する利益が、検索結果を提供する理由よりも優越することが「明らかな」場合にのみ削除請求が認められるとして、Google側に有利な判断を示しました。これに対して旧Twitter事件判決では、この「明らかな」が抜けており、ツイートの削除請求が認められやすくなっています。最高裁は、明示していないものの、旧Twitterのサービスは、Google検索には存在する表現行為としての側面や現代情報流通基盤とし

ての性格が薄いと考えている可能性があります。ただし、Google事件のような場合も削除請求がまったく認められないわけではないことには注意しましょう。

↓2つの最高裁判決の比較表

	Google事件	旧Twitter事件
対立する権利・利益	個人のプライバシー（これらの事件では、前科や犯罪経歴の情報）に属する事実をみだりに公表されない利益	
サービスの位置づけ	・検索結果の提供はGoogleの表現行為 ・現代社会において、インターネット上の情報流通の基盤として大きな役割	・利用者に対し、情報発信の場やツイートのなかから必要な情報を入手する手段を提供する
判断枠組み	事実を公表されない法的利益が、その事実を検索結果として提供する理由よりも、優越することが明らかな場合に、削除請求が認められる	事実を公表されない法的利益が、その事実に関するツイートを公表し続ける理由に優越する場合に、ツイートの削除請求が認められる
結論	削除請求を棄却	削除請求を認容

筆者作成

2 発信者情報開示制度

発信者情報開示制度とは、インターネット上での情報発信により自らの権利が侵害された者が、その情報発信者の氏名・住所等の開示を求めるための制度です。以前は複数の裁判が必要でしたが、簡略化された発信者情報開示命令申立ての手続が導入されました。前提として、インターネット上でサービスを提供するプロバイダには、コンテンツを提供するサービス・プロバイダ（SP）と、インターネット接続サービスを提供するアクセス・プロバイダ（AP）の2つがあります。発信者の氏名・住所情報をもつのはAPだけのことが多いです。自らの権利を侵害する情報が発信された者は、訴訟に用いるなどの正当な目的のために、プロバイダに発信者情報の開示命令を出すよう裁判所に申し立てることができます。まず、❶SPのもつ発信者情報の開示命令に加えて、その発信に利用されたAPの情報の提供命令も申し立てることができます。❷申立てに理由があれば、裁判所はSPにAP情報の提供命令を出し、❸SPからAP情報が開示されます。次に、❹私人はAPがもつ発信者情報の開示命令を裁判所に申し立てます。このとき、発信者情報が削除されることを防ぐため、その消去禁止命令も同時に申し

立てることができます。❺裁判所はSPに対し、私人に知らせることなく発信者のIPアドレス等をAPへ提供するよう命じ、❻APに対しては消去禁止命令を出します。最後に、❼申立てに理由があれば、SPとAPに対する発信者情報開示命令が一括して決定され、❽発信者の氏名や住所等が開示されます。なお、自らの情報が開示される可能性のある発信者にも意見表明の機会や異議の訴えが認められています。

↓発信者情報開示命令のしくみの図

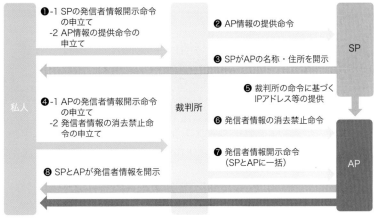

筆者作成

★○✕問題でチェック★

問7 日本の最高裁判例は「忘れられる権利」を明示的には認めていない。

問8 発信者情報開示命令申立ての手続は1回の裁判でSP・APの双方に発信者情報の開示を求めることができる。

29 国際法I：国際社会のルール

I 国際法ってなに？

　国や国際組織をはじめとして、国際社会には様々な登場人物（国際法主体）がいます。それらの関係を調整したり、問題が生じた際に解決したりするためのルールが国際法です。

　国際法は憲法や民法のような国内法と様々な点で異なるものですが、その背景には国内社会と国際社会の違いがあります。国内社会では国家に権力が集中させられ、それが立法・行政・司法に分けられ、主権者である国民がコントロールする形になっていますが（☞22-I**2**）、国際社会には権力を分有する議会・

政府・裁判所は存在しません。世界政府として国際連合を思い浮かべる方もいるかもしれませんが、そもそも国連も193の国々から構成される国際組織であって、北朝鮮のように日本が国として認めていない国がメンバーになっていたり、台湾のように国連に参加していない国や地域が存在したりします。

　このように国内社会とは異なる国際社会のルールについて、国と国のお付き合い（☞本章）、私たちの生活との関係（☞**30**）に着目して、それぞれ学習することにしましょう。

↓国内社会と国際社会の違い

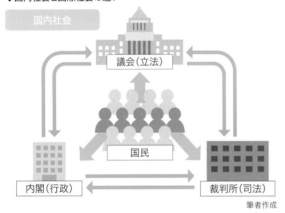

筆者作成

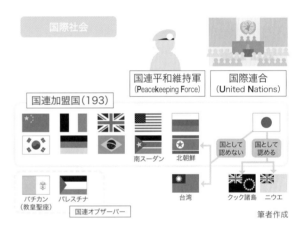

筆者作成

II 国際法はどのようにつくられるの？

　行政法と同様に「国際法」という名称の法典は存在しないため、国際社会で守られている具体的なルールを知るためには、国際法の存在形式（法源）を理解する必要があります。

　国際法の主要な法源は条約と慣習国際法です。条約は国と国の間の約束のことで、私たちの間で締結される契約と類似したものです。そのため、条約は当事国のみを拘束します。国内社会における議会のような組織は国際社会に存在しないため、一定の共通利益のために国が自発的な合意を通してルールを作成する必要があり、このようにして形成される成文法が条約です。温室効果ガス排出削減のための枠組みを作ったパリ協定のように、「条約」という名前が用いられていなくても、国家間の文書による法的な約束はすべて条約です。どのように条約が作成され、解釈され、どのような場合に無効となり、終了するのかを定めた一群のルールを条約法といい、条約法に関するウィーン条約（1969年）がこれを定めています。

　国際法のもう1つの主要な法源は不文法としての慣習国際法です。慣習国際法は法的信念を伴う国家の一般的な慣行が積み重ねられることによって成立したもので、条約とは異なり原則としてすべての国を拘束するルールです。条約が多くの国の間で大

量につくられるようになったのは比較的最近のことであるため、国内社会とは異なり、国際社会では慣習国際法が依然として重要な地位を占めています。前記の条約法に関するウィーン条約も元は慣習国際法として存在したルールを条約の形につくり直したものであり、このような条約のことを法典化条約といいます。

↓パリ協定採択時（2015年12月12日）の様子
困難な交渉を乗り越えた喜びがうかがえる

AP／アフロ

★○×問題でチェック★

　　問1　国内社会のように権力を分有する議会・政府・裁判所が国際社会にも存在する。
　　問2　「国際法」という名称の法律は存在せず、国際法は主に条約や慣習国際法として存在している。

III 国は自由に戦争をすることができる？

1 戦争の自由から戦争の違法化へ

　国際法の誕生以来、その最大の課題は戦争の規制です。戦争は伝統的には国際法によって禁止されたものではなく、特に中世のキリスト教世界において顕著であったように、その目的などが「正しい」場合には戦争は国際法上許されるものと考えられていました（正戦論）。しかしながら、特に18世紀後半以降には、国家に上位する権力をもった判定機関が国際社会に存在しない以上、戦争の「正しさ」を判定することは不可能であり、国は紛争の強制的な解決手段として戦争に訴える自由を有すると理解されるようになります。やがて20世紀になると、アメリカを中心に戦争を国際法によって禁止しようとする運動が活発化します。このような運動は第1次世界大戦後の国際連盟規約や不戦条約の締結へと結実し、右表の通り、不完全ながらも戦争の違法化が達成されました。

↓戦争の違法化の関連年表

採択年	条約	主な内容
1919	国際連盟規約	・一定の場合に戦争に訴えることを禁止【12条1項・13条2項・15条6項】 ・「正義公道ヲ維持スル為」の戦争の権利の容認【15条7項】
1928	不戦条約	・「国際紛争解決ノ為」および「国家ノ政策ノ手段トシテ」の戦争の禁止【1条】 ・「戦争」に至らない武力の行使（事実上の戦争）を防げず
1945	国際連合憲章	・「武力の行使」と「武力による威嚇」を広く一般的に禁止【2条4項】 ・国連による軍事的措置【42条】、自衛権【51条】、旧敵国に対する措置【53条1項・107条】という3つの例外を明示

筆者作成

2 武力不行使原則とその例外

　1で述べた2つの国際条約は、国際法によって戦争を禁止するという画期的な試みではありましたが、1931年に生じた満州事変のように、「戦争」という言葉の定義があいまいなために国の自由な解釈の余地を残し、その結果として戦争を完全に禁止することはできませんでした。そのため、国際連合憲章は戦争ではなく「武力行使」を禁止しました。このように確立された武力不行使原則ですが、1の年表の通り、国連憲章にはこの原則に対する例外が明記されています。実際に、2022年2月24日にロシアがウクライナに侵攻した際に、ロシアはこれを自衛権の行使として正当化することで武力不行使原則に違反しないと主張し、自衛権を行使した旨を国連憲章51条に従って安保理に報告しています。もっとも、同規定によれば、自衛権の行使の際には相手国による武力攻撃の発生が必要ですが、そのような武力攻撃がウクライナによってなされたのかという点についてプーチン大統領は明確に言及していません。

↓2022年2月24日に自衛権の行使についてロシアが安保理に提出した文書（S/2022/154）。同日のプーチン大統領のテレビ演説が添付されている

United Nations
Security Council
S/2022/154
Distr.: General
24 February 2022
Original: English

Letter dated 24 February 2022 from the Permanent Representative of the Russian Federation to the United Nations addressed to the Secretary-General

　I have the honour to forward herewith the text of the address of the President of the Russian Federation, Vladimir Putin, to the citizens of Russia, informing them of the measures taken in accordance with Article 51 of the Charter of the United Nations in exercise of the right of self-defence (see annex).

　I would ask you to circulate the present letter and its annex as a document of the Security Council.

(Signed) Vassily **Nebenzia**

United Nations Digital Library

↓プーチン大統領の演説のまとめ

・ロシアの存在と主権に対する真の脅威の存在
・ドンバス地方におけるジェノサイドの発生とその保護の必要
・ドネツク人民共和国とルガンスク人民共和国との間の友好相互援助条約（2022年2月22日批准）の存在
・上記条約の遵守のために国連憲章第7章51条に従った「特別軍事作戦」を遂行

筆者作成

3 戦争・武力紛争におけるルール

　以上で確認したのは、国家が他国に対して武力行使に訴えることを国際法がどのように禁止しているかという点ですが、国際法が武力行使を禁止しているからといって、戦争（武力紛争ともいいます）が完全になくなるわけではありません。そこで国際法は、実際に生じた武力紛争についても一定の規制を及ぼしています。このような戦争・武力紛争に適用される国際法は武力紛争法・国際人道法と呼ばれます。
　武力紛争法は、武力紛争における敵対行為において、文民たる住民と戦闘員、民用物と軍事目標とを区別したうえで（区別原則）、文民・民用物への過度な付随的被害をもたらす攻撃を禁止し（比例原則）、このような付随的被害を可能な限り減らすための予防を義務づけています（予防原則）。そのため、ロシアによる2022年4月のブチャでの文民たる住民の大量殺害は武力紛争法の重大な違反と考えられます。

↓ウクライナ首都キーウ近郊のブチャでは多くの文民が殺害されたという

ZUMA Press／アフロ

★○✕問題でチェック★
問3　国連憲章の武力不行使原則にみられるように、戦争は国際法によって歴史上常に禁止されてきた。
問4　いったん武力紛争が始まると、国は国際法上の制約なしに自由に軍事作戦を実施できる。

Ⅳ 国際法違反が生じたら?

1 国家の国際法上の責任

国が条約や慣習国際法上の義務に違反し、その違反が国の行為として捉えられる(国に帰属する)場合には、国際法上の責任(国家責任)が生じます。もっとも、国の違法行為のすべてが国家責任を生じさせるわけではなく、下図で示したような一定の事由(違法性阻却事由)が存在する場合には、その違法性が取り除かれるため国家責任は発生しません。国家責任が生じた場合には、原状回復や金銭賠償、違法行為の中止要求、再発防止の保証によって、被害国が加害国に対して責任を追及することができます。このような国家責任に関するルールは国家責任条文(2001年)が定めています。

↓国家責任の発生とその追及

筆者作成

2 紛争の平和的解決

ある国の違法行為によって国家責任が発生し、被害国が責任を追及した際に、加害国がそれに応じない場合には両国間に紛争が生じます。このように、法や事実に関する意見の不一致が国の間で生じている状態を国際紛争と呼びます。かつて戦争が国際法上禁止されていなかった時代は、戦争による強制的な紛争解決が可能でしたが、戦争が違法化された現代において、国は国際紛争を平和的に解決する義務を負います。

このような紛争の平和的解決義務に基づいて、国はまず交渉を行うのが一般的です。交渉といえば、国の代表が直接顔を合わせて交渉する姿を思い浮かべるかもしれませんが、実際にそのようなケースは稀であり、調整業務を含む日々の交渉は主に外交当局(日本であれば外務省)が担っています。日本と韓国の場合を例に挙げると、日本の外務省の出先機関である大使館(外交使節団)が韓国のソウルに所在し、ソウルの日本大使館が東京の本省からの訓令に従い、ソウルで韓国の外交部と交渉を行います。この場合、ソウルの日本大使館で勤務する外交官を派遣している日本のことを派遣国、日本の外交官を受け入れている韓国のことを接受国といいます。

交渉によって紛争解決が望まれない場合は、紛争当事国以外の第三国を巻き込むことで紛争解決がめざされることもあります。第三者が介入する場合は、仲介・審査・調停という裁判に依らない手続と、仲裁裁判・司法的解決という裁判手続の2つに大別されます。前者のうち、仲介は紛争当事国の合意によって選ばれた第三者が両者の和解のために必要な援助(交渉のための場所など)を提供するもので、審査はもう少し踏み込んで、第三者が紛争の原因である事実関係を明らかにするものです。さらに第三者の介入の程度が強まるのが調停で、第三者が紛争解決のための具体的な提案まで行います。

これらの非裁判手続が法的拘束力を有さないのに対して、裁判手続(仲裁裁判・司法的解決)は、それぞれ法的拘束力のある解決策を紛争当事国に提示するものです。国内裁判所とは異なり強制管轄権が認められていないため、両者は紛争当事国の同意が必要である点で共通するものですが、裁判所の常設性という点で大きく異なるものです。仲裁裁判については、裁判所が事件ごとに設置され、仲裁人の選任なども紛争当事国が付託合意によって自由にデザインできます。これに対して、司法的解決の場合は、あらかじめ設立されている常設の裁判所を利用することから、裁判官の構成や運営のルールなどについてはその裁判所の規則に従わなければなりません。

↓交渉と外交使節団

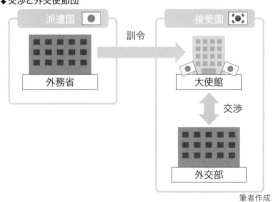

筆者作成

↓国家間における紛争の平和的解決手段

		第三者による介入		
非裁判手続	交渉	仲介	審査	調停
裁判手続		仲裁裁判	司法的解決	

解決策の法的拘束力あり

筆者作成

★○×問題でチェック★

問5 国家責任が発生した場合には、被害国は原状回復や金銭賠償を求めることができる。
問6 現代において、国際紛争は戦争によってではなく平和的な手段で解決しなければならない。

V　国際法の実現の担い手は？

1　国際裁判所による実現

　国際法に基づく権利の保護や義務の履行は様々な手段によって達成されますが、伝統的に主要な方法として考えられてきたのは国際裁判所による国際法の実現です。その代表例はオランダのハーグに所在する国際司法裁判所です。国際司法裁判所は国連の主要な司法機関であり、国のみが紛争当事者となることができます。裁判所の主要な任務は国際法に基づく国家間の紛争の平和的解決であり、国同士の紛争（争訟事件）に対して判決を下し、国際組織の業務にかかわる法的問題について勧告的意見を付与します。その裁判官は世界の主要な法体系を代表する15名から構成され、国連総会・安保理での選挙によって選出されます（任期9年、再選可）。

　争訟事件における訴訟手続については、簡略化したものを右図に示しています。まず入口として、裁判所の管轄権に対する紛争当事国の同意がなければ裁判手続は始まりません（同意原則）。このような国の同意は、紛争発生前にあらかじめ表さ

↓国際司法裁判所の法廷

国際司法裁判所HP

れている場合もあれば、仲裁裁判と同様に紛争発生後に当事国間で付託合意を締結したり、相手国の一方的な提訴に対する応訴という形で表されたりする場合もあります。

　裁判所の管轄権が認められると、書面の提出と口頭弁論による本案手続に進みます。本案手続とは別に、暫定措置（訴訟の重大な利益の保全のために裁判所が指示する措置）や先決的抗弁（主に被提訴国が裁判所の管轄権を否定するために提起する抗弁）といった付随手続もあります。付随手続がある場合には、その審理を終え、本案手続を経た後に判決が下されます。裁判所の判決は裁判官の過半数によって決定され、当事国間のその事件に対してのみ拘束力を有します。裁判所の判決には先例拘束性はありませんが、後の事件において事実上の先例として重視される傾向にあります。なお、判決は最終的なもので上訴は認められませんが、その解釈に争いがある場合には解釈請求を、決定的な新事実が判決言渡し後に発見された場合には再審を、それぞれ請求することができます。

↓国際司法裁判所の訴訟手続（簡略図）

紛争の付託

裁判所の管轄権に対する同意が必要

紛争発生前の同意
裁判条約・裁判条項
選択条項受諾宣言

紛争発生後の同意
付託合意・応訴管轄

書面手続

原告　　　　　被告
申述書　→　答弁書
（抗弁書）←　（再抗弁書）

口頭手続

判　決

筆者作成

2　国内裁判所による実現

　国際法を実現するのは国際裁判所に限られません。国内裁判所においても、国際法が具体的な事案に対して直接適用されたり、国内法が国際法に適合的に解釈されたりすることで、国際法が実現されています。ブチャの住民殺害（☞Ⅲ3）のようなロシア兵の戦争犯罪は、国際刑事裁判所での処罰の対象となりますが、ロシアは裁判所の締約国ではないため同裁判所の裁きは期待できません。その代わりに、ウクライナの国内裁判所が自国の刑法に従ってロシア兵を裁いています。ここで裁判所が直接適用しているのはウクライナ刑法ですが、戦争犯罪に関する規定はウクライナが批准している関連諸条約に準拠する形となっているため、この規定に基づいてロシア兵を処罰することも国際法の実現の1つの表れといえます。

　ただし、国内裁判所で外国を相手に訴訟を提起する場合には国際法上の制約があります。主権国家は平等であるため、国は他国の裁判所において被告とならないという裁判権免除を享有するからです。もっとも、かつては国のすべての行為が免除の対

象でしたが、現在では国の行為を私人も実施可能な行為（業務管理行為）と国のみが行えるもの（主権的行為）に分けて、前者には免除を与えないという傾向がみられます。

↓ウクライナの裁判所におけるロシア兵の裁判の様子

ロイター／アフロ

★○×問題でチェック★

問7　国際司法裁判所は国だけでなく個人も紛争当事者となり、訴訟を提起することができる。
問8　国際法の実現は国際裁判所によってなされるのみで、国内裁判所とは関係がない。

29 国際法Ｉ：国際社会のルール　**131**

30 国際法Ⅱ：私たちの暮らしと国際法

Ⅰ 国際法と私たちのつながり

国際法は主に国家と国家の間のルールですが、国家だけでなく、私たち自身や暮らしにかかわることも定めています。たとえば、教育への権利など私たちがもっている人権についても国際法になっています。1948年の世界人権宣言は、その原文タイトルである"Universal Declaration of Human Rights"が示す通り、「普遍的（Universal）」な権利、すなわち人間であればどこでも誰でも有する権利を定めており、現在では条約化されています。さらにこれら人権は持続可能な開発目標（SDGs）のすべての目標の土台になっており、ますます私たちの暮らしとの接点も増えてきています。

↓世界人権宣言

TopFoto／アフロ

↓持続可能な開発目標（SDGs）と人権

5 ジェンダー平等を実現しよう	・女性に対するあらゆる形態の差別の撤廃 ・子どもの数や出産間隔、時期を自由に決定できる権利 ・母親と子どもへの特別な保護 ・女性及び少女に対する暴力の撤廃 ・公正かつ良好な労働条件を享受する権利
8 働きがいも経済成長も	・公正かつ良好な労働条件を享受する権利 ・奴隷、強制労働、人身取引の禁止 ・雇用に関する女性の平等な権利 ・児童労働の禁止 ・移住労働者の平等な権利
13 気候変動に具体的な対策を	・健康への権利 ・十分な食糧への権利と安全な飲料水への権利 ・自己の天然の富および資源を自由に処分するすべての人民の権利

ヒューライツ大阪のウェブページを参考に筆者作成

Ⅱ 暮らしのなかでの国際法

1 障害のある子どもの分離教育

世界人権宣言が始まりとなり様々な人権条約が採択されてきましたが、その1つに2006年に誕生した障害者の権利に関する条約（障害者権利条約）があります。日本は2014年に批准しています。

↓障害者権利条約の日本初の政府報告審査・最終見解（勧告）（2022年）

Education (art. 24)

51. The Committee is concerned about:

    (a)   The perpetuation of segregated special education of children with disabilities, through medical-based assessments, making education in regular environments inaccessible for children with disabilities, especially for children with intellectual and/or psychosocial disabilities and those who require more intensive support; as well as about the existence of special needs education classes in regular schools;

51. 委員会は、以下を懸念する。
（a）医療に基づく評価を通じて、障害のある児童への分離された特別教育が永続していること。障害のある児童、特に知的障害、精神障害、又はより多くの支援を必要とする児童を、通常環境での教育を利用しにくくしていること。また、通常の学校に特別支援学級があること。

CRPD/C/JPN/CO/1（7 Oct 2022）

たとえば、日本には障害のある子どもに対する特別支援教育があります（☞26‐Ⅱ）。これは障害のある子どもひとりひとりが必要とする教育に対応するため、通常学級に加え、障害のある子どものみを対象とした特別支援学級や特別支援学校で受ける教育を指します。

一方、障害者権利条約24条は、障害のある者とない者がともに学ぶインクルーシブ教育をめざしています。日本政府は障害者権利条約の実施を担う障害者権利委員会から2022年に審査を受け、その際、特別支援学級や特別支援学校があることによって、障害のある子どもが一般的な学校教育から分離され続けてしまうことへの懸念が示されました。

↓日本の特別支援教育

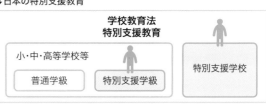

筆者作成

★○×問題でチェック★

問1 国際法は、国家間の事柄を定めるもので、私たちの生活とは関係がない。
問2 障害者権利条約では障害のある子どもは必ず区別して特別の教育を行うよう定めている。

2 在留資格のない外国人の長期収容

人権条約の1つである自由権規約9条は、「すべての者は、身体の自由および安全についての権利を有する」「何人も、法律で定める理由及び手続によらない限り、その自由を奪われない」と規定しています。

身体の自由に関して、スリランカ人女性ウィシュマ・サンダマリさんの事件を知っていますか。ウィシュマさんは2017年に在留資格を失い、20年に名古屋出入国在留管理局に収容された後、21年に体調が悪化したにもかかわらず十分な医療を受けることができず死亡しました。出入国管理及び難民認定法（入管法）では、ウィシュマさんのように在留資格のない外国人は全員出入国在留管理庁に収容されることから、全件収容主義ともいわれてきました。収容されてしまえば外出などはできず、身体の自由を奪われることになります。退去強制令書による収容には期間の定めがないため、3年以上収容される者もいます。

2020年8月、国連人権理事会の特別手続の1つである国連恣意的拘禁作業部会が、非正規滞在者として長期間収容されている2名の外国人からの訴えに対して、彼らが恣意的拘禁の状態にあり、日本政府による条約違反があるという見解を示しました。

↓自由権規約9条　身体の自由

第9条
1　すべての者は、身体の自由及び安全についての権利を有する。何人も、恣意的に逮捕され又は抑留されない。何人も、法律で定める理由及び手続によらない限り、その自由を奪われない。
2　逮捕される者は、逮捕の時にその理由を告げられるものとし、自己に対する被疑事実を速やかに告げられる。
3　刑事上の罪に問われて逮捕され又は抑留された者は、裁判官又は司法権を行使することが法律によって認められている他の官憲の面前に速やかに連れて行かれるものとし、妥当な期間内に裁判を受ける権利又は釈放される権利を有する。裁判に付される者を抑留することが原則であってはならず、釈放に当たっては、裁判その他の司法上の手続のすべての段階における出頭及び必要な場合における判決の執行のための出頭が保証されることを条件とすることができる。
4　逮捕又は抑留によって自由を奪われた者は、裁判所がその抑留が合法的であるかどうかを遅滞なく決定すること及びその抑留が合法的でない場合にはその釈放を命ずることができるように、裁判所において手続をとる権利を有する。
5　違法に逮捕され又は抑留された者は、賠償を受ける権利を有する。

外務省HPの訳をもとに作成

↓ウィシュマさん名古屋入管死亡事件

毎日新聞社／アフロ

↓国連恣意的拘禁作業部会勧告（2020年）

A/HRC/WGAD/2020/58（25 Sep 2020）

入管法が2023年に改正され、全件収容主義に代わるものとして管理措置制度が導入されましたが、管理措置とするかの判断は出入国在留管理庁に委ねられており、管理措置の対象にならない者については無期限収容が続くことになるなど、課題が残っています。

3 犯罪行為の取り締まり

私たちの身のまわりでは残念ながら様々な犯罪行為が行われています。日本で罪を犯した者が国外に逃亡した場合はどうなるのでしょうか。日本において、警察が被疑者（犯罪を行ったという十分な疑いのある者）を現行犯以外で逮捕するには逮捕状（令状の1つ）の発付が必要であり、逮捕状は捜査によって集めた証拠により被疑者が特定されないと裁判所に請求できません（☞**17-Ⅲ 2**）。そこで、逃亡先国の警察との捜査協力が不可欠になります。

刑事共助条約は捜査についての共助（捜査共助）を合意するもので、日本では現在7か国・地域と条約を締結しています。逮捕状の発付後に、日本の警察が被疑者を逮捕するわけですが、そのためには逃亡先国の警察に被疑者を拘束し日本に送還してもらうことが必要となります。これが犯罪人引渡であり、日本はアメリカと韓国との間で犯罪人引渡条約を締結しています。なお条約がない国との間でも相互主義に基づく捜査共助や犯罪人引渡が行われています。

また、加盟国の警察間の協力を促進させようとするのが国際刑事警察機構であり、その国際手配書のしくみでは、犯罪人引渡および同等の法的措置を目的として特定の人物の所在地の特定や身柄拘束を求める赤手配書、事件に関係する者の情報収集等を求める青手配書などがあります。

↓刑事共助条約と犯罪人引渡条約（日本との間の締結国）

条約	日本との締結国（発効年）
刑事共助条約（協定）	アメリカ（2006年）、韓国（2007年）、中国（2008年）、中国香港特別行政区（2009年）、欧州連合（2011年）、ロシア（2011年）、ベトナム（2022年）
犯罪人引渡条約	アメリカ（1980年）、韓国（2002年）

筆者作成

↓主な国際手配書の種別

（赤手配書）引渡または同等の法的措置を目的として、被手配者の所在の特定および身柄の拘束を求めるもの

（青手配書）事件に関連のある人物の人定、その所在地または行動に関する情報を収集するもの

（黄色手配書）行方不明者（主に未成年）の所在の特定または自己の身元を特定することができない者の身元特定のため、情報を求めるもの

（緑手配書）罪を犯した者で、その犯罪を他国で繰り返すおそれのある者に関する警告および情報を提供するもの

令和3年版警察白書をもとに作成

★○✕問題でチェック★

問3　自由権規約9条（身体の自由）に関して、出入国管理及び難民認定法が議論されている。
問4　犯罪人引渡条約がなければ原則として被疑者を引き渡すことができない。

4 貿易協定による関税の撤廃

食品や衣類、電化製品など身のまわりの物品を見てみると原産地や生産地が日本以外の国であるものがたくさんあることに気づきます。このような物品の国際的な取引である輸出入のことを貿易といいます。外国の物品がある国に輸入される場合に課せられる税金が関税であり、同じ物品でも輸入品の場合は関税の分だけ価格が高くなります。関税は、財源の確保という理由もありますが、輸入品の価格を上げることで国内産業を保護したり、貿易上の不均衡を是正したりする意味もあります。

一方で、関税は国家間の自由貿易の障壁にもなります。そこで、物品の関税等を撤廃・削減して自由な貿易をめざす国際法である自由貿易協定（FTA）が結ばれてきました。現在では、自由貿易協定に加えて、投資や人の移動に関するルールも併せて経済連携協定（EPA）とする場合も増えてきました。2023年3月現在、日本は24か国との間で21の経済連携協定を署名・発効しています。

アジア太平洋地域に焦点を当てると、日本がリードし11か国が参加する「環太平洋パートナーシップに関する包括的及び先進的な協定（CPTPP）」が2018年12月に発効し、2022年1月には中国がリードし日本を含む15か国が参加する「東アジアの地域的な包括的経済連携協定（RCEP協定）」が（10か国で先行して）発効しています。さらに2022年5月には、条約ではないものの、アメリカが主導となり「インド太平洋経済枠組み（IPEF）」が発足しました。このように複数の地域的経済枠組みが国際政治を背景に登場しており、さらにCPTPPにEU脱退後のイギリスに加えて、台湾と中国が加入を申請するなど、日本には高度なかじ取りが求められています。

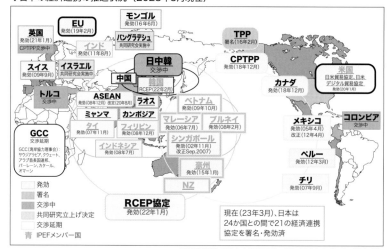

↓日本の経済連携の推進状況（2023年3月現在）

経済産業省『通商白書2023』254頁より転載（一部改変）

5 国連安全保障理事会による経済制裁

世界の安全保障について議論する国連安全保障理事会（安保理）の決議も私たちの生活とつながっています。アメリカ、イギリス、中国、フランス、ロシアの5常任理事国と10の非常任理事国からなる安保理は、国際連合憲章（国連憲章）のもと、国際社会の平和と安全の脅威となる事態を認定し、その事態に対して、国連加盟国が経済制裁などの非軍事的措置および軍事的措置を講ずるよう決定することができます。安保理の決定は、加盟国に対して法的拘束力を有するので、加盟国各国は対応を迫られます。

たとえば、2016年9月の北朝鮮民主主義人民共和国による核実験の実施および弾道ミサイルの発射を受けて、同年11月、安保理は北朝鮮民主主義人民共和国に対して制裁措置を追加・強化することを決定する決議2321号を採択しました。この決議で決定された対北朝鮮制裁としての輸出管理を実現するため、たとえば文部科学省は大学や公的研究機関に対して、北朝鮮籍をもつ研究者および学生に核活動および核兵器運搬システムの開発に寄与するような専門教育・訓練等を提供しないよう依頼する文書が送付されました。

このように安保理決議は大学教育に関係してくるだけでなく、当然のことながら、私たちの日常的な経済活動にもかかわってきます。2017年1月に北朝鮮がさらなる核実験および弾道ミサイルを発射したことで、日本では独自の措置として北朝鮮に住所を有する個人等に対する電気や郵便、生活に必要な食糧、衣料、医薬品等に必要な支払いに関して許可制とすることで原則禁止しました。たとえば、海外留学に行く際、留学先での学費等を日本から支払いますが、その海外送金するための書類をよく見てみると、海外送金先が北朝鮮ではないことをチェックする項目があるのはこのためです。

↓文部科学省大臣官房国際課長「国際連合安全保障理事会決議第2321号の厳格な実施について（依頼）」（2017年2月17日）

日本学術振興会ウェブサイトより転載

★○×問題でチェック★

問5　貿易協定が実現されても私たちが購入する物品の価格にはまったく反映されない。
問6　国連憲章上の経済制裁が、日本政府の施策を通じて、私たちの銀行取引に影響を与える場合がある。

6 気候変動への取組み

気候変動は国際社会として取り組まなければならない問題であり、大気中の温室効果ガス（二酸化炭素など）の濃度を安定化させるために世界各国が「共通だが差異ある責任」を負うことを約束したのが、1992年の気候変動枠組条約です。この約束をより具体化するために、1997年の京都議定書、そして2015年のパリ協定が採択されました。京都議定書は先進国のみに義務を課す枠組みであったことから公平性に疑問がもたれ、日本も2013年以降は参加しませんでした。この反省から、パリ協定では、世界共通の長期目標として2℃目標を設定しつつ、1.5℃に抑える努力を追求するため、先進国・途上国の区別なく、すべての国が取り組む義務を負う枠組みになりました。

日本政府は、2030年度に温室効果ガスを2013年度から46％削減する、さらに50％に向けて挑戦することを目標としています。そして、2050年には、温室効果ガスの排出を全体としてゼロにすること（カーボンニュートラル）をめざすことも宣言されました。

温室効果ガスを削減するために、私たちの身のまわりではどのようなことが取り組まれているのでしょうか。たとえば、化石燃料の使用などエネルギー起源の二酸化炭素の排出量に関しては、2030年度までに45％削減、そのうち家庭で排出量を66％削減しようとしています。家庭での二酸化炭素排出削減のためにはひとりひとりの日々の暮らしを変えていくことが不可欠です。日本政府は「ゼロカーボンアクション30」として、エネルギーの節約・転換、二酸化炭素の少ない交通手段の選択、太陽光パネル付き・省エネ住宅での居住、3R（リデュース・リユース・リサイクル）の推進に加えて、ファッションや食といった製品・サービスの環境を考慮した選択を提案しています。

↓温室効果ガス排出量2030年度削減目標

温室効果ガス排出量・吸収量 （単位：億t-CO2）	2013排出実績	2030排出量	削減率	従来目標
	14.08	7.60	▲46％	▲26％
エネルギー起源CO2	12.35	6.77	▲45％	▲25％
部門別　産業	4.63	2.89	▲38％	▲7％
業務その他	2.38	1.16	▲51％	▲40％
家庭	2.08	0.70	▲66％	▲39％
運輸	2.24	1.46	▲35％	▲27％
エネルギー転換	1.06	0.56	▲47％	▲27％
非エネルギー起源CO2、メタン、N2O	1.34	1.15	▲14％	▲8％
HFC等4ガス（フロン類）	0.39	0.22	▲44％	▲25％
吸収源		▲0.48		（▲0.37億t-CO2）
二国間クレジット制度（JCM）	官民連携で2030年度までの累積で1億t-CO2程度の国際的な排出削減・吸収量を目指す。我が国として獲得したクレジットを我が国のNDC達成のため適切にカウントする。			-

環境省「地球温暖化対策計画（令和3年10月22日閣議決定）」
地球温暖化対策計画概要1頁

↓「ひとりひとりができる ゼロカーボンアクション30」

環境省「COOLCHOICE」ウェブサイトより転載

III　私たちによる国際法の実現

国際法を実現する義務を負うのは主に国家ですが（☞29-II）、その実現の過程をみると私たち、そして私たちの暮らしにつながっていることがわかります。たとえば、障害者権利条約が学校教育に、刑事共助や犯罪人引渡に関する国際法が犯罪行為の取り締まりに、CPTPPなど経済連携協定が食品や電化製品の価格に、安保理決議による経済制裁が銀行等での海外送金のチェック項目につながっています。

さらに、国際法の実現が私たちに関係しているだけでなく、国際法の実現が私たちの行動にかかっている場合もあります。自由権規約の定める「身体の自由についての権利」の実現において、在留資格のない外国人の長期収容を認めている日本の出入国管理および難民認定法を、私たちはどのように考えていくべきでしょうか。さらに、パリ協定がめざす2℃目標を実現するため、私たちは省エネやエシカル消費など自身の行動を変えていかなければなりません。このように私たち自身が国際法の掲げる目標を実現する主体であるとともに、政府や企業、市民社会に国際法が掲げる目標を実現するよう働きかける役割も担っています。

このことは、Iで取り上げた持続可能な開発目標（SDGs）でも確認されています。国際法が実現しようとする貧困の撲滅や質の高い教育の提供、差別のない社会づくり、持続可能な経済活動、気候変動への対策、法の支配、平和と安全などはSDGsの17の目標に反映されています。SDGsは2015年に150を超える国々の首脳の参加のもとで、国連で採択されましたが、これらの目標を実施するために、政府や企業、市民社会、国連機関などとともに私たちひとりひとりが行動していくことが期待されています。

↓持続可能な開発目標（SDGs）

国連広報センターウェブサイトより転載

★○×問題でチェック★
問7　私たちの節電等の二酸化炭素削減のための取組みがパリ協定の2℃目標の実現に貢献している。
問8　SDGsの実現は人権、環境、経済、安全保障等に関する国際法を尊重することと関係している。

30国際法II：私たちの暮らしと国際法　**135**

Appendix **7** 社会で法学を活かす

Ⅰ 社会は法律の知識が必要な仕事であふれている

本書をここまで読み進めてきたみなさんは、世のなかには様々な法律が存在し、それらが私たちの生活を規律していることが理解できたと思います。実際に、私たちの身のまわりは、法律であふれています。買い物、ものの貸し借りといった些細なことから、離婚、相続、さらには刑事事件に至るまで、すべて法律が関係しています。社会は、法律なしでうまく回りません。直接見えなくとも、社会の様々な場面で、法律の知識が必要になってくるのです。

右の表に、法律の知識が必要な職業の一例がまとめてあります。法律全般に関する司法・法律系の職業はもちろん、土地の売買や家屋の建築、企業の会計監査、電気工事や自動車整備に至るまで、これらの仕事に就くにはそれぞれの専門分野に関する法律の知識が必要です。自治体と国とのパイプ役であり私たちの生活を支えている公務員にも様々な種類がありますが、いずれの試験にも法律科目が組み込まれています。法律を学習することで、仕事の幅が広がるといっても過言ではありません。

↓法律の知識が必要な職業の例

司法・法律系	弁護士、検察官（国家公務員）、裁判官（国家公務員）、パラリーガル、弁理士、司法書士、行政書士、社会保険労務士、公証人、法テラス職員
建築・不動産系	建築士、不動産鑑定士、建築整備士、施工管理技士、土地改良換地士、土地区画整理士、管理業務主任者、宅地建物取引士、土地家屋調査士、マンション管理士
会計・コンサルティング系	公認会計士、税理士、中小企業診断士、ファイナンシャルプランナー技能士
土木・技術系	技術士、土木施工管理技士、測量士、気象予報士、海技士、潜水士、発破技士、計量士、消防設備士、電気工事士、自動車整備士、施工管理技士
公務員	地方公務員、国家一般職、国家総合職、衆議院・参議院事務局職員、国立国会図書館員、財務専門官、国税専門官、税務職員、警察官、消防官、自衛官、食品衛生監視員、労働基準監督官、入国警備官、航空管制官、外務専門職員、防衛省専門職員、刑務官、公立学校教員

筆者作成

Ⅱ 法律の専門知識を活かす職業と身近な法律家

様々な職業のなかに、「士業」という、高度な専門知識を有し、私たちの日常生活における法律問題を取り扱う専門職があります。以下では、主な士業について紹介します。

第1に、訴訟の専門家である弁護士です。お金の貸し借りや離婚に関する問題から刑事事件に巻き込まれたときの弁護まで、幅広い法律問題を扱います。

第2に、特許の専門家である弁理士です。企業や個人が、独自に新たな技術、製品を生み出した際に、それにかかわる権利を取得するためのサポートをしてくれます。

第3に、登記の専門家である司法書士です（登記については☞ 4-Ⅲ**2**）。土地や建物を取得した時、あるいは会社を設立した時には、それらに関する権利関係等を公表する必要があります。その際に必要な手続をサポートしてくれます。

第4に、会計監査の専門家である公認会計士です。企業は、財務内容を株主や投資家に公開する必要があります。その際に、企業が作成した財務諸表をチェックし、内容の適切性や情報の透明性を保証することで、企業の社会的信用を高めます。

第5に、税務の専門家である税理士です。企業が事業を行う時、法人税をはじめとする様々な税金を払う必要があります。その際に、税額を確定するための基礎資料を作成し、役所への届出までサポートをしてくれます。

第6に、行政手続の専門家である行政書士です。事業や活動の許認可等、官公署に何らかの書類を提出する必要が生じた際、書類作成や手続に関するサポートをしてくれます。

第7に、社会保険や就業の専門家である社会保険労務士で

す。社会保険の加入・脱退の手続、企業の就業規則や人事評価制度の作成など、企業と就業者を多面的に支えてくれます。

↓国家試験における法学科目の例（例）

弁護士	憲法、行政法、民法、民事訴訟法、商法、刑法、刑事訴訟法
弁理士	特許法、実用新案法、意匠法、商標法、著作権法、不正競争防止法、関連条約
司法書士	憲法、民法、商法、刑法、民事訴訟法、民事執行法、民事保全法、司法書士法、供託法、不動産登記法、商業登記法
公認会計士	企業法、租税法、民法
税理士	所得税法、法人税法、相続税法、消費税法、酒税法、国税徴収法、住民税法、事業税法、固定資産税法
行政書士	憲法、行政法、民法、商法
社会保険労務士	労働基準法、労働安全衛生法、雇用保険法、健康保険法、国民年金法、労働者災害補償保険法、厚生年金保険法、労働保険の保険料の徴収等に関する法律

筆者作成

↓身近な生活にかかわる法律の専門家

弁護士
インハウスロイヤー
スクールロイヤー
ホームロイヤー
自治体内弁護士etc.

社会保険労務士

会計士

弁理士

行政書士

税理士

司法書士

筆者作成

★○×問題でチェック★

問1 法学は特殊な学問であり、法律の知識を身につけても職業選択の幅は広がらない。
問2 士業の1つである行政書士は、企業の会計監査の専門家である。

III　法学部生の活躍の場は多岐にわたる

　法学部生は、司法試験に合格して法曹になることがすべてではありません。ひとりひとりの専門性が求められる現代社会では、自身の専門分野に関する法的な知識が求められます。言い換えれば、法律を学ぶことで、社会での活躍の場が広がるのです。

　下の円グラフは、東京都内の有名私立大学法学部の卒業生（2021年度）の進路をまとめたものです。対象となったのは計4072名ですが、法科大学院を含む大学院等進学者は361名です。9割以上の卒業生が、法曹とは無関係の仕事に就いているのです。他学部と比較して公務員が多いのが特徴的ですが、その他は、製造業、情報通信系、金融・保険など、進路は多岐にわたります。

　それぞれの職種において、法律の知識が頻繁に求められます。たとえば銀行業では、「預金」「融資」等、民法の知識な必要な場面が多くあります。ゲーム制作・音楽制作業では、知的財産に関する知識が不可欠です。商社では、外国の企業とやり取りをする場合、国際私法や現地法の知識が必要です。インフラ業界においても、電力業界についていえば電気事業法、ガス業界であればガス事業法といった専門的な法知識が必要なのです。

　読者のみなさんには、将来は公務員として働くことを考えている人もいるでしょう。公務員も法律に深くかかわる職業です。前頁の表にあるように、公務員にも多くの種類があります。たとえば都道府県庁の職員は、都道府県内の自治体をまとめながら、政策や事業を行います。条例の制定、税金制度、道路・教育施設・病院等に関する事業企画など、仕事内容は多岐にわたりますが、いずれも法律の知識が必要です。市町村の職員は、特に市民の生活に直接に関係する仕事が多く、市民の生活をサポートするためにも税金や子育て支援等の法律に関する知識は不可欠です。さらに、公務員のなかには、裁判所書記官や労働基準監督官など、特に専門的な法知識が必要な職種もあります。

　このように、法学部で学んだ先には、あらゆる職業において活躍の場が広がっています。民間企業に勤めるにしても、公務員として働くにしても、あるいは自ら起業するにしても、法律の知識が必要です。法学を学習するなかで、興味のある分野をみつけ、専門知識を身につけていくことで、活躍の場は広がってゆきます。就職活動時、「法学部は潰しがきく」とよくいわれる理由がおわかりいただけたかと思います。

↓東京都内有名私大法学部卒業生の就職先

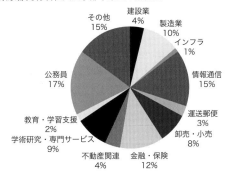

各大学HPより集計して筆者作成

↓法律家でなくても法律の知識は不可欠

筆者作成

IV　社会で重宝される論理的思考力・法的思考力

　ここまで、法律に関する専門知識が日常生活において役立ち、みなさんの将来の可能性を広げるということについて話してきました。最後に、法学の「考え方」の重要性についても触れておきましょう。

　法学は、法的な知識だけでなく、論理的思考力・法的思考力を身につける学問でもあります。法学では、「大前提」・「小前提」・「あてはめ」からなる三段論法を軸とした、論理的な思考方法が重視されます。法律の制定時の背景、条文の意味内容、条文の意味をめぐる学説の対立、裁判所による理解などをひとつひとつ整理しながら、具体的な問題に対する自分なりの答えを導いていくのです（☞Appendix 1-1）。

　社会には問題がつきものです。それらを解決する際には、法律上の知識に加えて、論理的に話を展開する力が必要です。ある時には、相手の立場や背景事情をくみ取って考える必要もあるでしょう。たとえば企業では、労働条件の引き下げに関する紛争、採用内定取消しに関する紛争、パワハラ・セクハラに関す

る紛争等、様々な問題が起こりえます。問題が生じた際には、機械的に答えを出すのではなく、問題の原因を探りつつ、ある時には前例を参照しながら、当事者をはじめ多くの人が納得できる解決策を考えていかなければなりません。感情論から距離を置き、冷静に事案を分析する能力が求められます。こうした場面において、法学学習を通して身につけた論理的思考力・法的思考力が真価を発揮するのです。

↓論理的思考力・法的思考力が必要な場面

⇒労働条件の引き下げに関する紛争 ⇒採用内定取消しに関する紛争 ⇒自己都合退職後の補償に関する紛争 ⇒雇止めに関する紛争 ⇒パワハラ・セクハラに関する紛争	⇒社外との協議 ⇒予期せぬ新規参入・天災 ⇒ビジネスモデルの転換 ⇒課題の抽出・分析・解決方法の提案 ⇒明快・円滑なコミュニケーション
論理的思考力・法的思考力	

筆者作成

○×問題の解説

■1 法学のとびら
問1：×（中学校の公民で法学を学ぶ）／問2：○（社会のルールも法の1つ）／問3：○（民法は私人の関係を規定している）／問4：×（民事訴訟法は、民事事件に関係するが、裁判所や当事者を拘束するきまりとして、公法に位置づけられる）／問5：○（ローマ法はヨーロッパの近代法に大きな影響を与えている）／問6：×（最高刑は死刑である）／問7：×（四国のなかでは、最も人口が多い松山ではなく、高松にある）／問8：×（裁判傍聴は予約なしでできる）

■ Appendix 1　法学の勉強法
問1：○（法学を学ぶ過程で鍛えられる法的思考力は、実社会で広く必要とされる）／問2：○（道徳的な正しさと法的な正しさとは別物である）／問3：×（判例も変更されることがあり、絶対的な正解とは限らない）／問4：○（日本の法律も、アメリカ、フランス、ドイツなどから影響を受けている）

■2 民法I：民法の基本概念
問1：×（被害者の相続人は加害者に損害賠償請求をすることができる）／問2：×（契約には民法第1編（民法総則）や第3編第1章（債権総則）の規定も適用される）／問3：○（民法3条1項（権利能力平等の原則））／問4：×（民法886条1項）／問5：○（民法4条）／問6：×（不法行為は法律行為ではない）／問7：×（取消権の行使があって初めて無効となる）／問8：○（民法96条3項）

■3 民法II：不法行為
問1：○（物に対する権利である物権との対比でそのように呼ばれる）／問2：×（当該文言が追加されたのは2004年である）／問3：○（現在の民法709条は、「権利」侵害の場合のほかに、「法律上保護される利益」が侵害された場合についても不法行為の成立を認めている）／問4：×（無過失責任を定める特別法は存在するが、一般法である民法709条はそうではない）／問5：○（加害者は、加害行為との間に相当因果関係が認められない損害については、賠償責任を負わない）／問6：○（第三者に加害を加えないように監督する義務は、家族であるという理由だけで認められるわけではない）／問7：×（時効は制度趣旨や仕くみが異なる）／問8：×（一定の場合には、除斥期間の起算点を遅らせることが認められている）

■4 民法III：契約・所有権
問1：×（民法85条）／問2：×（売買契約は諾成契約である）／問3：○（契約締結の自由、民法521条1項）／問4：×（引渡義務、登記手続協力義務（民法560条））／問5：○（不動産登記法3条）／問6：○（民法177条）／問7：×（共同申請の原則、不動産登記法60条）／問8：×（売買契約締結後登記移転前の売主等）

■5 民法IV：家族法
問1：×（日本国憲法24条に反するため、戦後改正にて廃止された）／問2：○（夫婦とその子家族の占有率は42.7%から25.1%に減少）／問3：×（「3分の1」ではなく「2分の1」）／問4：×（届出婚主義ではなく、法律婚主義である）／問5：×（離婚請求の理由（離婚原因）となる不貞とは、相手方配偶者の不貞であり、請求者自身の不貞ではない）／問6：○（母子関係の成立は分娩主義をとる）／問7：○（2022年改正（2024年施行）により規定）／問8：×（親の子の扶養義務は親権とは関係ない）

■ Appendix 2　消費者法
問1：×（霊感商法など、今日においても多くの消費者問題が生じている）／問2：○（「消費者」と「事業者」との間で結ばれる契約を「消費者契約」という）／問3：×（消費者契約法や特定商取引法により意思表示を取り消すことができる場合がある）／問4：×（消費者裁判手続特例法により、被害を集団的に回復する制度が設けられている）

■6 労働法I：労働法の成り立ちと役割
問1：○（アルバイトにも労働法の適用はある）／問2：×（制定以来改正が重ねられている）／問3：×（労働者が希望していても労基法13条は適用されない）／問4：○（労基法102条などに権限が規定されている）／問5：×（労基法には男女の採用に関する規定はない）／問6：×（制定時点では男女の平等取扱いは努力義務であった）／問7：×（女性の賃金は平均で男性の約70%）／問8：○（認定を受けた企業はえるぼしマークを使用できる）

■7 労働法II：労働契約と労働者
問1：○（大日本印刷事件判決）／問2：×（三菱樹脂事件判決によれば、法律による制限があれば採用の自由は制約される）／問3：○（労働基準法90条によれば、使用者は労働者代表の意見を聴く必要はあるが、同意を得る必要はない）／問4：×（労働組合法16条は規範的効力を定める）／問5：○（東亜ペイント事件判決）／問6：○（高年齢者雇用安定法8条によれば、定年年齢を60歳未満とすることは禁止されている）／問7：○（労働契約法16条）／問8：×（労働法は「労働者」に適用されるため、「労働者」にあたらない働き方をしている人には適用されない）

■ Appendix 3　社会保障法
問1：×（社会保障にかかわるたくさんの法律の集合体を、「社会保障法」と呼んでいる）／問2：○（社会保障のなかの「公的扶助」として、日本では生活保護がある）／問3：○（破綻しないように、マクロ経済スライドのしくみが設けられている）／問4：○（会社員（労働者）と、自営業者・個人事業主とで、社会保険の内容が異なる）

■8 商法I：商法とは、会社のガバナンス
問1：×（私法の一般法は民法であり、商法は民法の特別法である）／問2：○（企業取引には利潤の追求を目的とするといった特徴があり、商法の規律はその趣旨を踏まえたものとなっている）／問3：○（ここでの「営利」は、構成員への利益の分配を意味する）／問4：×（会社の設立を企画する者は発起人である）／問5：×（株式会社の必要な機関は、会社の所有者である株主で構成される株主総会と、経営者としての取締役である）／問6：○（株主提案権という。行使要件等については、会社法303条～305条参照）／問7：○（取締役は、会社から経営を委ねられた者として、このような義務を負う。会社法330条、民法644条）／問8：×（取締役の報酬等は、お手盛り防止の観点から、定款または株主総会により決定される）

■9 商法II：会社法（M＆A、ファイナンス、株主）
問1：×（一部の株主が反対していても、合併や分割などによってM&Aは実現できる）／問2：○（株式交換によって、完全親子会社関係が成立する）／問3：×（キャッシュ・アウト）／問4：×（M&Aの反対株主などに限られた場面でのみ、株主は株式買い取りを会社に求めることができる）／問5：×（会社の持ち主を定める条文は会社法に存在しない）／問6：○（株主有限責任）／問7：○（役員の報酬、買収防衛策や資本増加のためなど）／問8：×（社債は市場を通じて会社が直接資金を調達する直接金融である）

■10 知的財産法
問1：○（知的財産法は様々な法律の総称である）／問2：○（大きくは創作法と標識法に分けられる）／問3：×（手続は不要である）／問4：×（出願から20年である）／問5：○（更新の回数に制限はない）／問6：×（物には認められない）／問7：○（ライセンスできる）／問8：×（様々な知的財産権で保護可能）

■ Appendix 4　スポーツ法
問1：×（スポーツに関わるたくさんの法律の集合体を、「スポーツ法」と呼んでいる）／問2：×（普段の生活にかかわるものや、契約にかかわるものなど、非常に幅広い法が含まれる）／問3：○（スポーツをめぐる産・官・学連携）／問4：○（スポーツ選手にも「ふつうの人間」としての側面がある）

■11 民事訴訟法I：総論
問1：×（自力救済は禁止されている）／問2：×（刑事裁判の場合、訴えられる側は被告人という）／問3：○（合意管轄が可能。ただし、専属管轄がある場合は不可）／問4：×（進行協議期日などの手続も整備されている）／問5：×（司法や行政もADRを行っている）／問6：○（仲裁判断には執行力がある。なおADR法2023年改正で調停にも執行力が付与された）／問7：×（少額訴訟が利用できるのは、60万円以下の事件である）／問8：○（1人の労働審判官（裁判官）と2人の労働審判員（民間人）によって審理・判断される）

■12 民事訴訟法II：各論
問1：○（原告が求める判決の種類に応じて区別される）／問2：○（訴額に応じて高額となる。ただし、財産権上の請求でないものは定額）／問3：○（二当事者対立構造が維持できないから）／問4：×（本人訴訟も可能）／問5：×（自白が成立した事実は証拠調べをすることなく判決の基礎としなければならない）／問6：×（証明責任によって決着がつけられる）／問7：○（処分権主義の内容の1つ）／問8：○（高等裁判所への上告理由になりうるにすぎない）

■ Appendix 5　民事執行・保全法
問1：×（債務名義の提出が必要なのは、強制執行を申し立てる場合である）／問2：×（差押えが行われるのは、金銭債権の実現のための金銭執行や担保権実行の場合である）／問3：×（不動産は抵当権が設定されていて一般債権者の取り分がないことが多いので、債権が選択されることが多い）／問4：○（建物を収去する義務は代替的な作為義務である）

■13 刑法I：刑法の基礎
問1：×（自動車運転死傷処罰法など、特別刑法も犯罪の成立要件や刑罰の内容を定めている）／問2：○（死刑、懲役、禁錮、罰金、拘留、科料の6種類である。なお、2022年改正の施行後は、懲役と禁錮が拘禁刑に統一され、5種類となる）／問3：○（統計によれば、2020年には2015年の約半数となっている）／問4：×（全部執行猶予の場合、猶予期間中の再犯などにより猶予を取り消されない限り、刑事施設に収容されることはない）／問5：×（この懸念があるのは予防という考え方である）／問6：×（再犯防止を重視するのは特別予防論である）／問7：×（14歳未満の者には責任能力が欠けているため、犯罪ではない）／問8：○（明確性の原則。罪刑法定主義の一内容である）

■14 刑法II：刑法総論
問1：○（構成要件該当性・違法性・責任が1つでも欠けると犯罪ではない）／問2：×（法定刑をもとに法律上の加重・減軽を考慮し、処断刑の範囲内で宣

告刑が決められる）／問3：○（現在は、実行行為の
もつ危険性が結果へと現実化したかという基準が
一般的になっている）／問4：×（判例は、実際に生じ
た事実と行為者の認識した事実が法定の範囲内で
一致するときは、故意を認める）／問5：×（正当防衛
では防衛行為としての相当性、緊急避難にはほかに
採りうる手段がないことを、それぞれ意味する）／問
6：○（刑法39条により、心神喪失者の行為は不可
罰とされ、心神耗弱者の行為は刑が減軽される）／
問7：○（刑法60条・61条・62条）／問8：×（判例
は、古くから共謀共同正犯を認めている）

■15　刑法Ⅲ：刑法各論
問1：○（個人的法益・社会的法益・国家的法益の3
種類に分けられる）／問2：×（一般予防の必要性か
ら窃盗罪の方が重い）／問3：×（「公然と」ではない
ため侮辱罪では処罰できない）／問4：×（構成要件
は変わらないため処罰範囲の拡張ではない）／問5：
×（認知件数は減少傾向にある）／問6：○（嘘をつ
かれただけでは詐欺罪にならず、財産の侵害が必要
である）／問7：×（黒幕である中核メンバーの検挙
が課題である）／問8：×（財産移転（法益侵害）に関
与するため共同正犯になりうる）

■16　刑法Ⅳ：日常生活のなかの犯罪
問1：○（児童虐待防止法2条）／問2：×（現行法
上、児童虐待罪という犯罪は存在しない）／問3：×
（刑事の場合は、特に悪質な行為に限定するという
観点から、追加の要件が必要とされる）／問
4：×（1コマ漫画の1コマは、著作物の全体であるか
ら「軽微なもの」にあたらない）／問5：×（減少傾向に
ある）／問6：×（2020年道路交通法改正により、
罰則が創設された）／問7：○（自動車運転死傷処
罰法2条）／問8：×（認知機能検査を受けることが
義務づけられている）

■17　刑事訴訟法Ⅰ：警察の捜査
問1：○（刑事訴訟法は刑事手続全般について定め
ている）／問2：○（警察は犯罪捜査だけではなく犯
罪の防止、制圧などの仕事も行う）／問3：○（職務
質問は捜査（司法警察活動）ではなく行政警察活動
である）／問4：×（交通の安全を守るためにすべて
の車両を対象として交通検問は行われる）／問5：
×（警察捜査は任意捜査が原則である）／問6：○（実
施者の警察官ではなく第三者である裁判所が
判断する）／問7：○（捜査実務、裁判例に共通した
基準、一般論は確立されていない）／問8：×（警察
は送検せずに事件を微罪処分として終了させること
が許されている）

■18　刑事訴訟法Ⅱ：刑事裁判の手続
問1：○（国家訴追主義、起訴独占主義）／問2：○
（起訴猶予の場合や、公訴提起をしない場合も多い）
／問3：○（被害者参加制度）／問4：×（2023年か
らは18歳・19歳の人も裁判員の候補となる）／問5：×
（証拠法により証拠能力が認められない場合がある）
／問6：×（証拠としての価値が常に高いわけではなく、
また、証拠能力が認められない場合もある）／問7：○
（違法収集証拠排除法則）／問8：×（再審という）

■Appendix 6　少年法
問1：×（18歳未満の少年を死刑にすべきときは無
期刑とする）／問2：×（18歳・19歳で犯した罪（殺
人、強盗など）で起訴されたときは禁止されない）
問3：○（少年法は何をしたかよりも、その少年がど
んな問題をかかえているかをみる）／問4：×（触法
少年はまず児童相談所に送られ、必要があれば家
庭裁判所に送られる）

■19　憲法Ⅰ：総論
問1：×（日本国憲法は、法律でも侵害できない権利
を保障している）／問2：×（天皇は純粋な「象徴」で
あり、「元首」ではない）／問3：○（憲法4条）／問4：×
（各種の法の間には優劣関係がある）／問5：×（日本
で採用されているのは、付随的違憲審査制）／問6：
×（権利性質説）／問7：○（日本国憲法改正は、通常

の法律の制定よりもハードルが高い）／問8：×（日本
国憲法の規律密度は、比較的に低い）

■20　憲法Ⅱ：人権①
問1：○（憲法19条は沈黙の自由を保障している）／
問2：○（「日の丸」「君が代」訴訟）／問3：×（行動
の自由の規制であるため、必要かつ合理的な規制は
許される）／問4：×（目的・効果基準）／問5：×（自
己実現の価値）／問6：○（憲法21条2項）／問7：
×（理念法であり、罰則は付されていない）／問8：×
（結社の自由は、専門的技術を要し公共的性格を
有する職業の団体については、限定的な条件のもと、
強制加入制を許容する）

■21　憲法Ⅲ：人権②
問1：○（職業「遂行」も含まれるとされる）／問2：×
（通説によれば、条例による制約も許される）／問
3：×（自由権は国家が介入しないことを求める権
利、「国家からの自由」といわれている）／問4：○（裁
量権を逸脱・濫用した場合には司法審査の対象とな
るとした）／問5：○（憲法13条は「包括的基本権」
を定めた条文である）／問6：○（京都府学連事件）
／問7：×（民法750条はどちらかの氏に統一するこ
とを求めている。統一しなくても婚姻できる選択的
夫婦別氏は実現されていない）／問8：×（地方自治
体レベルの同性パートナーシップは法的効力はなく、
現状、法律で認められていない）

■22　憲法Ⅳ：統治機構
問1：○（君主制のもとで成立した立憲主義の例も
ある）／問2：○（憲法63条・67条・72条・79条・80
条など）／問3：○（憲法15条3項）／問4：×（提出
後、委員会での審議を経て、衆議院・参議院の本会
議に進む）／問5：×（憲法68条1項ただし書）／問
6：○（国土交通省）／問7：○（苫米地事件：最高
裁昭和35年6月8日判決）／問8：×（1947年から
2023年の間に12件の例がある）

■23　行政法Ⅰ：行政作用法
問1：×（行政法という名の統一法典は現状ない）／
問2：×（参照領域固有の仕組みが、総論の議論に
意味をもつことがある）／問3：×（法律の留保では
なく、法律の優位の問題である）／問4：○（補助金
の交付は、対象となる国民の自由や財産を制約しな
い）／問5：○（ただし契約の方法について規制を
受けることがある）／問6：○（ソフトな手法から順に
行っていく）／問7：○（裁量権の範囲を超えないか
審査できる）／問8：○（指定管理者制度など）

■24　行政法Ⅱ：行政救済法
問1：×（行政訴訟のほか、行政上の不服申立を利
用できる）／問2：○（大阪国際空港事件判決）／問
3：×（訴訟要件を満たしていなければ、原告の請求
は却下される）／問4：○（無効等確認訴訟に出訴期
間の制限はない）／問5：×（判例上、加害公務員に
損害賠償を請求することは認められていない）／問
6：×（規制権限の不行使が著しく合理性を欠くとき
は、違法になる）／問7：○（大東水害訴訟）／問8：
×（消極目的の規制の場合、補償の必要性は低い）

■25　地方自治
問1：○（「団体自治」と「住民自治」を内容とする原
則である）／問2：×（都道府県そのものを再編するの
は「道州制」である）／問3：×（廃止されたのは「機
関委任事務」である）／問4：○（国からの交付金が
依然大きな割合を占めている）／問5：○（法律の内
容に違反する条例を制定することはできない）／問
6：×（住民投票には通常、法的拘束力が認められて
いない）／問7：×（住民訴訟の対象は「財務会計
上の行為」に限られる）／問8：×（勧告には法的拘束
力が認められていない）

■26　教育法
問1：×（そのほかにも教育法規は数多く存在する）
／問2：×（本人や保護者が希望する場合には、原則
として通常の学校に就学することとされている）／
問3：×（他方、原告が不登校となった後に机や椅子

を撤去した措置は違法と判断された）／問4：×（体
罰は学校教育法11条によって禁止されている）／
問5：○（保護者の役割としては、いじめを受けた児
童を保護する義務などが定められている）／問6：○
（日本スポーツ振興センター災害共済給付制度）
／問7：×（国の教育権は限定されており、具体的な教
育内容の決定は教師の教育の自由に委ねられてい
る）／問8：○（給特法は、公立学校教員に対して時
間外勤務手当を支給しない旨を定めている）

■27　環境法
問1：×（持続可能な発展は、現在世代による将来世
代の利益への配慮を含むとする）／問2：○（誘導を
用いる手法として経済的手法や情報的手法がある）
／問3：×（事前に調査・予測・評価することで合理的
な意思決定を促す手法である）／問4：×（これは排
出基準の説明である。環境基準は個々の排出源に
対して遵守が要求されるものではない）／問5：×（占
有者の意思（主観的要素）と客観的要素を総合して
判断される）／問6：○（これは自然保護に関する法
の中心的なしくみである）／問7：○（都市計画に景
観地区を定めることで可能となる）／問8：×（パリ協
定のもとでは途上国を含めたすべての国が削減目標
を提出するしくみとなった）

■28　情報法
問1：×（情報法という名称の法律は存在しない）／
問2：×（わいせつには至らない性表現には違法では
ないものの、有害情報に該当する）／問3：○（不開示
事由が列挙されている）／問4：×（訂正請求権は認め
られている）／問5：○（通説は、番組編集準則を
倫理規定と解している）／問6：×（NHKと日本民間
放送連盟が共同して自主的に設立した機関である）
／問7：○（プライバシー権などの既存の権利を用い
てネット上の情報削除請求を認めている）／問8：○
（一度の裁判でSP・APに開示命令が出せるよう制
度がつくられた）

■29　国際法Ⅰ：国際社会のルール
問1：×（国際社会には国内社会のような三権分立、
国民によるコントロールは存在しない）／問2：○（国
際法は主として条約と慣習国際法という形式で存
在する）／問3：×（国際法が戦争を禁止し、違法化
したのは20世紀以降のことであり、それまでは国家
は戦争に訴える自由を有していた）／問4：×（武力
紛争において守られるべき国際法のルールとして武
力紛争法がある）／問5：○（国家責任の追及として
原状回復・金銭賠償などによる被害の事後救済を
請求可能）／問6：○（紛争の平和的解決義務）／問
7：×（国際司法裁判所の紛争当事者となれるのは
国のみ）／問8：×（国際司法裁判所も国際法の直接適用
や国内法の国際法適合的解釈を通して国際法の実
現に関与している）

■30　国際法Ⅱ
問1：×（本章で述べるように私たちの暮らしにつな
がっている）／問2：×（障害者権利条約はインクルー
シブ教育をめざしている）／問3：○（在留資格のな
い外国人の長期収容等が議論されている）／問4：×
（条約がない場合でも相互主義に基づく引渡が可能
である）／問5：○（貿易協定が定める関税の撤廃が
実現されれば物品の価格が下がるなど反映される）
／問6：○（経済制裁の実施としての金融政策により
制裁対象国との銀行取引が規制される場合がある）
／問7：○（日本ではパリ協定の目標達成のための対
策に家庭での二酸化炭素排出量削減を位置づけて
いる）／問8：×（SDGs策定にあたり国際法の尊重
がSDGs達成の前提であることが確認されている）

■Appendix 7　社会で法を活かす
問1：○（法律の知識が必要な職業は非常に多い）
／問2：○（行政書士は行政手続の専門家である）／問
3：○（たとえば銀行・商社・インフラ業界、公務員な
ど）／問4：○（法律の知識だけでなく、法学の「考え
方」が必要である）

索引

[編者]

堀口悟郎（ほりぐち・ごろう）　26担当
[現在] 岡山大学学術研究院社会文化科学学域（法学系）准教授
[略歴] 慶應義塾大学大学院法務研究科修了。主要業績として、「教師の良心―憲法学と教育法学の距離」毛利透編『講座 立憲主義と憲法学 第3巻 人権II』（信山社、2023年）37-75頁。

斎藤一久（さいとう・かずひさ）　1担当
[現在] 明治大学法学部教授
[略歴] 早稲田大学大学院法学研究科博士後期課程単位取得退学。主要業績として、『憲法パトリオティズムと現代の教育』（日本評論社、2023年）。

[編集協力]

荒木泰貴（あらき・たいき）　15担当
[現在] 千葉大学大学院社会科学研究院准教授
[略歴] 慶應義塾大学大学院法務研究科修了。主要業績として、「詐欺罪における交付行為の再検討」法律時報92巻12号（2020年）49-54頁。

嶋津元（しまづ・げん）　3担当
[現在] 岡山大学学術研究院社会文化科学学域（法学系）准教授
[略歴] 東京大学大学院法学政治学研究科博士課程修了、博士（法学）。主要業績として、「時効援用権の理論構成に関する比較法的検討―フランス法における«ayant cause»概念の意義に照らして（1）～（4・完）」法学協会雑誌137巻2号36-103頁、4号63-123頁、6号87-157頁、7号163-230頁（以上2020年）。

[執筆者]

麻生典（あそう・つかさ）　10担当
[現在] 九州大学大学院芸術工学研究院准教授
[略歴] 慶應義塾大学大学院法学研究科民事法学専攻後期博士課程単位取得後退学、博士（法学）。主要著作として、「AI生成物と知的財産法」特許研究74号（2022年）45-59頁。

池田直人（いけだ・なおと）　13-I～IV、16-I担当
[現在] 同志社大学助教
[略歴] 東京大学法学部卒業、同大学院法学政治学研究科法曹養成専攻中退、司法修習（71期）修了。主要業績として、「ドイツ不真正不作為犯論の素描」同志社法学72巻7号（2021年）2911-3027頁、「児童に対する身体的暴力について」刑法雑誌ジャーナル74号（2022年）60-79頁。

大塚智晃（おおつか・ともあき）　2担当
[現在] 大阪大学大学院法学研究科准教授
[略歴] 東京大学大学院法学政治学研究科法曹養成専攻修了。主要業績として、「委任者の指図と受任者の権限（1）～（3・完）」法学協会雑誌134巻10号1851-1933頁、11号2115-2185頁、12号2367-2442頁（以上2017年）。

小栗寛史（おぐり・ひろふみ）　29担当
[現在] 岡山大学学術研究院社会文化科学学域（法学系）准教授
[略歴] 九州大学大学院法学府博士後期課程修了。博士（法学）。主要業績として、「近代国際法学の形成における『ドイツ国際法』論の位相―ラインン同盟期の国家結合論を素材として」明石欽司＝韓相熙編『近代国際秩序形成と法―普遍化と地域性のはざまで』（慶應義塾大学出版会、2023年）179-222頁。

小浦美保（こうら・みほ）　18担当
[現在] 岡山大学学術研究院法務学域（法務研究科）教授
[略歴] 北海道大学大学院法学研究科博士後期課程単位取得退学。主要業績として、「違法収集証拠排除論の再考―権利保護の観点から」岡山大学法学会雑誌68巻3・4号（2019年）137-158頁。

古賀絢子（こが・あやこ）　5担当
[現在] 東京経済大学現代法学部教授
[略歴] 慶應義塾大学大学院法学研究科博士課程単位取得退学。主要業績として、「オーストラリア家族法における離婚後の共同養育推進と子の保護の取組み」二宮周平編『子どもの権利保障と親の人権』（信山社、2023年）37-79頁。

小西葉子（こにし・ようこ）　22担当
[現在] 高知大学教育研究部人文社会科学系教育学部門助教
[略歴] 一橋大学大学院法学研究科博士後期課程修了。主要業績として、「裁判員の権限と義務」法律時報94巻11号（2022年）126-131頁。

近藤卓也（こんどう・たくや）　24担当
[現在] 北九州市立大学法学部准教授
[略歴] 同志社大学大学院法学研究科博士課程（後期課程）退学、博士（法学）。主要業績として、「いわゆる判断過程合理性審査に関する一考察―辺野古最判を契機に」同志社法学74巻3号（2022年）697-719頁。

柴田正義（しばた・せいぎ）　Appendix 1、Appendix 7担当
[現在] 阪南大学国際コミュニケーション学部国際コミュニケーション学科准教授
[略歴] 名古屋大学大学院法学研究科単位取得退学。主要業績として、「現代ロシアにおける教会財産移転法制の意義（1）（2・完）」名大法政論集288号89-121頁、290号55-92頁（以上2020年）。

宿谷晃弘（しゅくや・あきひろ）　Appendix 6担当
[現在] 東京学芸大学人文社会科学系准教授
[略歴] 早稲田大学大学院法学研究科博士後期課程（単位取得満期退学）。主要業績として、「害と祈り―被害・加害と修復的正義」現代思想50巻9号（2022年）181-192頁。

菅沼博子（すがぬま・ひろこ）　20担当
[現在] 山梨大学教育学部講師
[略歴] 一橋大学大学院法学研究科博士後期課程修了。主要業績として、「一般法律と比例原則研究序説」一橋法学17巻3号（2018年）967-1049頁。

菅原絵美（すがわら・えみ）　30担当
[現在] 大阪経済法科大学国際学部教授
[略歴] 大阪大学大学院国際公共政策研究科博士後期課程修了。主要業績として、『国際人権法の考え方』（共著、法律文化社、2021年）。

瑞慶山広大（ずけやま・こうだい）　28担当
[現在] 九州産業大学地域共創学部講師
[略歴] 慶應義塾大学大学院法学研究科後期博士課程単位取得退学。主要業績として、「ナッジ―自由を保障する公共政策の技法・思想・実装」駒村圭吾編『Liberty 2.0―自由論のバージョン・アップはありうるのか？』（弘文堂、2023年）31-60頁。

高根和也（たかね・かずや）　Appendix 2担当
[現在] あさひ法律事務所パートナー弁護士
[略歴] 慶應義塾大学大学院法務研究科修了。代理人を務めた主な事件として、東京高判令和3年7月1日消費者法ニュース132号（2022年）231頁。

高橋奈々（たかはし・なな）　6担当
[現在] 東京大学大学院法学政治学研究科法曹養成専攻講師
[略歴] 東京大学大学院法学政治学研究科法曹養成専攻修了。主要業績として、「スペインにおける雇用システム変更手段としての解雇・有期契約・労働条件変更規制（3）」法学協会雑誌140巻6号（2023年）1-81頁。

田代滉貴（たしろ・こうき）　25担当
[現在] 岡山大学学術研究院社会文化科学学域（法学系）准教授
[略歴] 九州大学大学院法学府博士後期課程修了。主要業績として、「ドイツ公法学における『民主的正統化論』の展開とその構造」行政法研究14号（2016年）25-107頁。

田中美里（たなか・みさと）　19担当
[現在] 東京理科大学教養教育研究院専任講師
[略歴] 一橋大学大学院法学研究科博士課程修了。主要業績として、「偽りの情報の流布と表現の自由」『憲法理論叢書30』（敬文堂、2022年）149-160頁。

土岐将仁（とき・まさひと）　7担当
[現在] 岡山大学学術研究院社会文化科学学域（法学系）准教授
[略歴] 東京大学大学院法学政治学研究科法曹養成専攻修了。主要業績として、『法人格を越えた労働法規制の可能性と限界―個別的労働関係法を対象とした日独米比較法研究』（有斐閣、2020年）。

長島光一（ながしま・こういち）　11担当
[現在] 帝京大学法学部講師
[略歴] 明治大学大学院法学研究科民事法学専攻単位取得退学。主要業績として、『裁判例にみる自転車事故の損害賠償』（共著、保険毎日出版社、2022年）。

濱田新（はまだ・あらた）　13-V、14-II、16-III担当
[現在] 信州大学学術研究院（社会科学系）准教授
[略歴] 慶應義塾大学大学院法学研究科公法学専攻博士課程単位取得後退学。主要業績として、「中立的行為による共犯」刑法雑誌60巻1=2=3合併号（2021年）75-87頁。

早川咲耶（はやかわ・さくや）　9担当
[現在] 上智大学法学部准教授
[略歴] 東京大学大学院法学政治学研究科博士課程修了。主要業績として、「会社債権者に対する会社役員の責任（1）～（6・完）」法学協会雑誌139巻3号254-313頁、5号397-471頁、7号660-709頁、9号825-873頁、11号1079-1117頁（以上2022年）、140号1号141-214頁（2023年）。

福本知行（ふくもと・ともゆき）　12担当
[現在] 金沢大学人間社会研究域法学系教授
[略歴] 大阪市立大学大学院法学研究科単位取得退学。主要業績として、「消費者契約法9条1号所定の『平均的な損害の額』の立証に関する問題」金沢法学64巻2号（2022年）209-230頁。

堀澤明生（ほりさわ・あきお）　23担当
[現在] 東北大学大学院法学研究科准教授
[略歴] 神戸大学大学院法学研究科実務法律専攻修了。主要業績として、「アメリカ法における『公訴権』の歴史的展開（1）～（3・完）」自治研究93巻9号94-112頁、11号82-95頁（以上2017年）、94巻3号99-118頁（2018年）。

松村好恵（まつむら・よしえ）　21担当
[現在] 茨城大学教育学部助教
[略歴] 中央大学大学院法学後期課程在籍。主要業績として、「学校監督概念及び学校概念の歴史的意味とその変遷」法学新報129巻1・2号（2022年）283-315頁。

水野陽一（みずの・よういち）　17担当
[現在] 北九州市立大学法学部准教授
[略歴] 広島大学大学院社会科学研究科博士課程後期単位取得退学、博士（法学）。主要業績として、『公正な裁判原則の研究』（成文堂、2019年）。

三隅諒（みすみ・りょう）　14-I、16-II担当
[現在] 日本大学法学部専任講師
[略歴] 東京大学大学院法学政治学研究科法曹養成専攻修了。主要業績として、「刑事司法に対する罪の研究（一）」法学協会雑誌139巻10号（2022年）947-993頁。

村田健介（むらた・けんすけ）　4担当
[現在] 名古屋大学大学院法学研究科准教授
[略歴] 京都大学大学院法学研究科法曹養成専攻修了。主要業績として、「フランスにおける所有概念の意義―著作者人格権の法的性質を題材として―（一）～（七・完）」法学論叢171巻6号39-69頁、172巻3号37-66頁（以上2012年）、173巻4号76-102頁、174巻2号61-84頁（以上2013年）、174巻4号80-121頁、174巻5号54-85頁（以上2014年）、174巻6号60-84頁（以上2014年）。

森田崇雄（もりた・たかお）　27担当
[現在] 関西大学政策創造学部准教授
[略歴] 同志社大学大学院法学研究科博士課程（後期課程）退学、修士（法学）。主要業績として、「アメリカの環境アセスメントにおける気候変動影響評価」辻雄一郎ほか編『アメリカ気候変動法と政策』（勁草書房、2021年）93-119頁。

山木戸勇一郎（やまきど・ゆういちろう）　Appendix 5担当
[現在] 北海道大学大学院法学研究科教授
[略歴] 慶應義塾大学大学院法務研究科修了。主要業績として、伊藤眞＝園尾隆司編集代表『条解民事執行法［第2版］』（分担執筆、弘文堂、2022年）276-288頁、1675-1824頁。

山下慎一（やました・しんいち）　Appendix 3、Appendix 4担当
[現在] 福岡大学法学部教授
[略歴] 九州大学大学院法学府博士後期課程単位取得済退学。主要著作として、『社会保障のトリセツ』（弘文堂、2022年）。

山本将成（やまもと・まさなり）　8担当
[現在] 椙山女学園大学現代マネジメント学部准教授
[略歴] 名古屋大学大学院法学研究科博士後期課程満期退学。主要業績として、「不正行為の再発防止と内部統制システム構築義務（1）（2・完）―Graham v. Allis-Chalmers Mfg. Co. の再検討から―」名古屋大学法政論集271号33-63頁、273号75-104頁（以上2017年）。

図録 法学入門

2024（令和6）年1月15日　初版1刷発行

編　者　堀口悟郎・斎藤一久

発行者　鯉渕　友南

発行所　株式
　　　　会社　弘文堂　　　101-0062　東京都千代田区神田駿河台1の7
　　　　　　　　　　　　　　TEL 03(3294)4801　　振替 00120-6-53909
　　　　　　　　　　　　　　https://www.koubundou.co.jp

デザイン・イラスト　宇佐美純子
印　刷　三　陽　社
製　本　井上製本所

ISBN978-4-335-35961-3